国家出版基金项目
NATIONAL PUBLICATION FOUNDATION

21世纪中国城市图书馆丛书

XI'AN TUSHUGUAN

# 西安图书馆

主　编　胥文哲
副主编　王东文　宋　军

天津大学出版社
TIANJIN UNIVERSITY PRESS

**图书在版编目（CIP）数据**

西安图书馆／胥文哲主编．—天津：天津大学出版社，2017.11（2018.9 重印）
（21 世纪中国城市图书馆丛书）
ISBN 978-7-5618-5935-3

Ⅰ.①西… Ⅱ.①胥… Ⅲ.①市级图书馆—介绍—西安 Ⅳ.①G259.252.2

中国版本图书馆 CIP 数据核字（2017）第 272766 号

**出版发行** 天津大学出版社
**地　　址** 天津市卫津路 92 号天津大学内（邮编：300072）
**电　　话** 发行部：022-27403647
**网　　址** publish.tju.edu.cn
**印　　刷** 北京华联印刷有限公司
**经　　销** 全国各地新华书店
**开　　本** 202mm×265mm
**印　　张** 24.25
**字　　数** 470 千
**版　　次** 2017 年 11 月第 1 版
**印　　次** 2018 年 9 月第 2 次
**定　　价** 160.00 元

## “21世纪中国城市图书馆丛书”编委会



## 《西安图书馆》编委会

# 总　序

中华文化源远流长，历久弥新。中华优秀传统文化是我们最深厚的文化软实力，也是中国特色社会主义植根的文化沃土。要实现“两个一百年”的奋斗目标、实现中华民族伟大复兴的“中国梦”，就必须充分运用中华民族数千年来积累下的伟大智慧。图书馆作为文献机构，汇集了由中华文化五千年精华浓缩而成的一本本图书，具有极高的文化价值。自古代的藏书楼发展至今天的公共图书馆，图书馆的本体在不断生长和变化着，图书馆事业在党和政府的积极扶持下，蓬勃发展，呈现出一片欣欣向荣的景象。

与此同时，我国正在努力构建的公共文化服务体系，是中国特色社会主义事业总体布局的重要内容，是实现经济、政治、文化、社会协调发展战略布局的重大安排。公共文化服务体系的建设关系到最广大人民群众的利益，是促进社会和谐稳定、建构中华民族共有精神家园的重要保障。而公共图书馆服务体系作为其中的重要组成部分和支撑力量，在公共文化服务的标准化、均等化建设和公共文化网络的布局上有其天然优势，责无旁贷。现代图书馆虽然延续了传统图书馆的储存功能，但更加偏重于知识的传播。面向大众的公共图书馆以阅读为中心功能，跳出了传统的知识特权与垄断，实现了书籍和知识的社会化和民主化。在中国当今的图书馆事业中，最具活力的当推公共图书馆，而在公共图书馆之中，又以大中城市的图书馆最有特色。

城市图书馆总是与文化生活联系在一起。城市图书馆是隐藏在喧闹匆忙城市中安静隽永的一隅，巧妙融合传统文明与现代化都市时尚，镌刻属于一座城市的特有的文化印记。在这里，一缕书香、一次活动就将城市的文化生活唤醒了。市民们在图书馆中畅享活色生香的世俗生活与传统民族文化，感受着城市图书馆对于城市文化的保存与维护、传承与发扬。

城市图书馆及其体系是城市化进程中的重要一环。城市中由公共图书馆组成的公共图书馆服务体系和以公共图书馆等公共文化设施为重点构成的公共文化设施网络，是全面推进基本公共文化服务标准化与均等化的重要措施与手段。通过城市图书馆与公共图书馆服务体系建设推动现代公共文化服务体系的发展、提高公共文化服务效能，是当代中国图书馆的发展目标之所在。

城市图书馆是集中展示图书馆职业专业性的场所。图书馆职业从诞生至今一直与非专业化的职业刻板印象进行抗争，我国的图书馆员也在为职业形象的专业化不懈奋斗。好在这样的付出已经收获了回报，我国图书馆职业的专业性已经得到读者的广泛认同。这之间，城市图书馆与图书馆员功不可没。图书馆员将专业性融入图书馆的愿景、规划、改革举措、日常运行、读者活动之中，让市民体会着职业专业性为城市文化生活带来的亮色。

中国的城市图书馆是对外宣传的文化名片。提高国家文化软实力，是党和国家的一项重大战略任务。作为公共文化设施之一的城市图书馆，一直履行着夯实国家文化软实力根基的责任，使中华民族最基本的文化基因与当代文化相适应、与现代社会相协调。在本套丛书中，我们不难发现城市图书馆在此方面付出的努力，这也是我们想要通过本套丛书向外传达的信息。

“21 世纪中国城市图书馆丛书”第一批收录的 12 个图书馆是我国 21 世纪城市图书馆整体风貌的缩影，由南至北分布在近 10 个省，具有很强的代表性。这 12 个图书馆各具特色，在管理运营、文化活动、资源开发与服务等众多方面有许多创新之处被总结积累下来。值此“一带一路”倡议推广之际，双语版的形式能更好地将我国城市图书馆在 21 世纪的创新与特色与世界分享，将优秀文化传播出去，让更多的人了解中国的城市图书馆，进而了解中国。

吴慰慈

2017 年 9 月 20 日

# General Preface

Chinese culture has a long and eternally renewed history. Excellent Chinese traditional culture is the most profound cultural soft power and the cultural fertile soil where the socialism with Chinese characteristics is rooted. In order to achieve "Two Centenary Goals" and realize the "Chinese Dream" of the great rejuvenation of the Chinese nation, we must make full use of the great wisdom that the Chinese nation has accumulated for thousands of years. The library, as the institution of literature, which has collected a largc number of books involving the essence of Chinese culture with five thousand years, has high cultural value. The library has been evolving from the ancient library to the public library today. The librarianship, supported by the Communist Party of China (CPC) and Chinesc government, shows a vigorous and flourishing trend.

At the same time, China is trying to construct a public cultural service system, which is an important part of the overall layout of tho cause of socialism with Chinese characteristics and the important arrangement of the strategic layout to achieve the coordinated development of economy, politics, culture and society. The construction of the public cultural service system, closely related to the people's interests, is an important guarantee to promote social harmony and stability and build the common spiritual home of the Chinese nation. The public library service system, as an important part and supporting strength of the public cultural service system, has its own natural advantage and responsibility in the construction of standardization and equalization of public cultural services and the layout of the public cultural network. Although modern libraries retain the storage function of traditional libraries, they focus more on the spread of knowledge. With reading as the core function, public libraries are open to the public. They get rid of the traditional privilege and monopoly on knowledge and realize the socialization and democratization of books and knowledge. The most dynamic libraries in Chinese modern librarianship are public libraries , among which the ones in the large and medium-sized cities are the most distinctive.

City library is always associated with cultural life. As a quiet and meaningful place hidden in the noisy and busy city, city library offers a subtle blend of traditional civilization and modern urban fashion, engraved with the unique cultural mark belonging to a city. One book or one activity will wake up the cultural life of a city. Citizens in the library can enjoy the rich and colorful secular life and the traditional culture, and feel the efforts of the city library in preservation and maintenance, the inheritance and spread of urban culture.

City libraries and their system are an important part of the process of urbanization. The public library service system composed of public libraries in cities, and the public cultural facilities network focusing on the public cultural facilities such as public libraries, are the important measure and means to comprehensively promote the standardization and equalization of the basic public cultural services. To promote the modern public cultural service system and improve the efficiency of the public cultural services by constructing the service system of city library and public library is the goal of Chinese libraries.

City library is a place to intensively show the professionalism of the library profession. Since the birth of the library profession, it has been resisting against the non-professional stereotypes. Librarians also strive to establish a professional image. Fortunately, such efforts have been paid off. The library profession has been widely recognized by readers. City libraries and their librarians have made a great contribution to it. Librarians integrate the professionalism into the vision, planning, reform initiatives, daily operation and reader activities of their libraries, so that the public are able to enjoy the beauty of urban cultural life created by the professionalism.

City library in China is a cultural card for publicity. Improving the national cultural soft power is a major strategic task of the CPC and the nation. City library, as one of the public cultural facilities, has been performing the duty to consolidate the foundation of the national cultural soft power, and coordinate the most basic cultural genes of the Chinese nation with contemporary culture and modern society. It is not hard to find the great efforts of city libraries, which we want to spread through the series.

12 libraries of the first batch included in "Series of China's City Libraries in the 21st Century" are the epitome of the overall scene of China's city libraries in the 21st century. From the South to the North, they are distributed in nearly 10 provinces and have strong representativeness. These 12 libraries with their own characteristics have a lot of innovations in various aspects such as management and operation, cultural activities, resource development and service. On the occasion of promoting the Belt and Road Initiative, the bilingual version will be helpful in sharing the innovations and characteristics of China's city libraries in the 21st century with the world, and spreading the excellent culture, trying to enable more people to know China's city libraries and to know China well.

Wu Weici

Sept. 20, 2017

目 录

## 历史篇



## 当代篇



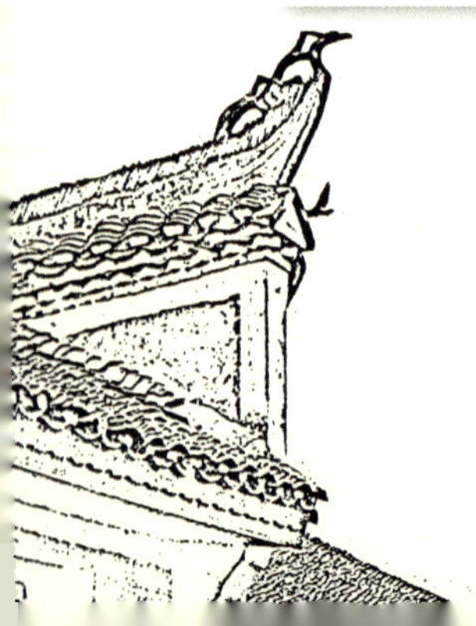

CONTENTS

History

CONTENTS

Contemporary

CONTENTS

Collections

# 历史篇

西安历史上的图书馆

西安市行政区划图

西安市辖新城、碑林、莲湖、雁塔、未央、灞桥、阎良、临潼、长安、高陵、鄠邑11个区及周至、蓝田2个县。

西安古称“长安”，是我国七大古都之一，也是世界著名的古都名城。西安坐落在关中平原中部，南依秦岭，北临渭水，地理位置十分优越，总面积10108平方千米，总人口961.67万。在两千多年漫长的岁月中，西安曾经作为中国政治、经济、文化中心，有着非常重要的地位。诗圣杜甫就曾赞叹道：“秦中自古帝王州。”先后有周、秦、汉、唐等十三个朝代在此建都，帝王兴废，朝代更迭，西安以其无与伦比的历史文化遗存闻名于世界。

西安是人类文明和中华民族的发祥地之一，早在远古时代，“蓝田猿人”就生息繁衍在这里。新石器时代，“半坡先民”在此建立部落。从公元前12世纪周族建都丰邑开始，至今西安建城已有三千一百余年历史。在漫长的历史长河中，西安吸收融汇了周边地域文化，在一定时期内成为当时中华民族的主流文化，从而影响了整个民族文化的发展进程。如甲骨文奠定了汉字的基础；夏商周的官方记事制度奠定了中国史官制度的基础；秦汉政治制度奠定了两千多年社会管理模式的基础；汉儒学奠定了儒学传统文化的基础；汉唐文化影响达数千年之久，并经过丝绸之路传播到东西方广大地区。

悠悠五千年的历史，汗牛充栋的图书典籍是祖先遗留给我们的宝贵财富，而典籍的保存和流传依靠的正是持之以恒的藏书活动。从殷商时代藏甲骨的“龟室”算起，历经三千多年的发展，中国古代的藏书事业逐渐形成官府藏书、私人藏书、寺观藏书和书院藏书四大体系。古代藏书事业起到了使民族文化得以积累与传播的作用。

我们将古代社会保存图书的场所称为“藏书楼”，将近代之后保存图书的场所称为“图书馆”。汤普森（L. S. Thompson）曾说过：“任何图书馆的基本要素都是藏书、人和建筑物，而且重要性的次序也是这样的。”根据汤普森所说，中国古代藏书楼与现代图书馆在基本任务与基本工作方式上有很多相同之处。西安历史上的各种藏书楼里保存过大量珍贵的历朝历代的典章制度、科考制度、皇家大事、天文、历史、地理、历法、农业、科技、文学、艺术等方面的各类典籍，这些典籍并没有随着朝代的更迭而湮灭，而是在人们的传统藏书活动中保存了下来，成为西安辉煌的城市历史文化的见证。

城市图书馆是城市文化的名片，一座具有悠久历史文化的城市必定会有一个健康发展的城市图书馆。今天，让我们回望西安这座拥有三千一百余年建城史的文化古城，去发现西安图书馆的成长轨迹。

碑林

01

第一章

# 老子与周代的史官制度

周朝作为第一个在西安建都的王朝，对西安市有着非比寻常的意义。公元前11世纪周武王灭商后，建都于镐京，就在西安市西南沣河东岸。作为华夏文明的正源，建都于镐京的西周给后人留下了很多辉煌的文化遗产，描画了华夏文明的底色，同时也奠定了西安的古都特点。

东距西安市70千米处的楼观台，是中国道教最早的重要圣地，创始于西周，目前仍是著名的圣迹游览地。地处其中的说经台，传说老子曾在此讲授过道德经五千言。人们在这里或许还能嗅到些许周朝的文化气息。

楼观台老子雕像

老子，姓李名耳，字聃，楚国苦县人，伟大的哲学家、思想家，道家学派创始人。传说他晚年骑青牛西去，并在函谷关前写成了五千言的《道德经》，最后不知所终。老子思想的精华是朴素辩证法，其思想被庄子所传承，并与儒家和后来的佛家思想一起构成了中国传统思想文化的核心。

老子不仅在现代有着很高的知名度，在他生活的那个年代已经闻名遐迩。孔子周游列国时曾向老子问礼，并对老子做出了“至于龙，吾不能知其乘风云而上天，吾今日见老子，其犹龙邪”这样高的评价。

我国早期“史档”性质的图书馆萌芽于西周时期，可以说这是我国最早的古代图书馆。关于这种图书馆最为著名的记载就是老子曾先后担任周王室的“柱下史”和“收藏史”之职。

老子当时担任的是“周守藏室之史”，掌管图书文献档案，所以现在人们认为这个官职相当于国家图书档案馆的馆长。周朝藏书室是在王室宗庙内设立的专门收藏国家重要文献的图书室，供天子专用。它是官府藏书的第一场所，比太史府收藏的文献更重要。此外，还有盟府、故府，专门收藏国家间的盟约。老子的主要工作之一就是保存整理文化典籍，因此，老子负责的“藏室”，已经完美地履行了一个“古代图书馆”保存人类社会活动记录的职责。

老子和他的同行们，也就是夏商周时期的史官们，他们在替王室守护典籍的同时，也为我们保留了珍贵的历史文献。从这个意义上说，史官制度是中国源远流长的官府藏书体系的源头。在古代，史官是当时社会具有较高知识水平的阶层，是社会文化的记录者与保存者。史官在当时是记录朝廷活动的相当重要的官员，他们所作的记录相当于是国家的文献档案。

周代史官在国家机构中发挥了重要的作用，确立了固定的传统。据《周礼》记载，周王室设有五史：大史、小史、内史、外史和御史（又一名柱下史，其职务是管理图书等）。史官的分工和职责是十分细致的、明确的。

史官制度是周王朝官僚体制的一个重要组成部分。史官的职名有九类二十九个。夏商周时期的史官制度，特别是周代的史官制度，对中国古代文化做出了不可忽视的贡献。中国古代文化典籍，因为有了史官的存在而免于遭受因王朝覆灭而散失的厄运，史官们由于执掌文字书写和档案管理几乎同王朝所有的官僚机构都发生了“官联”关系，因而他们在文明发展、文化形态已十分复杂的周代仍能对当时不同类型文化发展的总体特征和基本趋势有一个通盘的了解和掌握。此外，周代史官记事“相互赴告”的制度也促进了史官信息沟通网的形成，从而维持了史官群体的整体水准。史官文化是诸子思想的学术起点，周代史官承载的历史文化是诸子学术的主要知识来源。

史官们重记录、重保存的制度对古代图书馆的发展有促进作用。商代是我国有文字可考历史的开始，有了文字记录，自然会产生书籍。史官这项职业是世代传袭的，保存的书籍也因此世代继承下来。现在流传下来的儒家经书，其原始部分大都来源于西周时代史官所藏的典册。所以，这种管理制度对保存古代文化是有贡献的。

周代以来，在三千多年的历史长河里，社会在前进，文化也在发展，和它相关的图书馆事业也由萌芽状态渐具雏形。应该看到，即使是这样的雏形，它在这一历史长河里，从一开始，便为保存和发展古代文化发挥过不可磨灭的作用。从这个意义上说，西安地区是中国古代图书馆的发祥地之一。

碑林

02

# 第二章
# “焚书坑儒”与秦代的官府藏书

西周灭亡后，秦国在关中迅速崛起。公元前221年，秦王统一六国，建都咸阳（位于现在的咸阳市）。

秦始皇统一六国后，大力改革政治、经济、文化，统一法令，统一货币和度量衡，统一文字，修驰道通达全国，并筑长城以御匈奴。同时，又集中六国的人力、物力与技术成就，在咸阳修筑都城、宫殿、陵墓，咸阳的宏大壮观我们可以从杜牧的《阿房宫赋》中略见一斑，著名的阿房宫、骊山陵的遗址，至今仍然是西安的游览胜地。

秦阿房宫遗址

在秦的各项改革措施中，最广为人知的事件莫过于“焚书坑儒”了。很多人认为“焚书”和“坑儒”是发生在一起的一件事情。其实不然，“焚书坑儒”是“焚书”和“坑儒”两件事情。“焚书”应该发生在今西安地界上，在西安高陵区灰堆坡村。“坑儒”则发生在今陕西咸阳以东的渭水河畔。

古往今来，人们对“焚书坑儒”议论纷纷，谩骂痛斥者很多，认为它毁灭了商周以后的很多文献，是文化史上的一次灾难。事实上，也不尽然。

西安市高陵区灰堆坡遗址

西安市临潼区洪庆堡村南秦坑儒谷

秦始皇采纳李斯的建议，下令焚烧的是《秦记》以外的列国史记，对不属于博士官掌管的私藏的《诗》《书》等也限期交出烧毁。由此我们可以清楚地得出两个确凿的史实：其一，“焚书”烧毁的不是所有的史书典籍，有不少典籍文献还是得以完好保留的；其二，秦始皇“焚书令”主要是针对群臣和百姓下达的，皇室官府的藏书不在此例，而且博士官由于职责关系是允许收藏《诗》《书》和百家语的。这样看来，除了六国史书难逃秦火之外，秦朝内府官方保留着相当完整的先秦典籍。

焚书坑儒图

我们从“焚书坑儒”这一事件的具体细节中可以发现，秦始皇很注重图书尤其是史书对民间文化人的影响，也很重视史官的作用。同时，他也很重视史书对统治者的治国借鉴作用。因此，可以这么说，“焚书坑儒”事件的主要目标并非毁灭文化典籍，而是表现秦朝统治者对官府藏书价值的特别重视。

秦朝的官府藏书是在统一六国之前的秦国自有藏书以及统一六国时收缴六国藏书的基础上建立起来的。秦国在公元前 221 年统一中国之前即已有自己的藏书，统一六国时不仅收缴了六国藏书，而且将周王朝的王室藏书作为战利品进行收缴，统一六国后，又有选择地收集“天下书”。另外，秦朝官府藏书中的博士藏书是官府所藏图书的大宗，具有重要意义。秦朝博士，并不是之前朝代对博学之士的泛称，而是一个职官了，且至秦始皇时，博士之官已达 70 人的规模。秦朝博士的职责主要是“通古今”，以参谋或顾问的身份参政议政。博士虽“秩卑”但“职尊”，在咨询方面有很大的发言权。秦朝博士，相对于执掌“法令”的狱吏，其主要执掌“《诗》《书》、百家语”及术数略等官府文献。所幸博士是秦朝的职官，“博士官所职”不在焚烧之列，也就使得博士藏书成为秦火后官府藏书的一大宗。

秦朝如此多的官府藏书是如何存放的呢？当然是沿袭周朝及先秦各诸侯国的遗制，存放于“明堂、石室、金匮”，当然还有仿照“周室”而建的“秦室”。

既然是官府藏书，那就一定有官员管理。秦代官制部分是在战国时期形成的，在完成统一大业后，其官制多有变更，而执掌官藏图书的官员仍沿袭战国旧制。据古籍记载：“御史大夫，秦官，位上卿……在殿中兰台掌图籍秘书。”据此，可知御史大夫是御史之长，而御史则是在君主左右具体掌管文书、图籍、档案，记录诸事的官员。秦朝图籍工作由御史大夫负总责，而具体执掌图籍工作的则是御史或称侍御史的官员。

张苍画像

作为御史或称柱下史的张苍，在秦朝是一位学识渊博而又具有一定影响力的执掌官藏图书的著名人物。汉司马迁在《史记》中记载：“苍本好书，无所不观，无所不通，而尤善律历。”张苍在秦朝时，曾担任过御史，掌管宫中的各种文书档案。史称张苍“本好书”，是说他本就爱书；称其“无所不观，无所不通”，是说他博览群书，知识渊博；

赞其“尤善律历”是说他精通乐律、历法，有其特长。本、博、专三者，是我国古代执掌官府藏书的官员一般所具备的三个条件，这三个条件对我们现在的图书馆工作者来说，仍有借鉴意义。

秦统一六国后，能够在中央统辖下，建立四处规模较大的藏书处所，这在我国藏书文化史上是一个创举，它对以后历代创立各种类型的国家藏书处所有直接启示。秦朝在我国历史上存在的时间虽短，但它的初期和中期，对我国古代文化事业确有贡献，只是秦“焚书禁学”，堵塞了文化发展的道路，使我国古代文化遭受到惨重损失。但全面而正确地评价秦朝对我国古代文化事业的贡献，其所为仍有积极意义。

我国古代图书分类起源于西周，发展成为独立体系却在西汉。秦朝作为第一个中央集权制国家，现存有关史料甚少，难以确知其详情。根据秦昭襄王时搜集图书的情况，尤其是秦统一六国后藏书迅速增加的事实，估计秦朝已经有管理和索取图书的方法。秦在统一六国前，相国吕不韦能够招门客三千人，并使这些门客各据所闻，各尽其长，人人著书，最后写成一部百科全书式的大著——《吕氏春秋》。若当时无大量的图书资料作参考，显然是不能完成的。

秦代官府藏书发挥作用的突出事例，是将所藏的先古文字学图书利用于改革文字上。据《汉书》所载：“《史籀篇》者，周时史官教学童书也；……《仓颉篇》七章者，秦丞相李斯所作也；《爰历篇》六章者，车府令赵高所作也；《博学篇》七章者，太史令胡母敬所作也。文字多取《史籀篇》，而篆体复颇异，所谓秦篆者也。是时始造隶书矣……”这段文字记载中的《史籀篇》是我国古代最早的字书之一，已经散失，相传是周宣王时太史籀所作。秦始皇统一文字时，李斯的《仓颉篇》七章、赵高的《爰历篇》六章、胡母敬的《博学篇》七章的主要依据就是《史籀篇》。而籀书，也就是大篆，起于西周末年，春秋战国时期盛行于秦国，字体与秦篆相近，但字的构形多重叠。这是秦朝官府学者参照所藏的先秦资料进行简化文字的事例。

碑林

03

# 第三章

# 汉代天禄阁与石渠阁——中国最早的国家图书馆

汉长安城未央宫遗址

汉高祖五年（公元前202年），楚汉战争结束后，刘邦建立西汉，定都关中，鉴于咸阳城已成废墟，便在咸阳东南的渭河南岸，即今西安市西北5千米处修建了长安城。后来惠帝和武帝又对长安城进行了增修。汉代的长安城呈“鬥”字形，所以被称作“斗城”。城内“八街九陌”，宫殿林立，有长乐、未央等4个庞大的建筑群，城外有豪华的建章宫、庄严的明堂、秀丽的昆明池和宽阔的护城河。

汉长安城建设之初，萧何在汉未央宫北面，主持修建了天禄阁、石渠阁，专门用来“藏图籍”“处贤才”，为汉王朝的思想文化建设提前做了硬件准备。据《三辅黄图》记载：“石渠阁，萧何造，其下砻石为渠以导水，若今御沟，因为阁名。所藏入关所得秦之图籍；

至于成帝，又于此藏秘书焉。”“天禄阁，藏典籍之所，《汉宫殿疏》云：‘天禄麒麟阁，萧何造，以藏秘书、处贤才也。’刘向于成帝之末，校书天禄阁，专精覃思……至子歆，从授其术。”

天禄阁和石渠阁同为汉宫御用收藏典籍和开展学术活动的地方，是我国最早的国家图书馆和档案馆，天禄阁以研究校理图书为主，兼有“处贤才”之功能，石渠阁以研究经学为主。汉代不只是修建了正式的藏书阁，与此同时，大量收集书籍、整理图书、编纂书目，使图书馆做到了有名有实。

如今，汉代天禄阁与石渠阁，依然存在于西安市北郊未央宫遗址北侧，向世人证明着昔日的辉煌。

天禄阁是一座高台殿阁建筑，原阁规模宏大，后经两千多年来的风雨剥蚀，如今只留下了台基。沧桑变化，现在天禄阁遗址纪念碑能让后人遥想此处两千年前的辉煌。

石渠阁是一座很有特点的建筑，初建时其周围砌石成渠，流水环绕，体现了建筑者防火防盗的思想意识。现存遗址南北长约 65 米，东西长约 67 米，由高约 8 米的夯土台基构建而成，当时工匠们还曾在修筑石渠阁的瓦当上刻下“石渠千秋”的字样。

汉代天禄阁遗址

汉代石渠阁遗址

公元前 206 年 10 月，刘邦率大军兵临咸阳城下，秦王子婴献出玉玺向刘邦投降。当起义将士浩浩荡荡开进咸阳城之后，面对巍峨迤逦的秦都宫殿、热闹繁华的秦都街市以及成堆散落的金银珠宝，许多将士便不顾一切地恣意抢掠金银财宝和珍奇玩物，甚至连刘邦也按捺不住内心的激动之情，左手执古怪宝玩、右手拥美艳宫女，贪恋秦宫的华丽富贵而不忍离开，当他神魂颠倒地拥着美女走进秦二世胡亥的寝宫飘飘然进入温柔梦乡后不久，突然间听到破门而入的大将樊哙厉声说道："沛公是想获取天下，还是想权当富贾？如若想成就大业，则这些奢华淫侈之物，正是秦国灭亡的祸根。请切勿迷恋于此！"同时，谋臣张良等人也向刘邦陈述此种做法的不利之处，幡然醒悟的刘邦这才下令让兵士立即查封了秦朝的皇宫府库，不得私拿劫取。其实，就在刘邦下令之前，深谋远虑的大臣萧何在进入咸阳后，一不贪恋金银财物，二不迷恋美女佳人，而是心急如焚地火速率兵赶到了秦朝的御史府，命令精干将士将该区域立即封锁起来，禁止任何人随意出入，然后又指派得力兵士将御史府当中存放的秦代国家的户籍资料、地形绘图、法令案牍等众多图书档案一一进行清点，并且分门别类地进行登记造册，以备日后酌情挑选使用。原来，按照秦朝的典制规定，丞相的日常职责主要是辅佐天子处理国家的重大事项，而御史大夫则负责监督各个郡县御史，接受各种级别公卿的要事禀奏，因此，除了军权之外，秦国的丞相和御史大夫几乎总揽了一切朝政，国家的重要文献资料自然也就多存放在御史府。当刘邦得知萧何进入咸阳之后先做了这些事，他在惭愧之余欣慰地说："萧何确属奇才，不枉我提拔使用他一场。"萧何收集整理的这些有关秦朝的户籍律令和图书档案，使得刘邦能够对天下的户口多寡、关塞险要以及风俗民情等了如指掌，为日后西汉政权确立恰当的治国方略和律令制度获得了可靠的依据和较佳的参考。

汉高祖刘邦在建国初期使社会经济得到迅速的恢复与发展，为文化图书事业的发展奠定了物质基础。汉高祖之后的统治者很重视图书工作，把征集图书作为政府行为，这不仅丰富了国家藏书，也促进了私人藏书事业的发展。汉代政府还建立了典藏制度，国家藏书分别藏于石渠阁、天禄阁等处所。西汉初期，统治者继续推行秦代的"挟书之律"（规定民间不准藏书的禁令）。汉惠帝时，为了收集和整理图书，废除了"挟书之律"。汉武帝更积极地收集整理书籍，命令丞相公孙弘广开献书之路，建藏书之策，置写书之官，"下及诸子传说，皆充秘府"。汉成帝时又遣陈农"求遗书于天下"，并分类整理。经过几代帝王的努力，秦末散佚的图书又被发掘和整理出来，集中到长安的书籍共有596部，13269卷，藏于天禄阁与石渠阁。后来司马迁就是参考这些书，写成了不朽巨著《史记》。

两汉时期是中国图书第一次大集合时期，藏书活动逐渐正规化，成为中国古代藏书楼文化的兴起阶段。公元前206年以后，萧何尽收秦御史府图籍文书，并着手建立宫廷藏书处所，石渠阁、天禄阁、麒麟阁、兰台、石室等成为我国早期的图书馆。东汉时设秘书监，是中国正式设立图书馆主管机构的开始。两汉时期不仅是中国古代藏书比较发达的时期，也是中国封建社会官府藏书体系的确立时期。

两汉时期不仅藏书体系确立，在文献整理方面，依靠当时社会提供的各种有利条件，又汲取了秦代以前累积的成果，开启了一个文献学初具规模的时期。西汉后期，中秘藏书已达数万卷，为学者整理典籍提供了有利条件。当时的学者在整理典籍的许多方法和原则上，开中国文献学之先河，著名的当推刘向、刘歆父子。

刘向，本名更生，西汉经学家、目录学家和文学家，是西汉宗室贵族。他治学严谨规范、一丝不苟，是继孔子、荀子之后对我国古代文献整理和流传做出过重大贡献的知名学者。汉宣帝时任郎中，辅佐皇帝处理天下奏章；汉元帝时，他成为辅政四大臣之一；汉成帝即位后，他改名刘向，曾任使领护三辅都水，官至光禄大夫、中垒校尉。刘向为人谦和，专心于学术研究，昼读书传，夜观星宿，最终成为一代经学大师。

天禄阁遗址中的刘向坐像

河平三年（公元前 26 年），刘向受汉成帝之命，率领一批学者进驻天禄阁和石渠阁，开始了大规模的图书整理和校勘工作。这一工程由刘向全面负责，他亲自承担了儒家经典、诸子百家等书籍的整理校勘工作。传说正当刘向深夜独坐天禄阁，面对着浩如烟海的图书典籍发愁时，忽见一手扶青藜杖的黄衣老人为其带来光明，传授给他点校天文地图的秘籍。刘向得到神助后果然学识大进，一切困难都迎刃而解，从此其后裔便自称“天禄刘氏”或“藜照刘氏”。在整理校勘的过程中，各司其职的学者们，将自己整理校勘的结果，汇报给刘向，由刘向统一审定，并负责撰写所有书目的叙录。后来刘向以此编写了《别录》一书。《别录》共 20 卷，是中国历史上第一部有书名、有题解的综合性分类目录书。它实际上是当时西汉朝廷所藏全部图书的目录和内容提要汇编，总计著录图书 603 部，13219 卷，分为 6 大类、38 种，每类之前有类序，每部之后有部序，叙述各类各部的学术源流和主要思想。《别录》一书由群书的叙录汇集而成，开中国古代目录学之先河。

刘向去世后，其子刘歆继承父亲的遗志，成为图书整理校勘工程新的领军人物。刘歆，字子骏，是刘向第三子。他自幼受父亲熏陶，勤奋好学，以精通《诗》《书》、能文善赋为成帝所召见，被任命为黄门郎。河平三年（公元前26年），刘歆受诏同父亲到天禄阁协助整理校勘群书。刘歆在天禄阁工作了20个年头，饱览藏书使他成为当时仅次于刘向的大学问家，六艺传记、诸子百家、诗赋音律、数术方技，无所不究，无所不通。刘向去世后，刘歆接替父亲职位为中垒校尉。之后刘歆任侍中太中大夫、奉车光禄大夫，继续负责整理图书典籍。工程结束后刘歆概括总结了各类书籍的整理校勘结果，撰写成《七略》。《七略》是我国最早的图书分类学和目录学专著，全书共由辑略、六艺略、诸子略、诗赋略、兵书略、术数略和方技略7个部分组成。其中，辑略是综述概要，六艺略是儒家经典，相当于经、史、子、集四库分类法的经部，其他各部各如其名，相当于四库分类法的子部和集部。这种分类法，不但保存了大量汉代的图书文献书目，而且作为图书整理与校勘的典范，对后世图书整理和分类产生了重大的影响。

汉代后世为了纪念先贤，在天禄阁遗址夯土台基之上修建了刘向祠，围绕夯土台扩建了高台庙，受到后人保护和供奉，以示后人对这些学者的纪念。

石渠阁作为西汉时期国家最大的藏书阁，在汉代文化的历史发展中发挥过重要作用，其不但具有收藏古代文化典籍的一般功能，而且具有开展学术交流辩论的特殊功能。

在汉代初期，石渠阁主要收藏和存放萧何统一收集的有关秦朝的各种图籍档案，发挥了其重要的典籍收藏功能，并成为汉代皇室施政天下的思想宝库和智慧渊源。汉代建立之初，百废待举，如何有效统治和稳定天下便成为汉高祖刘邦必须面临的现实问题，而石渠阁收藏的古籍资料对于刘邦而言不啻为冰天雪地里的一堆篝火，干旱沙漠中的一口甘泉。西汉政权建立初期，中央行政体制基本上承袭秦代旧制，没有获得实质性的突破，故有“汉承秦制”之说，直到汉武帝时，中央官制才出现了内朝与外朝的划分，皇权也才得到进一步的集中。西汉初期官僚体系的维持与沿革，与对当时石渠阁收藏的秦代典籍文书的充分利用具有密不可分的关系。除了收集先秦典籍文书之外，作为西汉时期的国家图书馆，石渠阁也收藏西汉当朝的图书典籍。河平三年（公元前26年），西汉皇室曾遣谒者陈农“求遗书于天下”，将新收集到的图书收藏在石渠阁，许多知名学者曾到石渠阁查阅历史典籍资料，撰述名论大篇。

随着西汉王朝盛世基业的渐趋确定，石渠阁的功能得到了进一步的扩展和延伸，尤其是汉武帝之后，石渠阁从较为单一的档案典籍收藏机构逐步发展成为兼有学术交流与讨论性质的关键场所，而且到汉宣帝时，皇室开始在石渠阁中绘制功臣贤大夫像，以霍光为首、苏武第二的次序进行排列。文史大家刘向就曾经多次在石渠阁为各路来者讲习“五经”之说，将其对于古典史籍的深刻理解传道解惑于听者，彰显出论理畅达、言之凿凿的讲学特色。此外，其他西汉著名学者譬如欧阳生、周堪等也都曾在石渠阁查阅古籍资料和论经讲学。

据《汉书》和《后汉书》记载，西汉时期由皇室主导，在石渠阁中举办过一次著名的学术交流辩论会，即“石渠阁会议”。“石渠阁会议”确立了皇帝的最高经学权威地位。甘露三年（公元前 51 年），为了进一步承继汉武帝倡导的“罢黜百家，独尊儒术”的统治思想，强化儒家学说的正统地位，加强对文人的思想钳制，汉宣帝“诏诸儒讲五经同异”于石渠阁。石渠阁会议由西汉大臣、著名经学家梁丘临主持发问，其余诸位儒生一一进行应答，太子太傅肖望之予以综合点评，最后由汉宣帝亲自裁决评判。在会议结束之后，组织者按照汉宣帝的要求，将石渠讲论的奏疏汇集成册而编辑为《石渠议奏》（又名《石渠论》），合计辑刊奏议 155 篇。而从石渠阁会议的最终讨论结果分析，《榖梁春秋》主导的思想地位有所上升，《公羊春秋》主导的思想地位有所下降，这其实是与汉宣帝加强对宗法礼仪的控制力量的想法不谋而合的，纠正了汉初片面强调法治所引起的弊病，而适应了当时“稽古礼文”的时代要求。因此，通过石渠阁会议，礼学在西汉王朝得到了空前的认可和发展，其学术观点随之演变为皇权政治的最高法典，这无疑大大加强了儒家礼仪制度对整个社会的控制力量，对中国封建社会的后期发展产生了深远影响。

遗憾的是西汉末年“王莽之乱”，使宫内所藏图书化为灰烬，中国的文化典籍又一次遭到厄运。

碑林

04

# 第四章

# 隋代国家图书馆——嘉则殿

公元581年，杨坚称帝，建立隋朝，以汉故城长安为都。隋文帝统一全国后，感到汉代以来的长安城残破狭小，不足以展示帝王气象，即令著名建筑家宇文恺另择新址，重建都城。宇文恺经过详细考察，在今西安市一带兴建了规模空前的大兴城，作为隋王朝的都城。隋朝所修筑大兴城，融合了中国以往几千年的城市建造、布局的经验和精华。将城市进行棋盘式设计，坊间、官府、宫殿，均泾渭分明，井然有序。大兴城之大超乎想象。今天的西安市城区部分，仅相当于隋大兴城的七分之一。当时，这里不仅是世界上最大的城市，也是世界上人口最多，文化、贸易等最发达的城市。

隋朝时期，中国出现了汉末以来的又一次中央政权统一局面，社会安定，生产进步，文化发展。隋统治者有超乎前人的重书政策，社会的典籍崇拜意识也强于以往，把图书视为经邦大典，“隋家藏书富于古今”（《通志·图谱略》）。隋王朝虽然仅有38年，但对古代图书馆学思想的形成和发展却有着不可忽视的作用。

隋代皇家藏书规模很大。隋代对前朝书籍的收藏是皇家藏书的重要组成部分。据史料载，隋代仅承接北周收藏的书当时就达15000册，这个数目已经达到了汉代的收藏总量。在对前朝旧书的收藏过程中，中国古代文化也得以传承，尽管当时战乱中大量藏书被损毁，但前朝旧藏占据了隋代皇家藏书的大部分。公元583年，隋朝统治者听取秘书监牛弘的建议，多次大规模地进行民间征书，使很多宝贵的图书被征集到皇家藏书馆，隋朝的藏书规模又一次激增。牛弘在隋朝藏书搜集史上的贡献得到后人高度评价，认为其在图书搜集上的贡献盛绝古今。在民间征书的过程中，也有一些民间藏书家不愿将家藏献出，隋代统治者对此采取了“抄录”政策，当然对征集到的损坏严重的书也重新抄录，为了保证抄书顺利进行，隋炀帝在秘书省置楷书员20人，官从第九品，专门负责抄写御书。这样的做法又一次有效地丰富了隋代的藏书体系。

隋朝共有四个重要的国家藏书机构，即嘉则殿、秘书省、修文殿和观文殿，其中嘉则殿、秘书省位于京师，也就是大兴城，修文殿和观文殿则位于东都洛阳。嘉则殿建立时间最早，位于大兴城城中关键建筑群大兴宫之中。隋朝主要的皇家藏书都在嘉则殿里收藏，因此嘉则殿的书籍主要供皇室人员阅览。据史料记载，隋炀帝曾下诏书命令秘书监柳顾言整理嘉则殿藏书，因为当时嘉则殿藏书已达 37 万册。这是中国古代国家图书馆最高的藏书记录。

尽管隋炀帝是历史上有名的荒淫皇帝，他却非常重视图书的收藏，有着浓厚的藏书情结，我国历史上唯一的机械自动控制图书馆，就是由隋炀帝在公元 605 年前后建成的，这在当时可是一个了不起的创举。隋炀帝登基后，为确保国家藏书的质量，他命令当时主管文化事业的官员、秘书监柳顾言将当时馆藏的所有图书重新进行修订，将重复的和低俗的图书全部删除。后来，整理出了正本图书 37000 多卷，藏在隋朝皇宫东部的修文殿。接着，隋炀帝又让秘书阁将国家的藏书每部抄写 50 卷副本，分为上、中、下三品。上品图书用红琉璃轴，中品图书用绀琉璃轴，下品图书用漆轴，分别藏在当时的国家图书馆东部观文殿的东西两厢。当时，东厢房藏着甲乙部（经书和史书）的图书，西厢房藏着丙丁部（子书和集书）的图书。观文殿的后面筑造了东西二台，东面的名为“妙楷台”，西面的名为“宝迹台”，妙楷台收藏古代书法珍品，宝迹台收藏古代绘画真迹。隋炀帝还命人把佛家、道家的经卷，另外撰著目录，加以收藏。对此，《旧唐书·经籍志》中说：“及隋氏建邦，寰区一统，炀皇（隋炀帝）好学，喜聚逸书，而隋世简编，最为博洽。”的确为公允之评论。隋炀帝建成的自动化图书馆在皇宫的观文殿前，共十四间。《文献通考·经籍考》说：“（隋炀帝）于观文殿前为书室十四间，窗户、床褥、厨幔咸极珍丽。每三间开方户、垂锦幔，上有二飞仙，户外地中施机发。帝幸书室，有宫人执香炉前行，践机，则飞仙下，收幔而上，户扉及厨扉皆自启，帝出则复闭如故。”这段记载生动地描述了这个机械自动控制图书馆的情况：随着飞仙的启动，幔帐可以收放，房门和各书柜的门还可以自动开关。这样的工艺制造能力，着实令人惊叹。

隋代皇家藏书的建立，先是接承亡朝之遗书，亡朝遗书不足，方求诸民间；为保存完善，以供御览及其他政府机关参考，又有抄书分储副本之举。国家对藏书事业达到特别重视之程度，在不足四十年间有如此成就，使藏书事业蓬勃发展，典籍备受世人崇重，成为中国文化史上光辉之一页。

观察隋代秘书省的藏书建设，许多有益之方法实应赞赏，如不断的总集编次工作，使藏书形成体系，文字得以核正，淆乱不存，部次得法。据史料记载，隋代大规模的文献整理活动有数次，而且每次均有藏书整理的结果，就是编制藏书目录，如：《开皇四年四部目录》《隋大业正御书目录》等，藏书目录是了解藏书的说明书，是利用藏书的钥匙。正是因为隋代藏书整理工作产生了如此丰富的“馆藏”书目，唐代修隋史，其史书中的“经籍志”才有所根据，使我们今天通过史志目录仍能清楚地了解隋代的藏书数量及图书名目。部卷、书名千年以后仍为人所详知，隋代官府藏书活动的数次大规模校刊整理工作，功垂千古。

藏书整理之外，隋代官府藏书在管理制度方面也有许多特色。从图书流通制度看，隋代官府藏书虽由秘书省掌管，但借阅制度是非常严格的，禁中宫廷藏书，尤其不能轻易外借。隋炀帝较为欣赏的秘书学士虞绰，与虞世南、庾自直、蔡允恭等，四人常居禁中，以文翰待诏，同时也参与宫中藏书管理。据《隋书·虞绰传》载，他曾借职务之便把禁内兵书借出宫外给杨玄感，有人将此事报告了隋炀帝，隋炀帝对虞绰非常不满，并记在心中。后来杨玄感叛乱事败，虞绰因与杨玄感的关系过密而被罢黜流徙。此即禁内图书不外借之志。

隋代官府藏书大部分还在战争中散乱于淮河、江北一带。从隋代统治者的文化政策看，他们是从重道弘教、经邦立政的实用原则出发去推进官府藏书事业发展的，其对于图书的功能、藏书事业的作用的认识，都达到了前所未有的高度。如果没有隋代官府对藏书的良好经营以及卓越的整理编目工作，先秦两汉以来之学术文化就无从接续，乃至有可能发生断裂，大唐一代的藏书盛举也难以出现。同时，历史也从另一面向我们昭示，政权的更迭、战乱的繁剧使得隋王朝卷轴散弃，藏书凋零，中国古代藏书事业仍然处于艰难与漫长的接力跑之中。而在这个漫长的社会历史进程中，只有在积累保存文献的事业上有不凡之举的朝代，才是一个对学术、文化有所贡献的朝代。

碑林

05

# 第五章

# 唐代佛教图书馆——西安大慈恩寺

西安市大雁塔

公元618年李渊建立唐朝，将隋朝大兴城改名为长安城，并在此定都，即今天的西安。唐朝（618—907），是中国封建社会继隋朝之后较为强盛的朝代，唐朝的长安城，经过多次的维修和扩充，东西宽9721米，南北长8651米，由宫城、皇城、外郭城三部分组成，建有大明宫、兴庆宫和太极宫三大宫殿群。在唐朝的鼎盛时期，长安城人口总数达到了100多万。可以毫不夸张地说，唐朝长安城是当时世界上最宏大、最繁华、最文明的城市。唐代社会特别注重文化交流，在唐代的290年间，世界上许多国家都曾派遣使者来长安学习中国文化。在频繁的文化交流过程中，以长安文化为代表的中国文化得到了广泛传播，同时，外国的文化也传入中国，丰富了中国文化的内涵。整个唐朝的历史是以古长安城为中心展开的。

当代复原的唐代长安大明宫遗址

唐朝是中国佛教发展最繁荣的时期之一，在整个唐朝文化中，佛教文化的兴盛是其显著特点之一。唐王朝部分君主对佛教采取积极扶持的态度，唐代佛教得此助力盛极一时。唐代都城长安不仅是当时的政治、经济和文化中心，也成为中国佛教各宗并隆的重地。四方佛教徒跋山涉水来到这里译经弘教，一时间僧尼溢于三辅，寺塔遍于九州，在中国的佛教史上写下了引人注目的一页。佛教自两汉之际东传，衍至唐代，显密各宗经论次第译出，逐渐形成各种敬理和修持的体系。同时，寺院经济日益充裕，僧众无衣食之忧，能集中精力从事教理的研讨，也促进了宗派的发展。随着佛教的传播和信徒的增加，经书的需求也在增长。而寺院又是僧人生活、修行和活动的集中场所，佛教文献的积累和使用使得寺院藏书自然而然地出现并自成一体。

西安最著名的大慈恩寺就是唐代佛教的遗存。大慈恩寺建成于 649 年，玄奘任该寺首任主持，在此地专心致力于佛经翻译事业。唐永徽三年（652 年），又在寺内建大雁塔，用以保存玄奘自印度取回的经像、舍利。大雁塔又名大慈恩寺塔，因坐落在慈恩寺西院内，又称慈恩寺西院浮屠（浮屠即塔的意思），是中国唐朝佛教建筑艺术杰作。现在大雁塔被视为古都西安的象征，是西安市的标志性建筑和著名古迹。

与大慈恩寺紧密联系在一起的玄奘，就是大家熟知的《西游记》中的“唐僧”的原型。

玄奘（602—664），中国洛州缑氏（今河南洛阳偃师）人。他 12 岁出家，遍读佛典。因觉得当时佛典多有矛盾之处，令人迷惑，于是决定去印度取经。贞观初年，他从长安出

西安大雁塔南广场，玄奘立像

发，历经艰辛到达印度佛教中心那烂陀寺。玄奘拜住持戒贤为师，后升至该寺副主讲。贞观十九年回到长安，共带回佛舍利 150 粒、佛像 7 尊、经卷 657 部。其后，在唐太宗的支持下于长安大慈恩寺设译经场，与弟子专心翻译所带回的佛典。玄奘及其弟子共译出佛典 75 部 1355 卷。玄奘的译典著作有《大般若经》《心经》《解深密经》《瑜伽师地论》《成唯识论》等。《大唐西域记》十二卷，记述了他西游亲身经历的 110 个国家及听得传闻的 28 个国家的山川、地邑、物产、习俗等。因爱国及护持佛法的巨大贡献，玄奘被世界人民誉为中外文化交流的杰出使者，也被誉为世界和平使者。他以无我相无人相无众生相无寿者相，不畏生死的精神，西行取佛经，展现了大乘佛法度化众生的真实事迹。因为《西游记》一书的缘故，“唐僧玄奘”可以说是中国人最熟悉的佛教人物之一。

西安自古就跟佛教有很深的渊源。西安有佛教十大宗派中八宗的祖庭；是中国佛教“三大译场”的所在地；是以玄奘、义净、空海为代表的中外佛教文化交流的中心；还是我国佛寺保存最多的两个城市之一，因之被学术界称为“中国佛教的第二故乡”。唐代寺观林立，殿堂栉比，库藏盈满。据北宋宋敏求《长安志》与唐段成式《酉阳杂俎续集·寺塔记》所载，仅京师长安就有寺观 159 座。其中唐代兴建的有 83 座，隋代未废的有 76 座。寺观占地面积大者，竟为一坊之地。如大兴善寺，寺殿崇广为京城之最，尽一坊之地为之，还有西明寺、崇福寺和昊天观等。如此众多的寺庙楼观，保存了大量的佛道典籍。唐代大寺均富有藏书，在当时是官府藏书机构之外的主要社会藏书机构。西安是中国古代寺庙藏书最兴盛的地方。

唐代统治者延续了隋代的重书政策，也视图书为经邦大典。如贞观年间，魏徵等人修成《隋书·经籍志》，其篇首序言清楚地表现出统治阶层的重书思想及政策，序云：“夫经籍也者，机神之妙旨，圣哲之能事，所以经天地、纬阴阳、正纪纲、弘道德，显仁足以利物，藏用足以独善。学之者，将殖焉；不学者，将落焉。大业崇之，则成钦明之德。匹夫克念，则有王公之重。”因此，当时官府藏书不仅十分兴盛，而且唐代的官府藏书机构在校勘经典、编纂史书、提供政事参考、培养政治人才等工作中，都起过重要的作用。但是唐代最有特点的，发展最为繁盛的当属佛道寺院藏书。因为唐朝统治者崇佛尚道，所以寺院藏书在唐代获得了空前的发展。唐代的都城长安正是中国古代寺院（观）藏书最引人注目的胜地。无论是藏书的数量，还是藏书的品种，都达到了前所未有的水平。明人胡应麟说：“凡道家之书，始于周，盛于汉，极于晋、唐。凡释氏之书，始于汉，盛于梁，极于隋、唐。”佛道两教的经本几乎都在隋唐时期达到繁盛，一方面是因为经本种数增加，另一方面是写经活动持久不衰。

寺院藏书制度的确立与成熟是在唐代。一方面，各寺院设立“经藏”已成定制，或阁，或堂，或院，或楼，“经藏”一词已成藏书处所的专称。另一方面，寺观经藏之管理已有章法，经本的抄写、分类、排架、借阅等，一般都有严格的制度。寺观藏书在写经风行的年代可为写经提供底本，也是僧人接受教育、潜心学习之凭借，有的高僧大德还利用经藏从事研究，编书撰著，为学术文化之延续做出了重大贡献。

寺院藏书因其独特的藏书体系，成为中国古代图书事业的重要组成部分。寺院藏书的广泛流传与普及，与中华固有文明的交流融合，在中国文化史上做出了重要贡献。在寺院藏书中，佛教图书所占比例在百分之九十以上，且佛教文献的类型多样，另外因寺院及僧人的需要，有不到百分之十的非佛教图书，包括经、史、子、集以及医书、字书、法书、蒙学著作等，这样就保存了大量文化典籍。同时，寺院藏书具有一定的公益性，寺院既有藏书可读，又可随僧斋餐，因此是一些贫寒好学之士的读书之所，这就无形中扩大了寺院藏书的社会职能。寺院中有许多高僧在文学或书画等领域都有所造诣，他们与世人谈经论道，切磋学问，也发挥了文化教育传播的作用。

历史上的西安，如此多的寺院（观），如此多的寺院（观）藏书，如此多的藏书爱书之人，让流传下来的佛教古籍如此之多，真乃古城西安的一大幸事。

碑林

06

第六章

# 石质图书馆——西安碑林

从宋朝开始，中国的政治经济中心东移。唐朝末年的连年战乱，致使长安城毁坏严重，一代名城几成废墟。长安城不再是中国政治文化的中心，在宋朝，长安被降为郡府级建制，成为京兆府的辖区。

西安碑林博物馆

宋朝给西安文化写下了浓重的一笔。从当代西安市的钟楼南行，至南门内向东拐，走过书院门，就来到了闻名中国的碑林。西安碑林始建于北宋哲宗元祐二年（1087 年），最初是漕运使吕大忠等人为保藏因唐末五代战乱而委弃市井的唐《石台孝经》《开成石经》及颜真卿、柳公权等所书的著名碑石而兴建的，当时就形成了文庙、府学在前，碑林在后的建筑格局。元代时，碑林的碑石曾两次倾覆。明嘉靖三十四年（1555 年），陕西发生 8 级大地震，碑林里的大量碑石因摔碰而断裂。清乾隆三十七年（1772 年），陕西巡抚毕沅修整房屋，编目著录，陈列石刻，建立管理机构和保管制度等措施，重修和保护碑林。碑林的名称最早见于清仁宗嘉庆十年（1805 年）的《重修西安府学碑林记》。早年因为碑林中墨拓不断，故又有“黑洞”或“碑洞”之称，清代顺治年间（1644—1661）始定名为碑林。民国 24 年（1935 年），国民政府耗资 7 万余元修缮碑林，近乎重建，碑石陈列有序，焕然一新，基本形成了今日碑林之格局。民国 33 年（1944 年），国民政府以西安碑林和孔庙为基础，成立陕西历史博物馆；1993 年，易名为西安碑林博物馆，专门收藏、陈列、研究历代碑石、墓志及石刻造像。

碑林起源于儒家石经。儒家石经是指把儒家经典刻凿在石头上，所起的作用主要是宣扬儒家思想，同时也起着正定文字、规范书写的作用，类似于法律规范或者典章制度，其效果与今天的图书馆一样，为莘莘学子提供阅读参考和学习范本。从这个意义上说，碑林无疑就是一座石质“图书馆”。

碑林因《开成石经》而建立，这部保存于碑林的石经是中国最完整的一套石刻书籍，是唐文宗开成二年（837 年）刻成的 12 部经书，由 114 块巨大的青石组成，每块石碑有 2 米多高，碑上共镌刻了 650252 个字，内容包括儒家最重要的《周易》《尚书》《诗经》《论语》等 12 部典籍，都是我国封建社会知识分子必读之书。因刻成于唐开成年间，又称为《开成石经》，现在也称其为“世界最重的书”。由于唐朝时印刷术不是很发达，与考试有关的儒家经典专著供不应求，很多人只能用传抄的方式来记录这些名著，很容易造成各种混乱和大量笔误。为了保证经典的准确性和权威性，提供标准范本及永久保存广为传播，当时的朝廷就把这 12 部经书刻在石碑上，立于长安城国子监内，成为读经和抄录的标准，给人们作为范本，供人们校对。北宋建立碑林的初衷就是为了保护这套石经。从汉末到清代，官方组织刊刻、有文献可考且规模宏大的儒家石经有 7 部。唐代的《开成石经》是保存最早、最有体系、刻载儒家经典最多、刊刻规模最大的石经。唐石经为后世一切雕版经籍之祖本，文献学家严可均称之为“古本之终，今本之祖”。

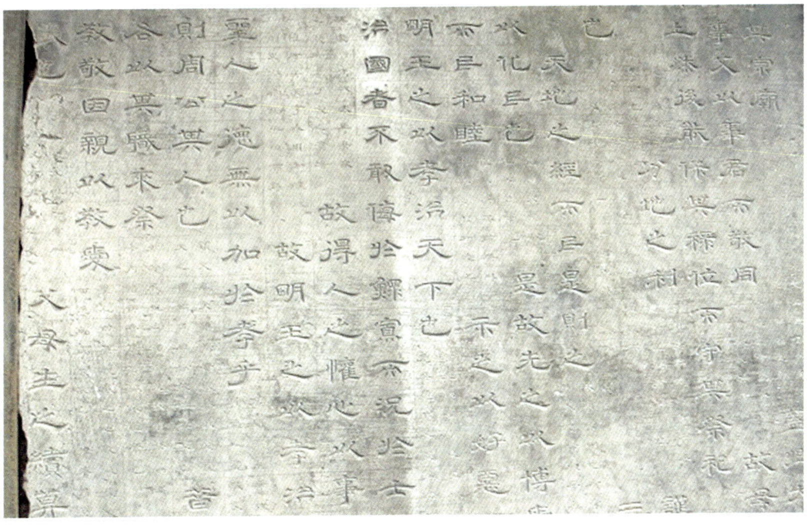

碑林石碑

西安碑林现存有约11700块碑石，内容包含政治、经济、文化、艺术各个方面，涵盖儒、释、道诸家思想，有宣扬儒家思想的经典著作《孝经》石碑，此碑刻于唐天宝四年(745年)，由唐玄宗李隆基作序、注释并亲笔书写。碑身为四石合成，上有浮雕云纹的碑冠，下有线刻装饰的三层石台，造型庄重端美，此碑于北宋元祐二年（1087年）迁移至此，距今已有900多年，是西安碑林中最早的作品。还有保存于碑林二室的《大秦景教流行中国碑》，记载的史实中外史书均无涉及，因此弥足珍贵。它刻于唐建中二年（781年），螭首龟趺，高280厘米，宽99厘米。碑文记载了基督教在唐代贞观年间传入中国及其以后100多年流传中土的情况，是闻名海内外的世界四大名碑之一。

西安碑林保存的石碑（1）

西安碑林保存的石碑（2）

碑林还收藏有历代书法碑刻，荟萃了历代著名书法家的手迹，碑石年代从汉代一直到近代，前后跨越一千八百余年，在这里可以看出中国文字和书法发展的轨迹。秦代李斯小篆所书的《峄山碑》，结构匀称，汉代的《曹全碑》尽显隶书的宽博优美，唐代柳公权所书的《大达法师玄秘塔碑》显示了棱角森挺的“柳骨”，书圣王羲之的《兰亭序》，宋代苏东坡写的《归去来兮辞》，还有唐太宗的“宁静致远”，于右任书写的《正气歌》以及一笔“虎”“寿”等都为碑林增辉添彩。

碑林还保存了大量古代的石刻艺术品。石刻艺术是我国古代灿烂文化的重要组成部分，尤其是汉唐盛世，造型艺术因反映时代精神而大放异彩。驰名中外的《昭陵六骏》有“四骏”保存在这里。

石刻艺术遗存（1）

石刻艺术遗存（2）

西安碑林是一部刻在石头上的史书，是一部文字史，也是一部书画史。碑林记载了历史上各朝代的重大事件、生活传统、思想信仰等内容，中国的历史许多在这里被发现与重新认识，进而记载到了今天的史书中。这其中非常重要的一些史实如唐《大秦景教流行中国碑》是基督教在中国传播的最早的文字记述，具有世界性的影响与意义。而多数史料是对中国或者地方历史事件的记载，为研究中国历史与文化提供佐证，对国家与民族、地方具有重要价值与意义。所以，碑林既是中西文化交流的档案室，也是儒家文化的石质图书馆。

石刻艺术遗存（3）

西安碑林的丰富历史文化，吸引了传统文化失落已久的国人，也吸引了向往神秘东方的西方游客；吸引了追寻东方文明起源的亚洲人，更吸引了沉迷于中国古老文化的世界各地学者。世代居住在这个城市的居民，每次漫步于碑林之中，浏览着这一座座石碑，如同漫步于一个静谧的图书馆，阅读着历史，也感悟着悠久的华夏文明。

碑林

07

# 第七章

# 关中书院——西安古代的学院图书馆

唐昭宗迁都洛阳后，长安城遭到了彻底的破坏，一代名都化为丘墟。唐朝末年，佑国军节度使韩建见长安城残破不堪，无法据守，就在原来皇城的基础上修建了子城。到了明代，子城被重建，明洪武二年（1369 年），长安正式改名西安府，也称为“西安”，城市名称由此固定了下来。

在今天西安市大南门内东侧，有一条不长的街道，一色的青石铺地，两边的仿古建筑磨砖对缝、雕梁画栋。一家接一家的店铺里，经营的多是文房四宝、古玩字画及各种手工艺品。来往其间的人们也一扫滚滚红尘的喧嚣和浮躁，而多了一份安泰和从容，这就是人称“西安古文化一条街”的书院门。

说起书院门的历史，不能不提到建于明代的关中书院和它的创始人冯从吾。书院是中国古代一种特有的教育组织和学术研究机构，明清时代书院很多，多为准备科举的场所，清末科举废除后，书院多改为学堂。

西安关中书院门牌楼

西安关中书院遗址

冯从吾（1556—1624），字仲好，号少墟，陕西西安府长安县人，明末著名的教育家、学者。万历时中进士，曾官至御史、工部尚书等职，以耿直著称。明末宦官权势熏天，朝政混乱，明神宗朱翊钧终日沉湎酒色，深居宫中，国事日非。冯从吾犯颜直谏："勿以天变不足畏，勿以人言不足恤，勿以目前晏安为可恃。"结果神宗大怒，下旨杖击，众官力保才得以幸免，于是冯从吾被罢官回籍。回到西安以后，冯从吾闭门谢客，专心致力于理学研究和讲学著述活动。关中地区自北宋张载以来，形成了宋明理学的一个重要学派"关学"，在中国古代思想史上占有重要的地位。冯从吾是继张载之后的又一位"关学"代表人物，他继承"关学"传统，取长补短，使明代"关学"蜚声海内。冯从吾在从事著述研究的同时，还十分热衷于讲学授徒，通过讲学来宣传自己的政治见解和学术观点，他认为国家应大兴讲学之风，使各级当政者都能倾听学者的意见，注意他们的研究内容，为国家的兴盛采取更适当的举措。于是他借用当时西安城南门内的宝庆寺作为讲学场所，即今西北水利勘测设计研究院的所在地及其东邻，现在仍有寺塔在此。由于冯从吾的学术声望很高，所以来听讲从学的人极多，有时竟多达数千人，陕西各级地方官员也常来。宝庆寺地方狭小，不敷使用，于是西安知府会同官员商议，将宝庆寺以东的小悉园拨交冯从吾建立学校。中国历史上著名的关中书院在冯从吾的主持下诞生了。由于冯从吾治学严谨，学风端正，授课认真，关中书院建成以后，很快成为陕西当时的最高学府，同时也是当时北方地区享有盛名的学府之一。邻省四川、湖北、甘肃、山西、河南等地的学生也来此就读求学。明清两代陕西理学的光大，与关中书院密不可分。明熹宗时，宦官魏忠贤当权，东林党人和正直的学者、士大夫惨遭魏氏毒手。冯从吾和关中书院也在劫难逃。1624 年，魏忠贤的爪牙到陕西，拆毁了关中书院，冯从吾饮恨而亡。至清康熙三年（1664 年），关中书院在原址上得以重建，后又几经扩建，规模越来越大，书院门这个地名也由此而得，并在普通百姓中流传开来。著名学者李顺、刘光蕡、牛梦周等都来此讲学，对当时陕西地区学术文化的发展起了很大的推动作用。

关中书院是明清两代陕西的最高学府，是当时中国四大著名书院之一。光绪年间，改建成陕西省师范大学堂，成为当时西北五省的最高学府。民国时改为省立师范学校。

关中书院虽然地处内陆，但与其他地区的书院始终保持着密切联系，吸收他人的思想文化成果，同时也在输出自己的研究成果，影响并促进了陕西地域文化的形成、凝聚和沉淀。

以关中书院为代表，当时陕派书院数量众多。它们不仅招录学生，履行其文化教育职能，而且完善其藏书楼建设，明清时书院收藏和刊印古籍已经非常普遍，书院刻书的历史源于宋代，书院所刻之书称为院本。《陕甘味经书院志·刊书第六》就有关于味经书院创设刊书处的经过和组织、管理、经费筹措、刊印书籍的内容、刻工人员等的记载。

晚清时期，西方文化思潮传入中国，许多西方文化书籍在国内传播。一些有识之士推崇教育救国的理念，短时间内书院的藏书种类急剧增加，因此晚清书院藏书不仅种类丰富，而且在书院藏书书目的编制以及图书管理、借阅制度的规范等方面都有所变化，已有近代图书馆化的趋势。

关中书院等一批陕西历代书院就像古代的“高校”一样为西安、陕西乃至全国培养了众多人才。就如关中书院大门所题：汇人间群书博览之，何其好也；集天下英才教育之，不亦乐乎。又如无名氏为仁在堂所题：身正为范，学高为师。这些楹联是对书院藏书的真实写照。

碑林

08

# 第八章
# 民国时期的西安图书馆

西安城墙南门

1927年11月，陕西省政府正式设立西安市，当时的西安城市面积为15.5平方千米，人口稀少，颇为萧条。

20世纪初的西安，已经出现了一座城市公共图书馆，即创建于1909年的陕西省图书馆，它是中国最早建立的公立图书馆之一。清朝末年在维新运动的推动下，许多人主张以西方国家为榜样，设立公共图书馆，以开启民智，继承传统和发展实业。正是在这一背景下，1907年5月，陕西巡抚恩寿、提学史余坤上奏清廷，称："近今轮轨交通，驿騠四达，欧美各邦，罔不于各都巨埠，广建书楼，征求册典，所以开浚神智，增进文明，法至善也。陕西山河重阻，兵燹屡经，文献凋零，士风固塞，将欲交换知识，自宜广事搜罗。……仿照东南各省建置图书馆，收藏报籍，并采购教育品及各国图书，籍资考证……"经过各方努力，于宣统元年（1909年），正式成立了陕西省图书馆。

据陕西省图书馆馆史记载，创建时的陕西省图书馆馆址，位于现在西安市北大街青年路东段中部路北，当时的陕西省图书馆建制分为两个部分，一部分为图书馆，另一部分为附设的教育品陈列所。图书馆活动有两项基本业务，即图书馆业务和印刷业务。当时图书馆事业尚属初创，社会公众对图书文献的需求还没有形成气候，大量平民基本是文盲，而新兴的学堂又需要大量的新教材。于是，初创的图书馆主动适应了现实的社会需求，拓展了普及型图书的印刷业务，虽然与现代图书馆文献借阅服务模式有较大的差异，但这一工作依然属于推进社会文献传播的活动范畴。

开放之初的陕西省图书馆“购藏略具，而览者寥寥”且“不独规模设备简陋，即图籍亦复寥寥”。1912 年以后，陕西省图书馆逐渐发展，馆舍不断扩大，藏书逐渐丰富，制度日渐完善，图书馆的社会影响力逐步增强。1927 年，陕西省图书馆更名为“陕西省立第一中山图书馆”，撤销“劝工陈列所”，在馆内设“平民教育委员会”，还在西安莲湖公园内增设“陕西平民图书馆”。于府学街原文庙内设“陕西省立四三图书馆”，并在西安北大街开辟“平民阅览室”，广泛宣传、推荐革命图书。1931 年改馆名为“陕西省立第一图书馆”。1937 年 4 月再次更名为“陕西省立西京图书馆”。在这二三十年中，西安市的公共图书馆服务渐渐走上了专业发展的正轨。

1947 年前后，南京国民政府曾在西安筹备建设国立西安图书馆。国民政府教育部在“提高西北文化，促进教育发展”的宗旨下，决定在西安成立一所国立西安图书馆。由教育部聘请当时的西北大学校长刘季洪担任筹备委员会主任委员，聘请陕西及西安文化名流 8 人任委员，另专门委派一陆姓专员任筹委会委员兼秘书。按当时南京政府教育部的规划，国立西安图书馆在规模及隶属关系上，均高于始建于 1909 年的陕西省图书馆。计划在筹备期间先行开展一些社会服务，待各种设施齐全后正式成立国立西安图书馆。但由于国民党政权随后在内战中迅速瓦解，国立西安图书馆始终未走出“筹备”阶段。

1947 年 2 月 26 日，在西安崇礼路西北大学医学院举行了由刘季洪主持的国立西安图书馆的第一次筹备会议，做出了三项决议：电请南京政府教育部拨给初期建筑费 30 亿元，设备费 20 亿元（均为法币）；图书馆址选在西安市区的革命公园内；待教育部的图书馆建筑费用到位后即动工兴建。

国立西安图书馆筹建之初，相关人员包括筹委会委员和图书馆职员两类。筹委会委员由南京政府教育部聘请，主任和委员等均为国立西北大学等院校及其西安地区的文化名人，多为兼职。他们除领取一份车马费外，不参与图书馆的具体工作。根据西安市档案馆的档案显示，西安图书馆的职员分编纂、干事、助理干事、技工、会计、书记及传达、公役各种等级，但人员流动变化较大，一般保持在近 40 人，业务人员（编纂、干事、助理干事及技工）则在30人左右。其中有一些属于专门聘请的专家，如任专职编纂和征集组组长的张知道先生，曾于1933年1月至1939年4月出任过陕西省立西京图书馆的馆长。

国立西安图书馆筹建时期，南京政府教育部原先拟拨10亿法币修建费。后因物价飞涨，筹委会电告教育部申请50亿法币的修建、设备费，未见答复，甚至连答应的10亿也未能拨发。筹委会及陕西省教育厅多次去电、去人，终究未能使教育部践诺。由于没有经费，已经选定馆址的西安图书馆一直未能动工修建。《建国日报》曾专门载文呼吁本省政府贤达“协力赞助、指拨公产，以开辟阅览室，使馆务得以发展”。根据当年几位老馆员回忆，当时图书馆的日常支出费用，系由国民政府教育部通过陕西省教育厅行政拨发。

筹委会第一次开会时，决议将图书馆的馆址放在当时西安有名的游乐场所——革命公园内。由于建馆经费问题迟迟无法解决，1947年的12月，决定“租定民房数间”为临时馆舍。当时的馆舍是一个小院，主体建筑是一座木结构的二层小楼，上下均用以贮藏书刊，两边的厢房用于办公；临街处辟出一间对外社会服务的报刊阅览室，另有传达、灶房等生活用房。

国立西安图书馆的藏书，主要来源于两个方面：一是在筹备初期，国民政府教育部拨来一批在南京收集的无主书刊，大多为抗战期间各图书馆或个人在战乱中遗弃的书刊；二是在筹备建馆时期陆续购买的新书刊。当时的馆藏书刊有以下内容：线装古籍，包括经史子集各类，其中不乏善本图书；现代中、外文图书（原版图书及影印本均有）和中文报纸杂志。关于藏书数量，《西北文化日报》1947年3月10日第四版引当时陕西省教育厅厅长王友直（西安图书馆筹委会委员）云：“教育部派专任干事陆某，不日到陕任职，届时携有15万册图书。”从今日所见实物，确有一批南京来的图书收藏于西安图书馆，老馆员们也回忆说他们当时主要的工作是整理、修补南京拨来的图书，但是，数量却没有那么多。《西北大学校刊》1949年第10期、1950年第2期均报道说，西北大学图书馆收藏原西安图书馆中、西文图书共31000余册，中西文杂志共3000余册。

在缺经费、无馆舍的困难情况下，国立西安图书馆在全体职员的努力下，还是开展了一些力所能及的业务。这些工作对当时西安地区的文化教育活动起到了一定的推动作用，也受到了社会舆论的重视。① 整理书刊。主要是对南京调拨来的书刊进行修补、装订、登记和编目。图书整理的对象也包括新购书刊，图书的整理比较规范，甚至所有破损图书都一一填写了“残书检查表”并加盖馆藏章等。② 开展阅览服务。第二届筹委会曾决议开设三处阅览室，并设想“将有关西北文化之方志碑帖图集文物等广为征集搜购，辟为特藏”。但由于经费的难题依然未解，这些设想均未能实现。在图书馆临时馆舍开辟的一间阅览室，陈列部分报纸杂志，供有限的读者翻阅，而各类藏书一直未能开放。③ 古籍整理。南京拨来的图书中有不少线装古籍，其中不乏善本。第三任主任委员杨钟健先生 1948 年 12 月在馆藏古籍中发现有北京大学校长胡适“急觅之善本〔清〕沈钦韩著之《水经注疏证》”。《水经注疏证》乃举世公认的善本，当时世人皆以为绝版。当杨先生将此发现告诉潜力研究《水经注》的胡适时，胡适大喜过望，在北平《世界日报》发表专门消息：《西安图书馆发现〈水经注疏证〉》，是“绝妙的喜讯”。杨钟健还组织数位资深干事将西安图书馆收藏的《水经注疏证》1 ~35 卷（原缺 5 卷）抄写 8 本，分寄部分图书馆。据部分老馆员回忆，抄书工作十分认真、严密，有专人专室，与此事无关的人员不能靠近，以防出现纰漏。

1949 年初，西安解放在即。国立西安图书馆也无力维持了。杨钟健辞去了西北大学校长一职，更无心过问西安图书馆。1949 年初，向全体职员发放了遣散费，图书资料及部分人员则转到西北大学。筹备了近两年的国立西安图书馆最终消失，给西安城市文化留下了遗憾。

1949 年 5 月西安解放，“陕西省立西京图书馆”由陕甘宁边区政府接管，更名为“陕甘宁边区西安图书馆”，1950 年 4 月，陕西省人民政府成立后，改馆名为“陕西省立西安人民图书馆”，1953 年 7 月正式定名为“陕西省图书馆”，沿袭至今。1957 年以后，陕西省图书馆在临近市中心的西大街修建新馆，扩大了读者使用面积，不断增加藏书，举办各种图片展览，吸引了越来越多的读者使用图书馆，曾经出现过“托人办读者证”的现象。同时，陕西省图书馆不断对西安市各类图书馆的业务进行辅导，组织相关人员参观学习。一直到 21 世纪初，陕西省图书馆一直承担着西安市图书馆的大部分职能，引领、指导西安市公共图书馆事业的发展。

# 当代篇

今天的西安图书馆

09

# 第九章

# 西安图书馆的建立、成长与发展

第一节

# 西安图书馆的诞生

作为社会文明的重要标志之一，图书馆是一个地区传播科学文化知识、交流信息、普及社会教育的重要阵地。但由于种种原因，自中华人民共和国成立至20世纪90年代，西安一直没有市级公共图书馆。对此，西安各界人士自20世纪80年代就从多个渠道、以多种方式广泛呼吁，并依托西安市文化局建立起“西安市图书馆筹备处”。1991年，“西安市图书馆筹备处”起草的《西安市区县公共图书馆现状与问题》调研报告指出：“西安市没有市级公共图书馆，而区县图书馆还不到区县数的一半，这种落后局面在全国大中城市和单列城市中已属罕见。文化部在“八五”规划中要求城区区区都要有图书馆。因此改变西安市公共图书馆的面貌已成为刻不容缓的事情。”筹备组的调研报告所表露出的建立西安市图书馆的期盼之心、拳拳之情，令人感慨不已。

20世纪90年代，随着国家西部大开发决策的实施，西安大发展的步伐逐步加快，西安人深切意识到，物质文明的进步需要精神文明的引导和支持，精神文明的积淀至关重要。

西安图书馆设计方案论证会现场（1996年2月）

一个城市的进步，离不开全体市民素质的提高，离不开一个可供市民读书、学习的良好场所。时代的发展、改革的深入、人民群众文化需求的日益提高，都呼唤和要求西安建设一座高品位、现代化的公共图书馆。经西安市市委、市政府领导多次研究，西安图书馆于1996年立项并正式奠基动工，1997年被市政府列为为民“十件好事”之一。从此，在欣欣向荣的西安市经济技术开发区，市民翘首以盼的西安图书馆开始建设，而西安图书馆也将成为古城西安人民增长知识、交流信息的公益文化场所。市编办《关于同意成立西安图书馆的批复》(〔2000〕18 号)指出："西安图书馆的职责任务是：承担图书、报刊、音像资料、网络产品的采编、藏储、借阅等工作；利用图书馆馆藏资源和网络系统为社会各界读者提供咨询、信息加工等服务；广泛开展图书馆学、情报学、信息学的理论和技术研究及学术交流、馆际协作；开展知识培训和社会再教育并提供相关的社会服务。"

建馆期间，西安图书馆得到了文化部、国家计委、财政部的支持和省市领导多方的关心指导，市政府及相关负责人多次现场调研，工地办公，第一时间解决图书馆建设中遇到的实际问题，使西安图书馆的建设得以顺利进行。同时，社会各界人士对西安图书馆今后的发展提出了许多有价值的建议，并呼吁全社会给予图书馆事业大力支持，市公交总公司还在西安图书馆门前设立汽车站，为读者提供交通便利。

西安图书馆奠基，1997 年 6 月 16 日

为了充实图书馆馆藏，尽快满足广大读者的阅读需求，市政府专门发文，号召在全市范围内组织开展向西安图书馆捐书活动。市政府办公厅、市新闻出版局、市文史馆、西安地方志办、西安图书大厦等单位积极响应，踊跃捐赠，许多个人也将自己珍藏的书籍送来。到开馆时，共收到赠书 10 万余册，价值人民币 300 万元，收到捐款近万元。在捐书的人群中，既有普通职工、学生，又有机关团体，还有一些社会知名人士，其中著名文艺评论家肖云儒捐赠的"对视"丛书、陕西省心理学会理事长欧阳伦教授捐赠的《心理素质与教育》、陕西省社科院宗教所副所长樊光春研究员捐赠的《陕西道教两千年》等高质量的赠书，极大地丰富了图书馆的馆藏。

经过三年多的紧张施工和筹备工作，2000 年 10 月 26 日，西安图书馆正式开馆接待读者。

西安图书馆开馆典礼

新建的西安图书馆，工程总投资5000多万元，占地面积3万多平方米，主体5层，局部6层，外观典雅简洁。

2000年10月对外服务时，西安图书馆大楼1～4层开辟了报纸、科技期刊、社科期刊、青少年、综合、电子6个阅览室，设有阅览坐席516个。阅览室采用藏阅合一的布局，全部实行开架阅览，为读者提供200多种报纸，近2000种期刊。电子阅览室可提供学术光盘数据检索、阅读和网上查询、浏览等信息服务。西安图书馆工作人员全部从社会上公开招聘选调。通过专业知识考试，综合素质测试后，最后审核调入。工作人员都具备一定的图书馆工作经验，平均年龄33岁，93%具有大专以上学历。西安图书馆书刊编目与借阅管理等基础业务活动应用了ILAS-Ⅱ图书馆自动化管理系统。读者可以上网访问西安图书馆主页，查询馆藏文献信息，了解西安图书馆举办的各项活动。

西安图书馆将“读者第一”作为办馆宗旨，实现全年365天面向社会公众开放，无论是否为本市居民，只要出示有效证件均可办理读者证。当时的西安图书馆读者卡不仅可以借阅图书，同时具有工商银行的借记卡功能，凸显了先进科技与人性化服务的特点。

西安图书馆的建成与开馆，在社会上引起了强烈反响，成为西安市文化交流的一个重要窗口。开馆不到一年，接待了全国各兄弟城市图书馆同行共30批，约500人次。其中包括杭州、成都、广州、太原、郑州等省会图书馆，省内许多公共图书馆、高校图书馆和专业学会、协会同行。还接待了美国、加拿大、匈牙利等国专业代表团 5 批，30 余人次。匈牙利图书馆联合会主席、匈牙利国家图书馆馆长、匈牙利首都图书馆长等曾到馆参观。匈牙利国家图书馆馆长莫诺克·伊什特万博士参观后欣然提笔留言：“我们很荣幸访问了如此宏伟美丽的图书馆，西安图书馆在建筑布局、管理理念、人才结构、自动化等方面，有很多先进的地方。通过此次参观我们了解了西安，相互加深了理解，缔结了两国人民的友谊。我们祝愿西安图书馆在未来取得成功。”

开馆日，市民踊跃办理读者证

西安图书馆的诞生，承载了几代西安市民的热切希望，也记录着西安这座文化名城的灿烂历史，它已经与 21 世纪社会文明同步前行。

第二节

# 西安图书馆的性质、定位及办馆宗旨

西安图书馆是西安市人民政府兴办的综合性公共图书馆，是面向社会、为广大市民服务的公益文化基础设施，承担着全市范围的图书、报刊、音像资料、电子文献、网络资源的采编、藏储、借阅等工作，利用图书馆馆藏资源和网络系统为社会各界读者提供参考咨询、信息加工等服务，开展图书馆学、情报学、信息学的理论和技术研究及学术交流、馆际协作，开展知识培训和社会再教育并提供相关的社会服务；同时还承担全国文化信息资源共享工程市级支中心、中华古籍保护计划、全市数字图书馆推广工程、政府信息公开查询等职能，是西安市图书馆学会的挂靠单位。2013 年西安图书馆被文化部命名为国家二级图书馆。

第三节

# 西安图书馆的建筑结构、功能布局

西安图书馆地处西安市北郊未央路西安经济技术开发区，主要建筑为西安图书馆主体大楼与配套设施（设备用房）。

西安图书馆主体大楼建筑面积15000平方米，建筑结构采取同层高、同柱网、同荷载、大开间模式，每平方米承载质量不低于500千克，整体可容纳藏书150万册。本着智能化、人本化的原则，图书馆大楼内部布设有计算机网络管理、闭路电视、语音、中央空调等完善的综合智能系统。现在，直接供读者使用的阅览场所7000平方米，设置服务窗口23个、阅览座位1200个、多功能报告厅1个、展览厅1个。

一楼大厅及展厅鸟瞰

主楼一层主要由办证咨询处、报纸阅览区、流通书库、少儿活动区、视障阅览室、电子阅览室、展览厅、报告厅8部分组成，共设阅览座位199个。

主楼二层主要由中文期刊阅览室（一）、中文期刊阅览室（二）、地方文献阅览室、中文外借库、青少年阅览室、综合图书阅览室（一）、自修室、公共自修区域8部分组成，共设阅览座位598个。

主楼三层主要由综合阅览室（二）、中文图书密集库、过期期刊库、过期期刊阅览室、中文期刊外借库、参考工具书阅览室、公共自修区域7部分组成，共设阅览座位278个。

主楼四层主要由未成年人活动区（西安市未成年人心理健康辅导中心）、报纸阅览室、公共自修区域、办公区4部分组成，共设阅览座位40个。

主楼五层主要由西安市古籍保护中心、公共自修区域两部分组成，共设阅览座位85个。

第四节

# 探索与发展

西安图书馆是城市公共图书馆中相对年轻的一员，开馆时面临馆舍面积狭小、馆藏文献有限、基础业务相对薄弱的状况，全馆职工探索进取，图书馆的发展速度不断加快。2012 年以后，多项工作取得突破性进展，走上了健康发展的轨道。

## 一、改善服务硬件

“工欲善其事，必先利其器。”西安图书馆从开馆接待读者之日起就坚持不懈地改善各种服务硬件。2000 年 10 月开馆时，西安图书馆仅有藏书 5 万余册。截止到 2015 年 12 月，总藏量跃增至 894898 册，其中纸质图书 846538 册、电子图书 233144 册、电子期刊 11248 种/册。数字资源总量于 2015 年 12 月达到 76TB，含自建资源 20.5TB。开馆 15 年，资源总量增长了 17 倍，为服务读者阅读需求、提升服务能力打下了坚实的基础。

阅览面积从开馆时的 3000 平方米增至 2015 年 12 月的 7000 平方米；阅览坐席从开馆时的 516 个增至 2015 年 12 月的 1200 个；供读者使用的电脑从开馆时的 30 余台增至 2015 年 12 月的 147 台；宽带接入从开馆时的 2Mbps 增至 2015 年 12 月的 210Mbps；服务窗口从开馆的 6 个增至 2015 年 12 月的 23 个。

2012 年，西安图书馆积极整合资源，大力改善服务环境，压缩办公场地，扩大服务空间，增设服务窗口，改造少儿活动区，开辟展览厅，装修古籍中心，调整报纸阅览区，同时扩大自修学习区，新增自修席位 200 余个。同时对全馆空调设施进行全面维修改造，使得西安图书馆的服务环境焕然一新，从而大大提高了图书馆的社会吸引力，西安图书馆的社会知名度与社会效益不断提高。持证读者数、到馆读者量、文献利用率都开始大幅提升。

截至2015年12月，办理读者卡54883张。全年接待读者量从2000年开馆初起的10万人次，增长到2015年的140万人次。

清晨，读者排队等待进入西安图书馆

## 二、夯实基础业务

十多年来，西安图书馆不断强化基础业务建设，首先明晰了基础业务范围，经过反复研讨，先后制定了《西安图书馆文献资源建设委员会章程》《西安图书馆文献采选实施办法》《西安图书馆文献采购实施细则》《西安图书馆期刊采购原则》《西安图书馆文献采访流程》《西安图书馆中文图书著录规则》《西安图书馆文献编目工作流程》《西安图书馆文献阅览制度》《西安图书馆中文图书排架规则》《西安图书馆计算机网络维护管理制度》《西安图书馆网站管理维护管理办法》等47种业务制度，并在工作实践中严格落实。目前，西安图书馆各项基础业务开展有条不紊，制度化、规范化、标准化水平不断提高。馆藏文献在数量快速增长的同时，质量也在不断提高，形成了独特的资源特色，文献管理的科学化水平不断提高，为图书馆各项工作的发展奠定了坚实基础，业务工作呈现出蓬勃发展的良好态势。

公共图书馆服务对象相对广泛，馆藏文献有时难以满足专业读者的特定需求，馆际合作成为西安图书馆拓展服务领域的一项重要举措。西安图书馆加入了陕西高校图书馆联合馆际互借协作网。2012年，西安图书馆与西北大学、西安交通大学、西安建筑科技大学、陕西师范大学、第四军医大学、西北农林科技大学、汉中职业技术学院等95所高校图书馆和陕西省图书馆建立了馆际互借关系，制定了《西安图书馆馆际互借办法》，凡办理西安图书馆读者卡的读者均可享受西安图书馆提供的馆际互借服务，扩展了读者可利用文献的范围。

**图书采购数量与质量同步提高。**2012至2015年，西安图书馆年均入藏图书7万余种，年均报刊入藏4100种，多卷书以及连续出版物入藏完整率为95%。文献建设委员会严格执行各项工作制度，以读者需求为导向，做到综合性和专业性协调互补，印刷及数字等多种类型文献合理匹配，保证了馆藏资源品质优良、结构合理。西安图书馆承担着保存西安地方文献版本的职能，以《西安市文化广播新闻出版局关于切实做好缴送西安版书刊、音像制品和电子出版物样本工作的通知》为依据，加大地方文献的收藏力度，进行呈缴本的征集和登记等工作，呈缴本征集的品种、数量达到地方正式出版物的97%以上，西安出版社出版的文献入藏完整率为100%。同时强化陕版图书报刊的采购入藏，2015年订购陕西本地报纸23种、期刊52种、图书1008种。

**文献编目工作严格规范。**西安图书馆依据国家有关文献著录标准，结合本馆实际制定了《西安图书馆中文图书著录规则》《西安图书馆中文期刊机读目录著录规则》《非书资料CNMARC格式著录规则》，对馆藏古籍的编目著录也做了详细规定，编目工作流程严格，工作检查记录完整，编目数据规范一致。明确各种文献的编目加工时限，确保文献及时上架，保证最新书刊及时到达读者面前。

**藏书组织科学有序。**西安图书馆制定了《西安图书馆中文图书排架规则》《西安图书馆报刊排架规则》《地方文献阅览室排架规则》《视障阅览室排架规则》等规章制度，并有专业的架位维护人员与详细的管理检查工作记录，保障全馆藏书排架正确率达到97%以上。西安图书馆制定了《西安图书馆剔旧工作管理办法》，规定了剔旧标准与工作流程，剔旧工作在文献资源建设管理委员会领导下开展，程序严格。为加强文献保护工作，制定了《西安图书馆文献资料保护措施》，对文献的防火、防水、防霉、防尘、防虫等均有明确的规定，各室均配有消防、安全监控、紫外线消毒灯等设施设备，保护条件完善，同时强化检查力度，落实相关措施，保证了文献资料的安全。

**积极进行馆藏数字化建设。**西安图书馆自2000年开馆，就使用了ILAS计算机集成管理系统编制CNMARC机读目录，馆藏中文文献书目数字化达到99.87%。当时几乎没数字资源，至2015年12月，图书馆拥有数字资源总量达到76TB，其中自建数字资源量为

20.5TB。基于西安城市文化的特色，图书馆以西安地方文献建设为重点，自建多种文献数据库。2012年，陆续建设了西安非物质文化遗产数据库、西安图书馆天禄讲坛视频数据库和三个体现西安地方文化特色的数据库，内容覆盖了西安史话、戏影、名胜、民俗、美食等各个领域，已登记申报国家数字图书馆全国公共图书馆自建数字资源。

西安图书馆外借书库一角

西安图书馆期刊阅览室一角

现在，西安图书馆已在本馆官网开设了数字图书馆栏目，有自建、商购及试用等各种类型24个数据库为读者提供在线服务，内容涵盖学术期刊、电子图书、报纸期刊、教学课件、教学音视频和非物质文化遗产资源等，有效地满足了公共图书馆的读者对数字资源获取与利用的需求。为了帮助读者充分利用数字文献资源，西安图书馆还组织了多种类型的关于数字资源使用的读者培训活动。

西安图书馆一楼大厅数字资源区

**多种形式的参考咨询服务。**随着图书馆社会文化服务的不断深化，参考咨询服务的重要性日趋明显，逐渐成为图书馆工作的核心环节。西安图书馆参考咨询服务的形式主要有当面咨询、电话咨询、网上虚拟咨询等。当面咨询服务是最基本的方式，主要针对来访者提供实时咨询服务；电话咨询服务主要是通过电话，对读者咨询的问题进行实时解答，或接受读者提出的问题后由专业人员进行查询，将咨询结果通过读者指定的方式予以回复；网上虚拟咨询服务也被称为数字参考咨询服务，是通过网络给予咨询的服务，包括非实时和实时的服务。

西安图书馆参考咨询部开展的参考咨询工作主要有 5 种形式：日常咨询工作，为西安城市管理机构的社会发展决策提供信息参考，政府信息公开查询服务，为本地企事业机构提供定题服务以及二次文献的编辑加工。这些服务项目在西安图书馆网站都有明显的系统提示。

西安图书馆大厅的咨询服务处

日常咨询工作面对的是西安图书馆的读者，解决他们在使用图书馆的过程中产生的疑问或查找文献遇到的问题，主要形式有当面咨询、电话咨询、邮箱咨询和虚拟咨询。西安图书馆在一楼大厅入口设有咨询台，办证的同时提供当面咨询、电话咨询。读者在使用图书馆时有不明之处，或有任何疑问，咨询台的工作人员都会热情解答。如果遇到他们解决不了的问题，可以将电话转接到专门从事咨询工作的资深馆员处，或让读者直接去面对他们解决问题。

另有专门为读者提供的邮箱，为不能到图书馆的读者解决问题。西安图书馆有两位资深馆员会在每天上班后第一时间浏览邮件，负责回答读者的提问，回复时间不超过三个工作日。

同时，西安图书馆还有在线咨询，在专门的平台上实时向读者提供咨询服务，解答读者的各种问题，给读者提供一个与馆员交流的平台。

在科技查新方面，西安图书馆利用本地高校众多的优势，与西北工业大学图书馆签署《科技查新协议》，合作开展科技查新服务，免费为读者提供服务。

西安图书馆积极为西安市城市社会发展决策提供参考服务，定期向有关部门提供相关的二次文献。这些二次文献是西安图书馆的馆员结合国内政治、经济、文化、民生等方面的热点问题，依托丰富的馆藏文献及网络数字信息资源，本着时效性、针对性、实用性的原则，进行二次加工的。同时，发挥公共图书馆信息纽带的公益文化平台作用，走进人大、政协会议的现场，为代表委员们参政议政提供信息参考服务。2008 年 5 月 1 日，《中华人民共和国政府信息公开条例》施行，标志着中国各级政府迈向“信息公开时代”。2009 年 1 月 1 日，西安图书馆在图书馆二楼地方文献阅览室内，开设政府信息查阅室，免费提供政府信息查询服务。

西安图书馆在市政协会议现场的信息咨询服务点

西安图书馆政府信息查阅室目前收藏有 2003—2013 年《西安市人民代表大会常务委员会公报》，2003—2013 年《西安市人民政府公报》，2009—2013 年《陕西省人民政府公报》，1984—1990 年《西安市人民政府文件选编》，1984—2000 年《西安市法规规章汇编》和《西安市地方性法规汇编》以及环境保护和其他方面有关的政府信息公开资料等。此外，还有 2000—2013 年的《国务院公报》，公开提供给读者查阅。

西安图书馆在官方网站（www. xalib. org. cn）上设置有政府公开信息栏目，及时公告最新的政府公开信息；同时加入了中国政府公开信息整合服务平台（http：//govinfo. gov. cn. ，西安市分站，西安图书馆网站设有直接链接），专门配备了 2 台计算机和 1 台打印机，安排专职工作人员帮助广大市民进行纸质政府文件和网上政府信息的检索及获取，提供政府信息查询等多项服务。

西安图书馆以方便快捷的检索手段和热情周到的专业服务，最大限度地满足市民对政府信息的查阅需求，搭建了政府和市民之间的信息桥梁，为和谐社会的建设履行了图书馆人的职责。为了持续做好这项工作，西安图书馆制定了《西安图书馆政府信息公开查询指南》《西安图书馆政府信息公开查阅管理办法》，并建立政府公开信息查阅登记，以便及时了解和掌握广大市民对政府信息的需求情况及使用反馈，促使政府公开信息服务工作有的放矢地深入开展。

## 三、实施国家重点文化工程

**全国文化信息资源共享工程**。2009 年，全国文化信息资源共享工程西安市支中心在西安图书馆成立。2012 年，西安市文化广电新闻出版局对西安市文化信息资源共享工程领导小组人员进行调整。目前，支中心设有综合工作组、技术保障组与资源建设组，指导西安市下辖 13 个区县级支中心。

全国文化信息资源共享工程西安市支中心共有工作人员 10 名。支中心建立了《全国文化信息共享工程西安市支中心岗位职责》《全国文化信息共享工程西安市支中心培训制度》《全国文化信息共享工程西安市支中心人员管理制度》等制度，建立了服务活动档案，及时按照要求报送信息，进行年度计划与总结。支中心积极为社会大众提供服务，辅导农民工在春运期间网上订购火车票，开设中秋节“亲情视频”服务，不定期举办老年读者电脑操作培训班，为西安市儿童福利院、西安市盲哑学校的孩子们播放电影等多种活动，使共享工程服务惠及民众。同时，支中心每年制订培训计划与方案，面向西安市区县支中心及基层点开展业务培训和工作指导，参与陕西省文化信息资源共享工程年度乡镇及社区建设项目检查验收工作，对乡镇及社区共享工程基层服务点进行工作指导和检查验收。2012 年，推荐长安区与蓝田县参加公共电子示范点建设和文化共享之星评选；组织西安市代表队参加第三届文化共享杯知识竞赛活动，并取得第二名的成绩。

2013 年底，西安市级支中心开展基层服务的全面调研。在图书馆馆长带领下，通过对长安、蓝田、临潼、灞桥、阎良、雁塔、户县、高陵、周至 9 个区县支中心以及下属的 16

个基层服务点进行走访和调研，全面掌握了西安市已建成的共享工程服务网络基本情况，并与各区县支中心、基层服务点就管理服务、资源利用、宣传推广、群众认知等具体工作内容进行了沟通与辅导，达成大家齐心协力打造西安市文化共享工程升级版的共识，为广大市民提供更好的文化共享服务。

全国文化信息资源共享工程西安市支中心主任带领工作人员在灞桥支中心调研

**数字图书馆推广工程**。2011 年，西安图书馆成为首批国家数字图书馆推广工程试点单位。2012 年，西安图书馆成立了数字资源建设部，负责收集、整理并开始建设自有数字化资源。同年 9 月，西安图书馆成立了数字图书馆建设委员会，有 17 名专兼职人员。委员会下设立办公室，负责网络建设、资源建设以及宣传推广工作，制定了《西安市数字图书馆建设推广规划》，建立完善了《西安图书馆数字图书馆推广工程办公室职责》，并按照工作计划展开工作，及时进行信息上报。目前，数字图书馆建设已按照全省统一部署全面展开，基础平台设备安装调试工作正在进行。同时，西安图书馆对数字图书馆外围设备、设施进行了完善改造，接入宽带由 100M 提升至 210M。资源共建共享方面，通过文献建设委员会的建库论证和评估，已自建完成数据库 20. 5TB，有两个自建数据库进行了国家图书馆特色资源库登记工作，6 个数据库进行了全国公共图书馆自建数字资源元数据登记项目申报工作。与西安市文化广电新闻出版局非物质文化遗产处联合建设西安市非物质文化遗产物质数据库，对全市 10 个区县的公共图书馆开放了数字资源共享，2013 年 6 月开通了“中国政府公开信息整合服务平台（西安市分站）”。

西安图书馆数字资源网络服务平台

为了做好数字图书馆建设的人力资源准备，西安图书馆多次选派专业人员参加国家图书馆组织的各类培训，并在接受培训后对本馆技术人员开展培训工作。为了给数字图书馆的建设打下良好基础，西安图书馆积极做好数字图书馆建设宣传推广工作，开展了多项数字信息服务活动，如读者数字阅读调查、“绿色阅读数字西安”数字资源推广月、“西安图书馆数字资源使用心得”征文等，吸引了众多读者积极参与。2012 年 11 月 18 日，图书馆开通了移动阅读平台。图书馆坚持向青少年、老年读者及农民工提供数字阅读和信息素养等专项服务与培训。2012 年，西安图书馆数字图书馆宣传员将活动上报至国家图书馆推广组，刊发在推广工程首页“地方资讯”栏目上。2013 年度，西安图书馆荣获国家数字图书馆推广工程优秀宣传工作单位。

**公共电子阅览室建设计划。**西安图书馆公共电子阅览室面积 150 平方米，2011 年 4 月 1 日起免费对读者开放，硬件设施均按文化部《公共电子阅览室设备配置标准（试行）》中所规定的进行配置，接入网络为中国电信宽带 100M 和广电网宽带 100M，网络和基础服务环境安全可靠。电子阅览室为读者提供 34. 64TB 的数字资源以及“天禄讲坛”音频、视频资源等地方特色数据库和中国政府公开信息整合服务平台（西安市分站）等资源。所有数字资源供全市 10 个区县公共图书馆免费共享使用。按照省共享工程分中心的统一安排，安装了管理系统和管理平台；资料传输调配体系由互联网资源访问、共享工程影视服务器、移播宝播放机、VCD/DVD 视听文献光盘、西安图书馆官方网站资源等组成，读者在完善的资源导航界面下进行数字资源的访问。

电子阅览室严格遵守《公共电子阅览室管理办法》，环境舒适，管理规范，每天服务时间 12 小时，除与共享工程支中心联合开展针对青少年、老年及农民工的各类培训和服务外，还专门制定了《西安图书馆公共电子阅览室青少年服务方案》，开展了青少年信息素养培训等多项活动。

古籍保护中心内景

**中华古籍保护计划**。2012 年 12 月，经西安市文化广电新闻出版局批准，以西安图书馆为依托，成立了西安市古籍保护中心，保护中心办公室设在西安图书馆。依照《图书馆古籍书库基本要求》，投入专项经费，建设历史文献阅览室，进行古籍的存藏与修复。古籍保护中心建立后，以举办讲座、展览和网站宣传等方式向读者普及古籍保护知识，以《古籍普查中的版本鉴定》《故纸遗香——古籍鉴赏》为题的培训讲座受到基层图书馆古籍工作者和市民的热烈欢迎。

西安市第三中学委托保管古籍

古籍保护中心还积极协调组织西安地区的古籍保护工作，接受委托代管西安市第三中学的古籍，并对这些古籍进行鉴定与修复。这种对不具备古籍保管条件的外单位古籍代为保管保护的灵活做法，受到业内和社会各界好评，《陕西日报》和《西安日报》对此做了专门报道，国家图书馆研究院主办的《图书馆政策研究参考》转发了此报道。

## 四、开展区域间图书馆协作

21 世纪是一个多元化的时代，信息资源的交互使用特性决定了西安图书馆不仅要做好本馆的信息集散、读者服务工作，还应发挥自身信息优势，适应西安建立国际化现代大都市的要求，高标准、高规格、高品质地发挥在西安乃至西北地区应有的领导与核心示范带动作用。

西安图书馆积极参加西北五省公共图书馆联盟、陕西省公共图书馆联盟、十五城市公共图书馆联盟、川陕甘滇黔渝图书情报协作网、陕西省图书馆学会、陕西省社科信息学会、陕西省科学技术情报学会、陕西省高校图工委馆际互借协作网等社会组织开展的学术研讨、业务信息交流、论文评选等多项活动。

为推动关中—天水经济区“七市一区”公共图书馆间的合作，由“七市一区”图书馆发起，西安图书馆承办的“关中—天水经济区公共图书馆联盟成立大会”于2010年10月9日至10日在西安举行，50余名代表出席了会议。会议签署了《关中—天水经济区公共图书馆合作与发展协议》，区域内公共图书馆将在建立合作机制与平台、业务交流、人才培训、图书馆数字资源共享等方面展开全面合作。

关中—天水经济区公共图书馆联盟成立大会

西安图书馆加入全国图书馆联合编目中心和陕西省联合编目中心，多次选派专业人员参加全国图书馆联编中心、陕西公共图书馆服务联盟组织的各项培训，并取得相关的资格证书。同时，西安图书馆成立西安地区公共图书馆联合编目中心，制定工作章程，组织、培训、指导西安地区公共图书馆加入陕西省公共图书馆联合编目中心进行联合编目工作，全市10个区县公共图书馆均为成员馆。

2012年，依据西安市“十二五”规划，西安图书馆制定了《西安地区公共图书馆服务网络建设规划》，组建了“西安地区公共图书馆服务协作网”，对本地区10个区县图书馆进行业务协调管理，在服务网络内实现资源共享。服务协作网成立后，西安图书馆和各区县公共图书馆在数字资源、展览、讲座、培训、地方文献征集等方面实现了文献资源和智力资源的共享共建。

西安图书馆充分发挥中心馆作用，积极开展基层业务辅导工作。针对全市各类图书馆的实际状况，制订基层图书馆辅导工作计划，指导户县图书馆、阎良区图书馆等新馆的立项、建设、开馆等工作，组织图书馆自动化建设等专题培训。同时，西安图书馆进行了西安地区公共图书馆事业调研，对整体业务状况进行统计分析，撰写了《西安地区公共图书馆服务体系建设与思考》报告，通过《工作通讯》进行业务交流和工作推进。近年来西安图书馆对基层工作人员进行业务辅导百余次，为提升基层图书馆的业务水平、培养专业人才提供了有益的帮助。在西安图书馆的引领下，西安市公共图书馆系统服务取长补短，整体提升了图书馆服务水平和服务质量。

## 五、图书馆学会工作

图书馆学会是建设公共文化服务体系、构建社会主义和谐社会，团结图书馆及其相关专业人士为发展社会主义先进文化与和谐社会建设的重要力量。机构设置在西安图书馆的西安市图书馆学会处在承上启下的特定位置上，其功能作用的有效发挥，对加强西安市图书馆专业的学术交流、人才培养，推动整个西安市图书馆事业的发展，促进行业乃至和谐社会的构建，具有重大意义。

2012 年 6 月，西安市图书馆学会第二次会员代表大会选举产生了第二届领导机构，修订了学会章程，制订工作计划，成立了学术研究、阅读推广、中小学图书馆工作等 3 个专业委员会，至 2015 年 12 月，共发展会员 251 名。学会开展了基层图书馆调研活动，对区县图书馆建设提出多项建议；邀请多位图书馆专家为会员进行分类编目、电子文献信息检索等基础业务培训；组织会员赴厦门地区高校及公共图书馆进行考察学习，成为西安市图书馆工作者业务研究、学术研讨、交流提升的有效平台。

2013 年 12 月 10 日，由西安市图书馆学会主办，西安图书馆承办的首届“西安市图书馆发展论坛暨 2013 年西安市图书馆学会年会”在西安图书馆报告厅隆重举行。会议的主题是“西安国际化大都市进程中公共图书馆服务体系构建”。来自西安市属高校图书馆、各区县图书馆、科研单位以及中小学图书馆（室）的 150 名同人参加了此次会议。

会议期间，广东省立中山图书馆馆长刘洪辉做了《公共图书馆服务体系建设——广东省馆的实践》主题报告，南开大学信息资源管理系教授、博士生导师徐建华做了《“中心馆—总分馆”：西安市公共图书馆服务体系的一种选择》主旨报告，都受到与会代表的热烈欢迎。

首届西安市图书馆发展论坛暨 2013 年西安市图书馆学会年会

在专家论坛环节，特别邀请了广东省图书馆学会理事长、广东省立中山图书馆馆长刘洪辉，南开大学信息资源管理系、博士生导师徐建华，陕西省图书馆学会理事长、陕西省图书馆馆长谢林，宝鸡图书馆书记刘掌全，铜川市图书馆馆长李勇 5 位嘉宾参加，围绕主题“西安国际化大都市进程中公共图书馆服务体系构建”进行研讨，专家各抒己见，对西安市公共图书馆服务体系构建提出了建设性意见。台上嘉宾和台下同人进行互动交流，现场气氛非常活跃，论坛以访谈这种形式出现，成为本次会议一大亮点。

专家在首届西安市图书馆发展论坛做主旨报告

这次年会共征集论文 57 篇，经专家评审，共有 18 篇论文分获一、二、三等奖，年会论文评审委员会委员、西北大学公共管理学院副院长杨九龙就征文评审情况做了说明，5 位获奖论文代表进行了发言交流；会议对征文获奖作者、全省公共图书馆专业技能竞赛（西安赛区）复赛优胜者以及学会工作表现突出的单位和个人进行了表彰。

西安市图书馆学会理事长、西安图书馆馆长胥文哲在年会闭幕式上讲话时指出：这次会议取得了丰硕的成果，创造了西安市图书馆学会成立以来的许多“第一”，提升了我市图书馆学的研究水平，对我市公共图书馆服务体系构建理清了思路，明确了方向。希望全市图书馆工作者，以本次会议为契机，团结合作，不断创新，在西安市建设国际化大都市进程中发挥出积极作用。

这次年会充分显示了西安图书馆在西安地区图书馆行业的带头作用，通过策划或参与重大项目组织、协调、指导区县图书馆的科普教育与全民阅读工作，促进了我市图书馆业界的整体协作与发展，实现了业界信息资源的共知、共建和共享，促进了西安市图书馆事业全面、协调、可持续发展；发挥了西安图书馆的桥梁纽带作用，加强对外交流与合作，使西安图书馆成为提升学术研究与交流的平台，成为我市图书馆界对外文化交流的重要阵地。

## 六、获得的奖励和表彰

西安图书馆建成开馆的时间虽然不长，但在全馆同人的共同努力下，多次受到了省市级的表彰，取得了多项荣誉：

2003 年获得“创佳评差”最佳单位（中共陕西省委、省人民政府授予）；

2012 年获得阅读推广工作先进集体（陕西公共图书馆服务联盟授予）；

2012 年获得第三届陕西省文化信息资源工程知识与技能竞赛二等奖；

志愿者刘小奔获得文化部“2013 优秀文化志愿者”（《文化部关于表扬 2013 年“文化志愿者基层服务年”优秀典型的通报》（文公共发〔2013〕54 号））；

2013 年 11 月，在《文化部关于公布第五次公共图书馆评估定级上等级图书馆名单的通知》（文公共发〔2013〕52 号）中，西安图书馆被评为国家“二级图书馆”，取得了建馆以来的最佳成绩；

2014 年获得“国家数字图书馆推广工程优秀宣传单位”。

村庄变迁20年—景周告别窑洞摄影展
村变

图书馆"天禄讲坛"走进三区

10

# 第十章 西安人的大书房

第一节

# 特色公益文化服务

## 一、系列天禄

中国最早的国家图书馆是汉代时期的天禄阁、石渠阁。天禄阁位于现在的西安市未央区，在西汉未央宫大殿遗址北侧。西安图书馆位于西安市未央路，与天禄、石渠两阁比邻。2002 年，经过专家多次论证，西安图书馆就将公益讲座定名为“天禄讲坛”，旨在发扬古都西安历史文化优势，传承图书馆文化理念。随着第一场“天禄讲坛”讲座的举行，西安图书馆的公益文化服务日渐丰富。

2012 年 3 月起，西安图书馆以传承弘扬图书馆文化为意，重点打造“系列天禄”公益服务，以更好地传播文化、服务社会。

“系列天禄”包括“天禄讲坛”（公益文化讲座）、“天禄画卷”（公益展览）、《天禄集英》（馆刊）、“天禄书苑”（西安图书馆读友会）。

**天禄讲坛（公益文化讲座）**。以西安深厚的文化底蕴为支撑，汇聚当代文化思想潮流，展现西安历史文化魅力，打造“天禄讲坛”精品系列免费公益讲座。西安图书馆报告厅每周三、周六下午精彩开讲。讲座主要内容包括：“天禄之声”音乐教育系列，向广大读者进行古典、民族、流行音乐的知识普及，至今已开办“中国音乐流行史话”“走进音乐之门——古典音乐赏析”系列讲座；“品味大家”经典赏析系列，邀请西安著名作家、学者，为广大读者解读赏析经典，著名作家叶广芩、西北大学文学教授杨昌龙、诗人阎安等都曾为广大读者解读文学名著；“皇天厚土”历史文化系列，以西安深厚历史文化为背景，邀请著名学者与读者共同走进历史，面向未来，著名学者商子雍先生、西北大学方光华教授、陕西师范大学李令福博士、著名古籍鉴定专家张鸣等都曾就传统经典、传统文化为读者开讲；“百姓话题”大众生活系列，以医学养生、体育健身、家庭教育、家庭理财等为主题，为广大读者介绍生活服务类知识。

“天禄讲坛”公益讲座于2006年开始首场讲座至今，对广大市民全免费、零门槛，经过多年打磨，在西安已具有一定的社会影响力，周末到西安图书馆听讲座已成为许多西安市民的一种习惯。因其创新的服务形式，曾荣获西安市委、市政府颁发的精神文明创新奖。

著名学者商子雍在西安图书馆“天禄讲坛”做《在欧洲思考中国》的报告

著名学者方光华在西安图书馆“天禄讲坛”做《长安与中国传统核心价值观的传承与创新》的报告

座无虚席的报告会现场

**天禄画卷（公益展览）**。艺术，让城市更具魅力，内涵更加丰满。2012年11月，西安图书馆对原有场地重新设计装修，开辟出西安图书馆展厅，开始举办“天禄画卷”公益展览。至今已举办展览近百场，《陕西公共图书馆服务联盟公益展览——“穿越陕甘”摄影作品展》《西安市少儿艺术节—美术书法作品展》《西安市农民艺术节—户县农民画展》《第八届文津图书奖获奖作品展》《西安市收藏协会美术作品展》等展览深受读者喜爱。为进一步体现西安图书馆公益文化理念，2014 年 3 月，邀请自学成才的农民工画家郑武荣举办个人公益画展，圆了这个普通农民工多年的梦想。

天禄画卷展览厅外景

读者在欣赏天禄画卷户县农民画展览

**《天禄集英》（西安图书馆馆刊）**。西安图书馆主办的内部刊物（陕新出连内印字 00068 号），经西安市文化广电新闻出版局及西安市职改办登记备案。办刊宗旨为交流图书馆学界信息，传递西安图书馆动态，推广阅读，以文会友，以文集英，传承历史，承载当今，开启明天。2012 年 12 月出版创刊号。《天禄集英》每期出刊后，便放置在馆内各服务窗口，由读者自由取阅，免费提供阅览。此举加强了图书馆与读者之间的交流，有效地进行了阅读推广，让社会上更多的人对公共图书馆的公益文化服务有了进一步的认识和了解。

**天禄书苑（西安图书馆读友会）**。市民是城市的主人，是城市图书馆服务的基本群体。西安图书馆以持卡读者为重点，招纳会员，定期举办阅读交流活动，分享阅读的快乐与感想。“天禄书苑”成立至今，先后举办了“我和我的祖国”演讲比赛、“我爱你——中国”阅读征文、“绿色阅读·数字西安——西安图书馆数字资源使用心得征文”“未央检察院分馆读书交流活动”等，并在《天禄集英》上刊发会员的阅读笔记、阅读心得。在“4·23 世界读书日”“科技之春宣传月”等大型公益文化活动中曾邀请陕西省著名作家叶广芩、雷涛、吴克敬、吴文莉等与会员们交流阅读心得。这些丰富多彩的活动，促进了读者与读者、读者与图书馆的交流，增进了相互的感情，传播了公益文化服务理念。

著名作家来到西安图书馆与读者交流

以“天禄讲坛”、“天禄画卷”、《天禄集英》、“天禄书苑”为主要内容的系列天禄服务项目，均以公益文化服务为前提，向全社会免费开放，提供公益文化服务，传播公益服务理念，是文化惠民的具体实践。

2002年，西安图书馆将公益讲座定名为“天禄讲坛”，2012年，西安图书馆仍以“天禄”之意，增加了展览、馆刊、读友会，并将这四项整合为系列天禄公益文化服务项目。以“天禄”这一具有图书馆理念的历史文化遗存，传承深厚历史，面向美好未来，继承传统文化中崇尚读书、启迪智慧的理念，并融入公共图书馆的公益文化服务，通过多方努力，将“天禄”这一名字弘扬光大，打造属于西安图书馆独有的公益文化服务。现在，西安图书馆的系列天禄，已为西安市广大市民熟知，并逐步成为西安市民实现文化权利、享受公益文化服务的知名品牌。

## 二、“小荷读书会”

“小荷读书会”于2012年4月21日成立。“小荷”立意清新、进取，服务对象定位为学龄前儿童，目的是鼓励小读者和图书馆互动，通过定期开展读书活动，丰富小读者的阅读体验，培养他们对书籍的信任，对读书的热爱。“小荷读书会”运行两年来，馆员们以少儿活动区为阵地，开展了大量丰富多彩的读书活动，结合绘本讲故事、修补图书、跟民间艺人学剪纸等不同主题的活动吸引了许多小读者。在“六一”儿童节、寒暑假期间，馆员们走进幼儿园，直接与小朋友们互动，举行大型读书、音乐、舞蹈活动。馆员们还利用社会力量，与“新东方泡泡英语”、昆仑幼儿园、福田幼儿园等单位建立协作关系，为孩子们提供公益学习活动的平台。

2014年4月，“乐享阅读　书香长安”——第八届“西安读书月”活动期间，“小荷读书会”为35名户县留守儿童举办了专场活动，特邀嘉宾儿童教育专家郭老师向小朋友们讲解了世界读书日的由来，引导小朋友们说出自己喜爱读书的原因。随后，郭老师通过“一个小老鼠想吃苹果”的故事引出了此次活动的主题——认识自己，肯定自己。通过动画讲解，小朋友们形象地理解了无论是处在小组、班级、学校，还是社会这样一个大家庭中，都要认识自己的长处，了解自己的不足，善于运用自己的长处并学习借鉴他人的长处才能把每一件事做好。小朋友们听过这个故事都深受感染，纷纷举手发表自己的感想、感悟。活动最后，小朋友们迫不及待地从书架上挑选自己喜爱的图书进行阅读。这次活动使小读者深刻地认识到：“改变，从阅读开始；阅读，让希望看得见；阅读，照亮我们自己。”

“小荷读书会”成立两年多来，举办了30余场活动，将“公益、爱心、知识”作为活动的突出亮点，深受小读者和家长的欢迎和喜爱，正如一个幼儿园赠给“小荷读书会”的锦旗所言“传送人类文明，共育祖国花朵”。

“小荷读书会”活动（1）

“小荷读书会”活动（2）

“小荷读书会”活动（3）

“小荷读书会”活动（4）

## 三、通识读书会

2014 年元月，西安图书馆成立了通识读书会，会员定位为 12～18 岁的青少年读者，旨在培育学识渊博、积极参与社会活动、具有社会责任感、全面发展的青少年读者。通过听、看、读、议的方式，带领青少年读者接近经典、学习经典、掌握经典，开阔视野、积累智慧、领悟生活的意义。每周六日和节假日开展活动。

通识读书会活动

通识读书会成立后，开展了诵读罗素的散文《我所追求的人生境界》、美国作家奥格·曼狄诺的散文《我是自然界最伟大的奇迹》、图忆法背诵《新概念英语》及“英语诵读比赛”等活动，深受中学生读者的欢迎。

## 四、道德讲堂

西安图书馆是“西安市民道德讲堂”驻地，它由西安市精神文明办公室牵头，西安图书馆承办。道德讲堂是中央文明办主导的一项重点工作，被纳入《全国城市文明程度指数测评体系》。西安图书馆按照“有固定场所、有经常化活动、有规范性流程、有浓厚的道德文化氛围”的“四有”要求，精心开展示范性、普及性道德故事弘扬宣讲活动。

道德讲堂活动围绕提升市民道德素质展开，以“学习道德模范，争做西安好人”为主题，大力弘扬雷锋精神和中华民族传统美德，突出价值导向和感召力量，结合学雷锋活动，在全市社区、村镇、学校、机关、企业广泛推开。共设立七类“道德故事讲堂”，规范宣讲流程，广泛组织各级道德模范、美德少年和专家学者等讲道德故事，尤其是发动群众讲身边的好人好事，然后从多个侧面进行深入立体的点评，有效引导公众自觉成为道德建设的传播者和践行者，推动知荣辱、讲正气、作奉献、促和谐的社会风尚的形成。

道德讲堂活动

从 2013 年 8 月起，西安市民道德讲堂已举办 40 余场，制作讲座现场视频资料 40 余份，现场听众 7000 余人次。

第二节

# 互联网环境下的新型传媒应用服务

移动媒体和数字电视等新媒体的发展，为图书馆业务拓展提供了新的契机。为与时俱进，西安图书馆加大了数字资源建设与开发力度，向读者提供了多项先进的新技术智能服务，受到读者好评。

2012 年 11 月 15 日，西安图书馆开通了移动阅读平台。读者凭西安图书馆借书证的卡号和密码，不仅可以通过移动设备（平板电脑、手持阅读器、手机等移动工具）下载和阅读西安图书馆的电子书，还可以通过移动阅读平台查询西安图书馆发布的各种信息，如西图动态、天禄讲坛预告、活动通知、照片等内容；通过西安图书馆馆藏书目查询功能，能够查询西安图书馆馆藏资源。这项服务开通后，《人民日报》《中国文化报》《西安日报》、人民网等多家新闻媒体对此进行了报道。

2013 年 1 月，西安市政协十三届二次会议召开期间，西安图书馆服务组在会议现场放置触摸屏，委员可实时利用西安图书馆馆藏文献资源和数字资源，此举大大增强了政协代表们对数字资源的认识与使用，起到了很好的宣传推广作用。

媒体报道西安图书馆数字报刊阅读器出现在市政协会议现场

西安图书馆现有 8 台触摸屏综合展示平台。此平台集读书、看图于一体，另外通过自定义触摸屏首页，展示西安图书馆各种信息，如馆情简介、天禄讲坛预告、活动通知、照片等内容；同时定制化开发的西安图书馆馆藏书目查询功能，使读者对西安图书馆馆藏资源一览无遗，大大方便了读者查询相关信息。

西安图书馆博看期刊数据库在保留原有 PC 版服务优势的基础上，开通了移动电子期刊阅览室服务，满足广大读者在智能移动终端上的阅读需求。博看移动电子期刊阅览室支持现今最流行的安卓及苹果智能操作系统，客户端软件给读者带来完美的移动阅读体验，真正做到让读者随时随地都能享受西安图书馆博看期刊数据库提供的精品阅读服务。

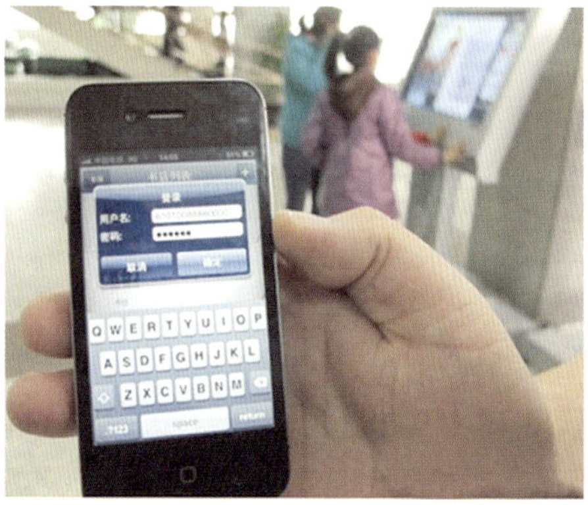

媒体报道西安图书馆移动阅读平台

为了更好地推广移动数字阅读，西安图书馆在馆内设置了两台期刊触摸屏综合展示平台。馆里引进的博看期刊数据库与触摸屏相结合，将传统的阅读习惯和高科技数字化阅读理念整合，给读者带来全新的数字阅读体验。读者只需要轻点触摸屏即可直接阅读西安图书馆为读者精选的多种期刊、报纸，不仅能体验类似传统期刊的翻页阅读，还可对页面随意放大、缩小、拖动、旋转等，十分灵活方便。

2012 年 4 月，西安图书馆在新浪网注册了官方微博@西安图书馆，及时发布各类活动信息，进行馆藏揭示、阅读推广，并积极及时与读者互动，两年多来共发布微博近 1000 篇，拥有粉丝近 3000 名。

2014 年 6 月，西安图书馆开通了微信公众号平台，通过西安图书馆微信平台，读者可以查询书目，远程进行图书续借、预约，并能及时了解西安图书馆的各项文化活动信息。

第三节

# 关怀弱势群体的公益服务

西安图书馆始终坚持公益服务方向，面向所有公众提供公开、公平、公正的服务。在日常工作中，为残障人士、老年读者、进城务工人员、未成年人等特殊群体提供有针对性的服务，向全社会传递公益服务正能量。

## 一、为残障人士服务

西安图书馆于2002年设立了盲文图书角，之后逐年加大建设力度，现在已建立了设备齐全的视障阅览室，拥有盲文图书2000余册、“心声·音频馆资源库”及九台专供盲人使用的博看“听杂志”电脑等硬件资源。为方便残障人士，在馆内修建了残障人士专用通道、专用洗手间和专用轮椅等无障碍服务设施。

视障读者在阅读、查找盲文书籍（1）

视障读者在阅读、查找盲文书籍（2）

为了让残障人士更好地利用西安图书馆这一公益文化平台，西安图书馆利用各种契机，提供了许多针对性服务。

2009年，西安图书馆与西安市盲哑学校合作，开办了盲哑学校分馆。

西安图书馆西安市盲哑学校分馆馆舍面积35平方米，馆藏图书1740册，其中盲文图书200余册，年均借阅量7000余册次，有一位教师兼任图书管理员，定时开放。分馆在学生中招募志愿者开展“一天管理员”活动，不定期举办读书活动，经常进行“各年级学生课外阅读调查”，及时了解学生的阅读兴趣并积极满足学生的阅读需求。西安图书馆还把在馆内开展的展览、免费电影等活动主题提前放置在分馆，如有学生感兴趣，就与分馆老师联系，西安图书馆会组织学生们参加活动。

西安图书馆西安市盲哑学校分馆揭牌仪式

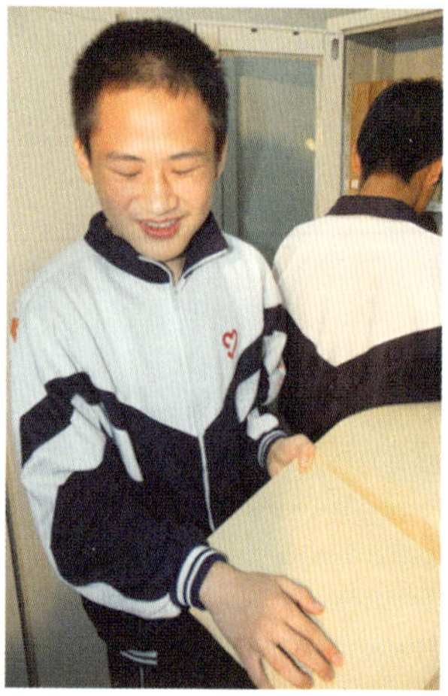

盲哑学生在盲哑学校分馆借阅书籍

2012年12月，西安图书馆展厅举办了“2012年西安市少儿艺术展演美术书法作品展”。19日下午，西安市盲哑学校美术班的30名师生，应西安图书馆读者服务部之邀前来参观展品，欣赏之余，西安图书馆的领导和馆员热情地引领他们参观了图书馆，介绍了图书馆的各种服务项目。这些有听力残障的孩子在参观的过程中对图书馆的服务表现出了很大的兴趣，有的孩子看到了心仪的图书甚至情不自禁地停下读了起来。通过这次参观活动，孩子们不仅受到了艺术的熏陶，还亲身感受到他们也可以平等享受公共图书馆的各种服务，纷纷表示喜爱图书馆，以后还要来图书馆。

2013年的“全国助残日”，西安市残疾人联合会、西安市文化广电新闻出版局、西安图书馆在西安图书馆视障阅览室开展了“盲人朋友走进图书馆，体验电子视障阅览室”的活动。5月14日，20名盲人代表走进西安图书馆，进行电子阅读体验。馆员帮助盲人读者在视障阅览室体验了下载电子图书、播放无障碍电影、网上冲浪、收听有声图书等多种服务项目，盲人读者对这些服务项目都很感兴趣，一个又一个去项目体验，直到活动结束才依依不舍地离开图书馆。

2013 年 8 月，西安图书馆在视障阅览室开通“心声 · 音频馆”资源库。这是文化部全国公共文化发展中心面向视障人群和社会公众定制推出的音频资源库，是全国文化信息资源共享工程音频资源服务的主要平台，从内容到获取都按照视障人群的需求精心选择和设计，具有资源内容丰富和方便视障人群无障碍获取的特点。“心声 · 音频馆”是专门为视障人群定制的公共文化产品，可根据用户需求持续更新资源，分为评书曲苑、相声小品、名曲赏析、影视同声、传奇故事、心声励志、健康新生、文学素养、欢乐少儿九个方面，其中有大量经典有声读物资源，资源总量在目前国内同类产品中名列前茅。视障人群可在西安图书馆的视障阅览室借助专用登录机，使用指纹一键登录。

2014 年的“全国助残日”，西安图书馆与西安市莲湖区残疾人联合会共同举办“莲湖区残联剪纸艺术作品展”，展出莲湖区残联剪纸艺术家们精心创作的剪纸作品 50 余幅。多名残疾人艺术家通过他们特殊的视角和独特的形式，表现了他们对美好生活的向往。通过欣赏精美的剪纸艺术，观众们看到了一颗颗充满活力、积极向上的美好心灵。

针对残障人士的特殊生理特点，西安图书馆精心选购资源，定期为他们播放无障碍电影，《高考 1977》《集结号》《小兵张嘎》等电影深受他们的喜爱，应他们的点播要求，西安图书馆会循环放映。

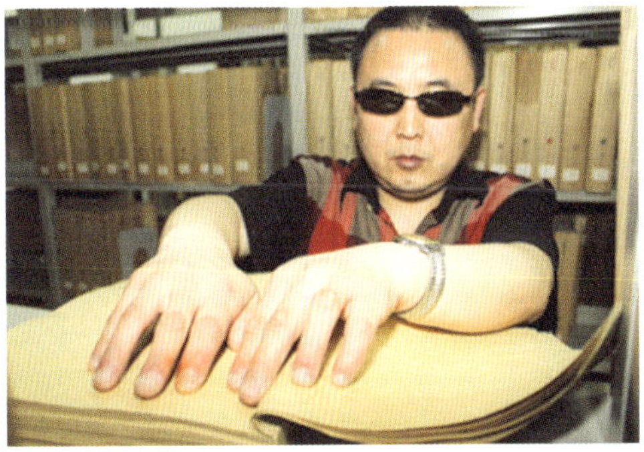

盲人读者在视障阅览室

为了更好地指导盲人朋友走出家门，参与社会，2014 年 9 月西安图书馆与未央区残疾人联合会联合举办 2014 年度盲人定向行走训练体验活动，未央区下辖社区的 50 余名残疾人来到西安图书馆参加了此次体验活动。活动中，残疾人联合会的指导老师指导大家如何正确使用盲杖、导盲随行及独行技巧等盲人导盲方法，并让大家在西安图书馆专门设立的盲道上进行导盲行走训练，尝试感知周边物体、定位方向，并学习如何通过狭窄通道、如何进出门、如何寻找座位。通过引导，盲人朋友们学会了盲道使用、上下楼梯、两点式探路等行走技巧。老师让盲人朋友们通过盲道独立进入西安图书馆设立的视障阅览室参观。视障阅览室的馆员为大家做了视障阅览室的介绍，让盲人朋友们了解馆藏的盲文图书、无障碍电影，体验阳光读屏无障碍上网设备，盲人朋友们表现出极大的兴趣，纷纷表示以后要常到图书馆来，希望图书馆多举办这样的活动，可以让他们的生活更丰富一些。

在西安图书馆盲道上练习

在为残障人士服务的过程中，特别值得一提的是图书馆志愿者刘小奔。

2003 年，西安图书馆筹建“天禄讲坛”，爱好视频制作的刘小奔被“人才引进”，在志愿者岗位从事摄影、后期制作等工作。11 年来，3 岁失聪的刘小奔承担了全馆摄影摄像及“天禄讲坛”视频编辑工作，除了工作的出色完成，更令同事们感慨的是刘小奔的奉献与热情。

刘小奔性格开朗热情，除影像制作工作外，他还针对残障读者的特点，主动联系残障读者，在残障读者较集中的残障学校做宣传，在馆内解答残障读者的问题。此外，他还在残联等机构提供公益服务，帮助残联的残障人士到图书馆来读书。

同时，他通过各种方式让人们了解残障人士、关心残障人士、关注残疾人事业，并志愿拍摄残疾人自强不息的事迹，宣传残疾人奋斗向上的精神。

“我是残障人士志愿者，让我坚持从事志愿活动的动力就是：帮助别人，就是快乐的。”“帮助残障读者，我更有一种亲近感和自豪感。图书馆为我提供了一个平台，让我在志愿服务的过程中收获着谦让、理解、微笑和忍耐，更懂得了快乐的真谛。”刘小奔这样概括自己的“志愿服务信条”。

刘小奔对公益文化事业的“无声的奉献，坚定的志愿”感动着读者，感动着身边的同事，更获得了社会的肯定。2013 年年末，刘小奔获得文化部“2013 优秀文化志愿者”称号，2014 年 2 月 14 日《中国文化报》以《帮助别人，就是快乐的——一位无声“馆员”的志愿信条》为题进行了专题报道。

## 二、为老年读者服务

为让老年读者体会到公共图书馆的关爱，西安图书馆针对他们开展了多种形式的服务。

每逢重阳节，西安图书馆都要邀请老年朋友围坐一堂，馆员与他们谈读书、聊家常，兴之所至，老年读者朗诵经典，表演小品，气氛非常热烈。馆员们还专程到养老院陪伴老人读书，深受老年人和养老院的赞誉。2014 年 4 月，西安图书馆承办“乐读尚学，书得长安”——西安第八届读书月启动仪式，邀请了两位老年大学的读者朋友参加，他们激情朗诵自己创作的诗《读书与家风》，感动了在场的所有人。西安图书馆展览厅常年对老年书画爱好者开放，积极联系和帮助他们举办公益展览。

老年读者在阅读

举办老年读者座谈会

馆员在敬老院陪伴老人读书

举办老年读者电脑操作免费培训班

随着信息网络技术的飞速发展，电脑已进入寻常百姓家，许多老年读者既有使用电脑的迫切愿望，又为电脑难学难掌握而苦恼。针对老年读者希望掌握电脑操作技术的需求，西安图书馆自 2012 年 9 月至 2014 年 4 月，先后举办了 8 期老年读者电脑操作免费培训班。前来参加培训的老年朋友，既有周边的社区群众，还有专门从远郊区县赶来的老年读者。西安图书馆精心安排师资，准备课件，让每一个参加培训的老年人都能在较短时间内掌握电脑操作和上网要领。培训班的举办，得到了老年读者广泛好评，热心的老年读者还专门写了感谢信表达对西安图书馆举办培训班的支持和鼓励。凤凰网、新浪网、《陕西日报》、《阳光报》、陕西电视台《都市快报》栏目等国内数十家媒体对此进行了报道。

多年坚持不懈的努力与辛勤的付出，让西安图书馆不仅成为老年朋友获取知识信息的平台，也成为他们享受夕阳美景的温馨场所。

## 三、为进城务工人员服务

西安图书馆地处西安市经济技术开发区，这里有大量进城务工人员，对于这些建设城市的新市民，西安图书馆敞开怀抱，积极承担公益文化责任，主动为他们提供有针对性的服务。

每年春运期间，西安图书馆都会在电子阅览室内设立专座，帮助农民工在网上购买火车票。春节后，设专职人员帮助农民工在网上求职。对于节日无法返乡的农民工，则搭建“数字桥梁”，让农民工通过互联网实现与亲人的现场视频对话，拉近他们与家乡的距离。

文化年货带回家——向进城务工人员赠书

2013 年春节前夕，西安图书馆开展“文化年货带回家”活动，图书馆领导带领馆员走进西安北客站雨水泵工地，向辛苦了一年即将回家过年的农民工朋友送上精心准备的陕西精神系列书籍、新年贺卡、春联和节日的祝福，邀请农民工朋友闲暇时间到图书馆借阅书籍，提高文化知识和自身修养，受到农民工朋友的热烈欢迎。2014 年春节，西安图书馆邀请了数位书法家，在南郊建筑工地上为农民工朋友们义写春联、赠送图书。凛冽的寒风中，书法家与馆员真诚奉献，现场送出春联 500 余幅，图书 1000 余册。

## 四、为未成年人服务

未成年人是祖国的未来与希望，是西安图书馆服务的重点人群。

为了营造有利于青少年健康成长的良好阅读环境，西安图书馆在 2000 年开馆时就专门设置了青少年阅览室和少儿阅览室，针对青少年和少儿的阅读需求和生理特点，购买了相应的图书，并布置了活泼的阅览环境，吸引了很多孩子在课余、假期走进图书馆。

2012 年 4 月，西安图书馆少儿活动区搬至本馆主楼一楼北侧 120 室。重新布置的少儿活动区面积达 232 平方米，藏书 2 万余册，期刊 20 余种，阅览座位 55 个，活动软垫 30 个。环境明亮温馨，阅读活动丰富多彩，受到小朋友的热烈欢迎。

青少年阅览室

根据少年儿童的发育特点和阅读需求，少儿活动区设有独立入口。进入广场后，小读者可沿着地面喷涂的“脚丫”图案直接进入少儿活动区；活动区内也根据小朋友的阅读特点进行了功能设计，包括藏书区、阅览区、新书推荐区、绘本区、阅读推广区、“小荷读书会”作品展示区及活动照片展示区七个功能区域，小朋友们可以在各功能区自由阅读；为方便小朋友，还在活动区设置了独立的存包柜及独立洗手间。

少儿活动区

少儿活动区开放后，成立了“小荷读书会”，定期为孩子们组织主题丰富、形式多样的阅读辅导活动。少儿活动区成了孩子们心中温暖的阅读小屋，为每个孩子插上爱读书的翅膀，每天都吸引不同年龄的孩子来图书馆，周末到图书馆参加活动已经成为很多孩子的必修课。

西安市未成年人心理健康教育辅导中心（以下称之为“心灵之窗”）是面向全市未成年人实施健康教育和心理咨询服务的专业化公益机构。由西安市文明办、西安图书馆联合主办。中心依托西安图书馆和社会心理教育资源，采用专兼结合的工作体制，以未成年人的健康成长和全面发展为核心；坚持预防为本、发展为主、治疗为辅的原则，努力帮助未成年人提高心理素质，适应未来社会的挑战。中心内设心理咨询室、心理测量室、心理减压室及教育培训室，通过热线电话咨询、网络谈心、面谈咨询等形式，帮助未成年人解决成长过程中遇到的心理问题，开发未成年人个人潜能，促进他们健康成长。同时定期在图书馆举办未成年人阅读及心理辅导活动。代表性的活动有“小跳蚤市场”伴孩子快乐暑假、暑期快乐大巴——“快乐绘画”活动、亲子创意手工沙龙、“心灵之窗”等。

“心灵之窗”现有200名志愿者，截至目前已累计现场咨询5487人次，电话热线咨询、网络咨询5899人次，网络点击量约10万人次，开展走进学校、社区主题会以及家庭教育报告、留守儿童慰问、为贫困学生捐赠等活动近百场。

跟老艺人学剪纸

西安图书馆展览厅也是未成年人活动的重要阵地。展厅运行两年多来，举办了多次少儿书画展，并在“非物质文化遗产中国剪纸·西安作品”展览期间，邀请“小荷读书会”、唐都医院幼儿园的小朋友跟民间艺人学剪纸。在2014年“童眼看长安”展览期间，制作了巨幅图画，参观展览的孩子们在图画中寻找古城的标志性古建筑，涂上他们心中家乡的色彩。通过这些活动，引导孩子们在心里埋下了热爱传统文化、热爱家乡的种子。

青少年正处于长知识的重要时期，根据这一特点，西安图书馆积极举办青少年读书与知识竞赛活动。西安市八十九中的尚彬同学说，类似活动不仅扩大了同学们的知识面，而且为他们的读书过程增添了不少乐趣，同学们在活动中学到了许多文化知识，也了解了西安图书馆的相关情况，有助于他们养成热爱读书和利用图书馆的习惯。

小读者参加图书馆活动获得奖励

第四节

# 大型公益文化活动彰显影响力

## 一、以“4·23”世界读书日为契机，创建西安市读书活动主要阵地

书籍是文化的载体，热爱阅读的民族充满智慧和希望。公共图书馆是通向知识之门，为个人和社会群体的终生学习、独立决策和文化发展提供了基本条件。西安图书馆作为一个公益文化机构，在古城西安迈向国际化大都市的进程中，让更多的人走进西安图书馆，让阅读成为人们的生活方式，是西安图书馆承担的社会责任。自 2012 年至 2014 年，西安图书馆连续三年在“4·23 世界读书日”期间举办大型公益文化活动，充分发挥公益文化平台的作用。

2012 年 4 月 23 日世界读书日，西安图书馆启动了“公益文化走向身边　春日书香盈满心灵”读书月系列活动。

“公益文化走向身边　春日书香盈满心灵”读书月系列活动启动仪式

著名作家叶广芩与小读者互动

当日，在西安图书馆广场举行了活动启动仪式。陈忠实先生题写了活动主题：“公益文化走向身边 春日书香盈满心灵”。活动邀请了雷涛、叶广芩等陕西省多位著名作家、文化界知名人士与广大读者见面，交流阅读心得、创作历程；介绍政府机关创建学习型组织的经验；还邀请了西汉国家图书馆、档案馆遗址天禄阁所在地——天禄阁小学的学生进行现场古诗词诵读等。西安图书馆还为蓝田县吴庄村留守儿童以及建设经济开发区的农民工赠送书籍，并为优秀读者和阅读先进集体颁奖。

著名作家陈忠实先生题词

陕西作家为读书活动致辞

在“公益文化走向身边　春日书香盈满心灵”活动启动仪式后的一个月里，以西安图书馆为公益文化阵地，开展了多种多样的服务活动：在图书馆大厅举办了为期1个月的西安地方文献展、陕西作家作品展、新书展；2012年5月8日，在少儿阅览室举办了“世界微笑日亲子阅读”活动；5月10日，在电子阅览室举办了“数字西安体验”活动及读者信息素养培养活动；5月13日，在报告厅举行了“西安红五月音乐会”历程回顾活动；5月23日，与西安市未央区检察院联合举办了“书香检察　文化建院”读书交流会；并举办了四场以“家庭教育”“健康养生”“心理健康”等为主题、关注市民生活的讲座。

西安图书馆还将公益文化服务送进社区，送给需要关爱的人群。先后在白花村社区、白桦林居社区、海荣社区开展了图书借阅服务，在西安儿童福利院设立了分馆，于5月16

日举办了揭牌仪式。

西安图书馆“公益文化走向身边　春日书香盈满心灵”读书月系列活动作为西安市委提出的“文化西安”群众文化活动的组成部分，是深入贯彻党的十七届六中全会精神，让广大市民充分享受到文化发展成果，发挥公共图书馆在公益性社会教育、文化传播、促进学习性组织建设、构建和谐社会等方面的作用，推动文化大繁荣大发展的具体措施。读书月坚持公益文化服务方向，整个活动期间百姓全免费参与，全免费享受文化服务，有近十万市民在活动中受益。

西安图书馆“公益文化走向身边　春日书香盈满心灵”活动为全市人民提供了利用优良文化信息的平台，为全社会热爱读书、热爱阅读营造了良好氛围，受到社会广泛关注，西安电视台等二十余家媒体对本次活动进行多方位报道，受到社会各界好评。

2013 年 4 月 23 日，“阅读梦想　美丽人生”——第七届西安读书月走进户县活动启动仪式拉开了西安市公共图书馆读书月系列活动的序幕。

启动仪式当天，知名作家商子秦、莫伸，画家白杨先生在户县文庙广场与读者进行交流，并为农家书屋、留守儿童、老年读者赠送图书、绘画作品；户县图书馆举办“你读书我买单”活动，邀请读者提出自己的读书要求，并根据读者需求进行采访；为适应数字化阅读的趋势，西安图书馆联合多家数字资源服务单位，带着数字触摸期刊阅读屏及平板电脑等设备现场讲解，发放资料，为过往群众介绍数字图书馆的使用方法。在后来的两天时间里，西安图书馆、户县图书馆联合西安市收藏协会共同举办书画作品展。展览会集中了张玉德、王荫桐、宫葆诚、傅嘉仪等近现代书画家的 40 余幅作品，为广大群众送上文化大餐。

“阅读梦想　美丽人生”活动

“阅读梦想　美丽人生”——第七届西安读书月公共图书馆系列活动以公共图书馆为主要阵地，以西安图书馆为龙头，组织全市各区县公共图书馆开展阅读推广服务，坚持公益文化服务方向，向全社会发出爱读书、读好书的倡议，让图书成为广大群众美好生活的伙伴，让读书成就百姓美丽人生的梦想。在2013年第七届西安读书月公共图书馆系列活动中，全市各区县图书馆组织了丰富多彩、形式多样的读书推广活动。蓝田县图书馆选择集知识性、趣味性于一体的2000余册图书，开展图书漂流活动，并走进乡村、走进社区上门办理图书证，努力使全县人民人人持有一个图书证。临潼区图书馆、高陵县图书馆则开展了以读书为主题的征文活动，吸引众多文学爱好者的参与。灞桥区图书馆、长安区图书馆农家书屋管理员培训，提升了基层图书管理员的业务素质，受到了农民朋友的好评。各区县图书馆同时也为当地留守儿童送去了精神食粮，让孩子们享受到读书的乐趣，成就他们的人生梦想。

由西安图书馆承办的“阅读梦想　美丽人生”——第七届西安读书月公共图书馆系列活动为全市人民提供了近距离接收知识信息的平台，营造了热爱读书的良好氛围，受到社会广泛关注，《中国文化报》、西安电视台、《西安日报》、中国文化传媒网、陕西文化传媒网、网易等多家媒体对本次活动进行多方位报道，受到社会各界好评。

2014年4月23日，随着第19个“世界读书日”的到来，由西安市委宣传部、西安市文化广电新闻出版局主办的“乐读尚学·书香长安”——第八届西安读书月公共图书馆系列活动在西安图书馆拉开了序幕。

“乐读尚学·书香长安”活动启动仪式

作家吴文莉宣读“读书倡议”

一个月里，以西安图书馆为龙头的全市公共图书馆服务联盟，充分发挥公益文化阵地优势，开展了大量丰富多彩的读书月专题活动，吸引了众多市民参与，在全市营造了乐读尚学的社会氛围，书香飘满古都长安。

4 月 23 日，“乐读尚学 · 书香长安”——第八届西安读书月启动仪式在西安图书馆广场举行，当天，西安图书馆为广大市民举办了“读书——心灵的艺术”读书沙龙、“小荷读书会”户县留守儿童专场、“第七期老年读者电脑培训班”、“《高考 1977》无障碍电影专场”、“告别窑洞 · 摄影展”等活动，2000 多名市民参加了活动，他们与著名作家叶广芩、吴克敬、吴文莉分享读书经验；尤其是西安图书馆“小荷读书会”为户县留守儿童组织专场活动，孩子们在“认识自己　肯定自己”的主题读书活动中，获得了精神力量；还有 100 多名专程从各地赶来的盲哑读者，欣赏了无障碍电影。

同时“办卡送书”活动在馆内外都吸引了许多人，当天在西安图书馆办理借阅卡的读者都可免费挑选一本图书带回家。西安图书馆准备了 300 多册精美图书，以供读者免费挑选。在数字图书展示宣传台前，许多市民还在工作人员的指导下，兴趣盎然地将数字图书免费下载到了自己的手机上。

读者高兴地挑选书籍

读者对数字阅读感兴趣

在西安图书馆的组织带动下，全市公共图书馆服务联盟各成员馆积极行动，在第八届西安读书月中开展了 60 余项读书活动，其中包括雁塔区图书馆的“惠民换书”“益智故事大赛”，阎良区图书馆的“经典书目推荐”，灞桥区图书馆的“图书漂流”，临潼区图书馆的“关注乡村阅读”，蓝田县图书馆的“楮墨芸香——藏书文化与古籍整理”，户县图书馆的“中华经典诵读”，周至县图书馆的“阅读　文明　进步”，高陵县图书馆的“小小作家梦训练营”等活动，内容丰富，形式多样。

在第八届西安读书月中，西安市公共图书馆服务联盟各成员馆以基层公共图书馆为文化阵地，以给弱势读者送服务为切入点，向全社会传递重文化、爱读书、关切弱势群体的正能量，引领市民群众崇尚学习，养成自觉阅读、乐于阅读、享受阅读的良好习惯，为创建学习型城市和文明城市营造良好氛围。读书月中，全市公共图书馆服务总量超过100万人次。

## 二、立足知识信息平台，以科普宣传迎接每一个“科技之春”

公共图书馆在科技知识普及工作中有着重要作用，在每年“科技之春”宣传月活动中，西安图书馆积极向读者朋友和广大市民普及、传播科技知识，精心安排和开展内容丰富、形式多样的科普宣传活动。

针对馆内青少年读者数量较多的特点，在“科技之春”宣传月中，读者服务部在自然科学外借库举办了“科技之春”科普知识、科技图书展，在期刊阅览室举办了“科普期刊导读”活动，向读者推荐优秀科普期刊，其中有适合青少年读者的科普读物《我们爱科学》，养生保健刊物《求医问药》《健康必读》《生活与健康》等，自然科学知识的刊物《科学之友》《新发现》等。这些书刊内容丰富，深受读者的喜爱。

全国文化信息资源共享工程西安市支中心除举办了老年人电脑操作培训班外，还在周边小学开展了以“环境保护　从我做起”为主题的青少年电脑小报制作培训活动。工作人员引导多名小学生，发挥想象力，大胆创新，完成了一次生动有趣的少儿科普活动。

“科技之春”宣传月活动中，“天禄讲坛”也是重要活动阵地，每年活动期间，平均举办科普类讲座4场以上，吸引了大量听众。

2014年“科技之春”活动期间，邀请了西安广播电台著名科普类节目《张林谈家电》的主持人张林先生来到现场讲座，讲座吸引了400多名听众到场聆听，听众簇拥在报告厅台上台下、走廊过道，台上张林先生为听众讲解家电、汽车、装修等科技常识，台下观众踊跃提问，场面非常热烈。

在活动期间，还邀请了清华同方培训师做了一场题为“CNKI 学术资源使用”的讲座，为读者进行数字学术资源使用培训，满足了较高层次读者的学术需要。

在“科技之春”活动月中，西安图书馆举办的活动主题鲜明，方式多样，立足本馆，走进校园，传播科普实用知识，充分发挥了图书馆作为科普基地的重要作用。

## 三、以人才、知识资源为支撑，文化服务进“三区”

为贯彻国家、省、市有关要求，西安图书馆结合自身实际，以人才、知识资源为支撑，积极参与实施边远贫困地区、边疆民族地区和革命老区文化建设工作，文化服务走进“三区”。先后为西安市周边的贫困县蓝田县图书馆派驻业务骨干，将品牌服务“天禄讲坛”送进周至、淳化，进行文化干部业务培训、小学生阅读推广等文化服务。

根据蓝田县文化发展人才需求，2013 年 8 月，西安图书馆选派了参考咨询部优秀员工景耀福同志前往蓝田县图书馆，支持蓝田县图书馆文化服务建设。景耀福同志到蓝田县图书馆，克服生活条件艰苦等困难，认真负责，努力工作。蓝田县图书馆目前正在建设新馆，景耀福同志参与了蓝田县图书馆建章立制工作，制定了《蓝田县图书馆中层干部岗位职责》《蓝田县图书馆中层干部聘任实施方案》《蓝田县图书馆中层干部考核办法》《蓝田县图书馆中层干部考核标准》《蓝田县图书馆员工考核办法》《蓝田县图书馆员工考核标准》《蓝田县图书馆巡查制度》等制度，他对待工作认真负责，一丝不苟，得到了蓝田县图书馆领导的认可和同志们的一致好评。

景耀福同志在蓝田县图书馆工作

同时，西安图书馆将品牌服务项目“天禄讲坛”带进周至、淳化，先后为周至县图书馆、周至县基层文化干部举办专题讲座与培训，在淳化县为三里镇小学学生举办“读书带我飞翔”的专题阅读推广讲座，受到当地群众的热烈欢迎。

西安图书馆积极实施的“三区”文化服务工作，体现出了西安图书馆作为中心馆在图书馆事业发展和创新中的引领作用，在缩小图书馆事业发展的地区差距和城乡差距，推动公共图书馆事业更好、更快地发展等方面，起到了积极作用。

图书馆“天禄讲坛”走进三区

第五节

# 延伸服务触角，进行总分馆模式探索

公共图书馆是城市文化发展的基础和标志，一个城市的文化积淀、传承和弘扬有赖于这座城市的读书氛围和阅读条件。西安是一座有着悠久历史的古城，公共图书馆的发展记录了西安现代化城市的文明进程，见证了西安市民的素质成长，为这座城市增添了独具魅力的“文化味”和“书卷气”。进入21世纪以来，西安的城市建设明显加快，市区面积增加一倍以上，人口也增加近一倍。城区面积的不断扩大，大大增加了市民享受公共图书馆服务的时间成本和交通成本。按照城市建设规划和人口分布情况，建设灵活多样的图书馆分馆，将有利于扩大公共图书馆的服务覆盖范围，化解城市边缘读者难以获得公共图书馆服务的现实矛盾，同时能够为特定人群集中提供更加专业的文献信息服务，使公共图书馆的服务广度和深度都得到延伸。

图书馆总分馆建设模式，是《国家“十一五”时期文化发展规划纲要》中对图书馆事业发展的要求，并且已成为全国建设图书馆服务网络的重要模式之一。总分馆制是世界通行的一种比较科学的图书馆建设模式，目前图书馆总分馆制被认为是实现普遍均等的图书馆服务体系建设的最有效形式之一。总分馆制建设不仅可以提高基层图书馆的服务能力和服务水平，而且可以将各自为政的单体图书馆服务整合为覆盖全社会的公共图书馆服务体系，同时还具有经济高效的优势，对于节约图书馆建设成本和运营成本效果明显。分馆建设对西安图书馆是一个新事物，它顺应信息社会和网络时代的读者需求而诞生，目标是实现西安图书馆文献资源的共建共享，提高西安图书馆的文献资源保障水平和服务水平，尽可能满足西安市民对文献资源的需求。

西安图书馆建馆历史短，建设分馆可充分发挥西安图书馆作为区域文献信息中心的辐射作用。西安图书馆于2008年开始建设分馆，采用的模式是由分馆举办单位提供场所、设备、人员、日常服务和物业管理，由西安图书馆负责文献资源的配送和专业指导，从而以规范化的管理形式，提供优良的文献信息服务。西安图书馆将“延伸公益文化服务”作为工作重点，在有一定的硬件设施和管理条件的企业单位、部队、学校、社区、乡镇建立分馆，实行文献资源的统筹分配、动态管理，现已建设完成10个分馆及10个流动服务点，总分馆构架初具规模。为了提高各分馆的服务质量和服务水平，促进其科学运作和良性发展，西安图书馆制定了《分馆考核评比标准》和《分馆考核评比办法》，每年进行全面考核，评选出优秀分馆并加以表彰，考评工作得到了各分馆的积极配合。

2008年12月西安图书馆陕西省女子监狱分馆开馆，阅览室面积150平方米，专职图书管理员1人，兼职图书管理员3人，年均借阅量15000册次，每周定时开放。分馆定期推出新书专栏、新书推荐，广播站每日播出“书海漫步”，并经常开展主题阅读活动，鼓励学员撰写读书心得并从中评选出优秀作品。

2009年5月西安图书馆西安市盲哑学校分馆开馆，馆舍面积35平方米，有1位教师兼任图书管理员，定时开放，年均借阅量7000余册次。分馆在学生中招募志愿者开展“一天管理员”活动，不定期举办读书活动，经常进行“各年级学生课外阅读调查”，及时了解学生的阅读兴趣并积极满足学生的阅读需求。

2009年6月西安图书馆临潼某部队分馆开馆，有两位专职图书管理员，定时开放，年均借阅量6000余册次。分馆定期组织流动书箱送书到基层连队，方便官兵借阅。

2010年7月西安图书馆西安市公安消防支队分馆开馆，阅览室面积200平方米，图书管理员1人，年均借阅量8000余册次，周一至周五全天开放，基层工作人员随到随借。分馆定期进行新书推荐、好书评介活动，经常在工作人员中进行阅读调查，了解工作人员的阅读需求。

2010年10月西安图书馆西安市蓝田县安村乡吴庄村分馆开馆，馆舍面积70平方米。

2012年1月西安图书馆西安市未央区检察院分馆开馆，阅览室面积20平方米，兼职图书管理员1人，定期开放，年均借阅量600余册次。分馆定期调查阅读需求，推荐好书，组织图书漂流活动，每年世界读书日组织不同层次的读书交流活动，例如在检察官中举行“检察官读书活动”，并将检察官们的读书心得编印成册，定期邀请著名作家与检察院图书分馆的读者进行座谈。

2012 年 5 月西安图书馆西安市儿童福利院分馆开馆，阅览室面积 100 平方米，兼职图书管理员 1 人，定期开放。

2012 年 7 月西安图书馆西安武警仓库分馆开馆，阅览室面积 80 平方米，有 1 位专职图书管理员和 3 位兼职图书管理员负责分馆工作，月均阅览人数为 750 人次。分馆经常进行读书征文活动，在官兵中倡导“以书铸魂，以书塑形”。

孩子在儿童福利院分馆读书

2013 年 6 月西安图书馆西安五环中学分馆开馆，阅览室面积 144 平方米，有 1 位专职教师负责分馆工作，周一至周五开放。

2014 年 4 月西安图书馆中石油西气东输管道公司甘陕管理处分馆开馆，阅览室面积 100 平方米，有 4 位专职工作人员负责分馆工作，周一至周五开放。

西安图书馆目前建成的 10 家馆外流动服务点是户县图书馆服务点、长乐宫养老院服务点、西安地税经开分局服务点、西安市射击射箭运动管理中心服务点、西安经发置业有限公司服务点、陕西艾迪尔商贸有限公司服务点、福田幼儿园服务点、北大学园幼儿园服务点、西安市方新小学服务点、空军工程大学幼儿园服务点。馆外流动服务点年均借阅量 47660册次。

第十五届全国十五城市公共图书馆工作研讨会

11

# 第十一章 图书馆文化交流

第一节

# 国内学术交流

## 一、中国图书馆学会年会

西安图书馆自建馆伊始即作为事业单位会员加入中国图书馆学会，每年均派馆员参加中国图书馆学会学术年会，并有多篇论文获奖。

## 二、全国十五城市公共图书馆工作研讨会

一年一届的全国十五城市公共图书馆工作研讨会是由全国计划单列城市图书馆工作研讨会发展而来的，在图书馆界颇具权威性和学术性。自1987年以来，已成功举办了二十六届。其成员馆包括哈尔滨市图书馆、长春图书馆、沈阳市图书馆、大连图书馆、青岛市图书馆、金陵图书馆、宁波市图书馆、厦门市图书馆、武汉图书馆、成都图书馆、西安图书馆、杭州图书馆、济南市图书馆、深圳图书馆和广州图书馆。这些城市的图书馆在我国图书馆事业中占有重要地位，它们的代表一年一度齐聚一堂，交流工作经验，探讨未来，共同协作，对推动我国图书馆学和图书馆事业的发展起到了积极的作用。

第十五届全国十五城市公共图书馆工作研讨会

2002 年 10 月 21 日至 10 月 25 日，第十五届全国十五城市公共图书馆工作研讨会在西安召开，西安图书馆为会议承办方。自 2002 年至今，西安图书馆每年均派馆员参加会议，并有多篇论文获奖。

## 三、其他学术交流

多年来，西安图书馆高度重视参与全国及区域性、专业性图书馆界学术交流，如中国图书馆学会青年学术论坛、文化部公共图书馆讲座工作会议、全国目录学学术研讨会、地方文献工作学术研讨会、图书采访工作研讨会、图书馆联合编目中心工作会议、新亚欧大陆桥沿线中心城市公共图书馆协作网年会、全国中小型图书馆“图书馆服务与发展创新理论”研讨会、西南地区市(州)图书馆协作网工作会议等，西安图书馆均派馆员参加，并有多篇论文获奖。

## 四、论坛

对于全国、省、自治区、直辖市、较大城市图书馆馆长联席会，城市公共图书馆高层论坛，全国中小型公共图书馆联合会理论研讨会等，西安图书馆均参与活动，原馆长张弥曾在联席会与高层论坛上作主旨发言。

## 五、馆际交流

西安图书馆自开馆以来，与兄弟图书馆的馆际交流不断深化，先后接待山西、江苏、山东、内蒙古、广东、云南等全国 10 余个地区的 30 余家图书馆来馆交流访问。中国图书馆学会学术委员会常务副主任、北京大学信息管理系李国新教授，原陕西省图书馆馆长谢林，西北大学杨玉麟教授等多位业内著名学者专家都曾到馆进行业务指导调研。

2012 年 10 月 30 日至 11 月 5 日，西安市图书馆学会组织部分市属单位图书馆、区(县) 图书馆馆长及部分业务骨干共 14 人组成学习考察团，赴厦门地区图书馆进行考察学习，先后访问了厦门市图书馆、厦门市思明区图书馆、厦门大学图书馆 3 家图书馆。

第二节

# 国际交流

2000 年 11 月 2 日，美国马萨诸塞州图书馆同行参观西安图书馆。

2004 年 3 月 24 日，“陕西村”后代——哈萨克斯坦国塔拉斯大学法律系主任、博士生导师索菲来女士，来西安图书馆进行参观并进行学术交流。

美国图书馆界朋友在西安图书馆进行交流

2006 年 6 月 26 日，日本新闻界人员来西安图书馆参观交流。

2007 年 10 月 25 日，泰国驻西安领事办公室领事查纳隆·吉拉滴育翁先生及翻译等来西安图书馆参观并捐赠 36 种有关泰国的书籍。

泰国领事来馆交流

瑞士图书馆界朋友与西安图书馆馆员交流

# 馆藏篇

重点与特色馆藏介绍

西安图书馆是西安市人民政府投资兴办的公益性文化单位，是面向社会公众开放的公共图书馆，具有文献信息资源收集、整理、存储、研究和服务等功能，是西安市文献收藏、资源共享和图书馆学研究的中心。根据西安图书馆的性质、方针及任务，结合西安地区经济建设、社会发展、科学研究、工农业生产的需要，确定西安图书馆藏书体系建设原则是以重点文献为核心，以特色文献为导向，以一般文献为基础。在此原则指导下，经过十四年不断努力和积累，西安图书馆逐渐在文献资源建设上形成了文献载体形式丰富、文献类型多样、文献内容涵盖面广的馆藏体系和特色，同时也积极进行了特色多媒体数据库的开发和建设工作。

在 2000 年 10 月开馆之初，西安图书馆馆藏很少，接收了当时西安文化局筹备建设西安图书馆时收集的图书及局图书室的图书和西安市级机关多个单位和个人响应西安市政府呼吁而捐赠的三万多册书籍。开馆之后，经西安图书馆的努力，不断加强藏书建设，目前馆藏纸质图书 85 万册，电子图书及电子期刊 35 万册。其藏书构成主要有基础藏书、重点藏书、特色藏书和一般藏书。基础藏书是图书馆的永久性藏书，内容涵盖所有学科门类关于基础理论和基本方法的著作；一般藏书主要是图书馆为读者提供的学习、生活、娱乐用书；特色藏书是具有本馆独特风格的文献资料，主要包括西安历史资料、古籍善本、有关西安名人的专题文库、地方文献等；重点藏书是为城市社会发展建设决策提供服务的书籍。西安图书馆不仅坚持基础藏书和一般藏书建设，而且不断加强特色藏书和重点藏书建设，在2015年年初新设立了特藏室，作为地方文献阅览室的补充和拓展，以期加强地方文献和专题文献资源建设。西安图书馆作为西安地区的文献资源和信息中心，起到保存和展示厚重的西安文化和历史传承作用，为西安的经济、政治、文化和社会发展提供文献信息支持和保障。

12

# 第十二章

# 馆藏历史文献

西安图书馆馆藏历史文献包括古籍、民国文献、影印古籍及一些当代出版的历史资料等，总计300多种12500余册，其中部分古籍、民国文献是接收的原西安市文化局图书室的藏书。由于建馆时间短，历史文献藏书量不多，针对这一状况，馆领导非常重视历史文献的采集、购买、征集及存放，尤其是近几年积极奔走呼吁，争取购置历史文献的专项经费，逐步建立历史文献采购规则、不断完善收藏体系，使得馆藏历史文献的种类和数量有了一些增长。馆藏历史文献数量虽然不多，但种类较齐全，基本上涵盖了经、史、子、集、类丛和新学六大类，有比较珍贵的古籍善本《三辅黄图》和《潜确居类书》；同时还兼顾了地方特色，收藏旧方志，包括《蓝田县志》《长安县志》等；影印古籍则注重收藏大型系列成套丛书，比如《续修四库全书》《丛书集成初编》等，另外还注重收藏一些当代出版的历史资料，这些资料的收藏在一定程度上弥补了馆藏古籍藏量不足的缺憾。

2012年成立了西安市古籍保护中心，办公室设在西安图书馆。2013年3月成立了西安图书馆历史文献中心，新建符合《图书馆古籍特藏书库基本要求（WH/T 24—2006）》的历史文献书库，古籍书库做到了恒温恒湿。这一系列举措从根本上改变了历史文献的存放条件，也使图书馆历史文献工作迈上了一个新台阶。

2013年12月西安图书馆接受西安市第三中学的委托，双方签订《保管协议》，由西安图书馆负责保管、整理第三中学150册古籍图书和史料。

第一节

# 古籍

## 一、《潜确居类书》

（明）陈仁锡纂辑，明崇祯刻本，7 函 56 册，一百二十卷。

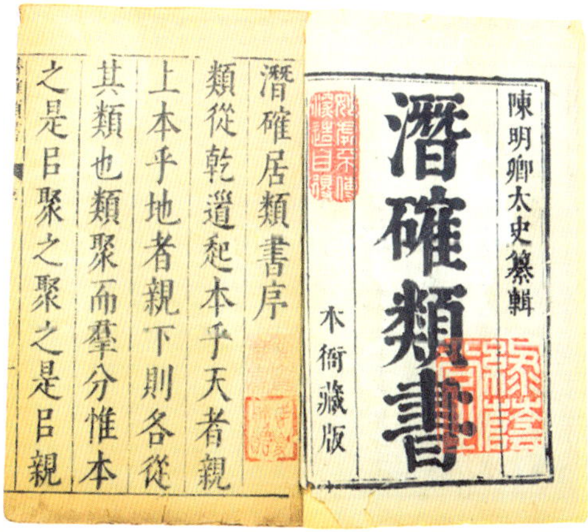


《潜确居类书》（1）

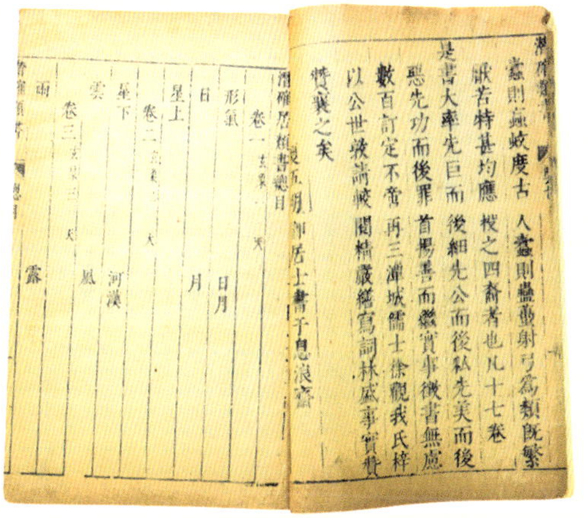

《潜确居类书》（2）

陈仁锡（1581—1636），明代官员、学者。字明卿，号芝台，长洲（今江苏苏州）人。潜确居：编者斋名。潜，隐藏之意；确，真实。《潜确居类书》，成于崇祯初年，共一百二十卷，又名《潜确类书》。分为十三部一千四百余类。《潜确居类书》抄撮群书，皆注出处，虽多由其他类书转录而来，但亦征引书数百种，且分类编排甚有见地。清乾隆年间，朝廷认为其第十四卷四夷门内语极狂悖，第十一卷九边门内亦有违谬之处（书中介绍满族的发源地是荒凉蛮夷之地），十分不满，遂在乾隆四十二年将其列入禁毁书目。被列入四库禁毁书目的书存世比较少，所以此书比较珍贵。

## 二、《三辅黄图》

作者佚名，明末清初李楷书跋，明末清初刻本，1 函 1 册，六卷。

《三辅黄图》，又名《西京黄图》，简称《黄图》，古代地理书籍。作者佚名，相传六朝人撰写。《三辅黄图》内容共分六卷，专记秦汉都城的建设，而以汉都长安为主。秦都咸阳、汉都长安是我国古代的名都。所载长安城及其周围的布局、宫殿、馆阁、苑囿、池沼、台榭、府库、仓库、桥梁、文化设施、礼制建设等，条分缕析，最为详备。它是研究古代都城，特别是研究汉都长安最重要的历史文献。书中有关于“天禄阁、石渠阁”历史的记述。

《三辅黄图》（1）

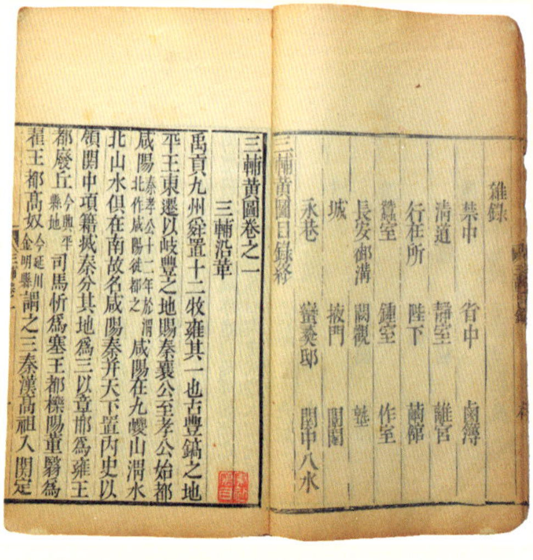
三輔黃圖卷之一
三輔沿革
禹貢九州舜置十二牧雍其一也古豐鎬之地
平王東遷以岐豐之地賜秦襄公至孝公始都
咸陽 咸陽在九嵕山渭水
北山水俱在南故名咸陽秦幷天下置内史以
領關中項籍滅秦分其地爲三以章邯爲雍王
都廢丘 司馬欣爲塞王都櫟陽董翳爲
翟王都高奴 謂之三秦漢高祖入關定

《三辅黄图》（2）

## 三、《绥寇纪略》

清吴伟业纂辑，清康熙刻本，1 函 8 册，十二卷。

吴伟业（1609—1672），字骏公，号梅村，别署鹿樵生、灌隐主人、大云道人，汉族，江苏太仓人。此书是记述明末农民战争的史书。该书成于顺治九年（1652 年），原名《鹿桥樵纪闻》，记述崇祯元年陕北各股义军初起至明亡之事。全书采用纪事本末体例，依时序排列，分为十二卷，各卷以三字为标题，且各卷后都有论断或附记，以评议是非得失，并摘录有关奏札或传闻，以资参阅，是研究明末农民起义的重要史籍之一。

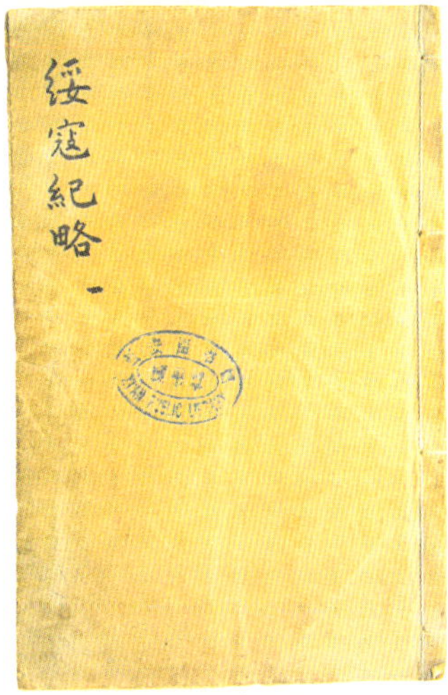


《绥寇纪略》（1）

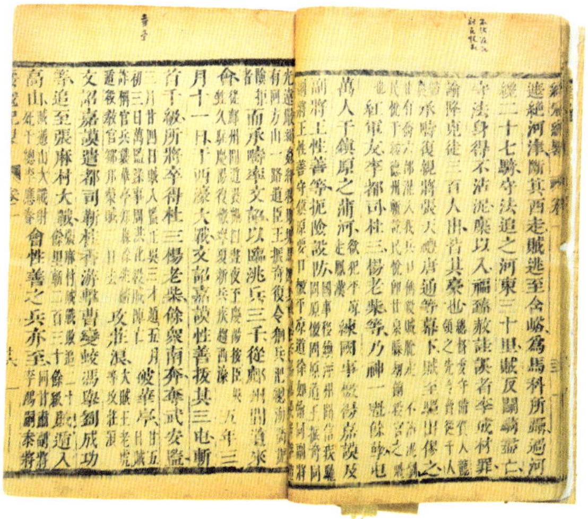

《绥寇纪略》（2）

## 四、《宋著长安志》

北宋宋敏求撰，1931 年，铅印本，二十卷，图三卷。

宋敏求（1019—1079），字次道，赵州平棘（今河北赵县）人，官至史馆修撰，龙图阁直学士。曾补撰唐武宗李炎以下六朝实录，汇编《唐大诏令集》，并预修《新唐书》。《宋著长安志》是在宋敏求《长安志》（二十卷）基础上写成的，在中国地方志发展史上具有重要地位。该志除着重记述了唐长安城坊及宫室、宅第、寺观外，还上溯周、秦，旁及京兆府所属万年、长安等二十四县，详记其沿革、山川、名胜、古迹，是一部研究唐长安旧都的重要史书。

《宋著长安志》(1)

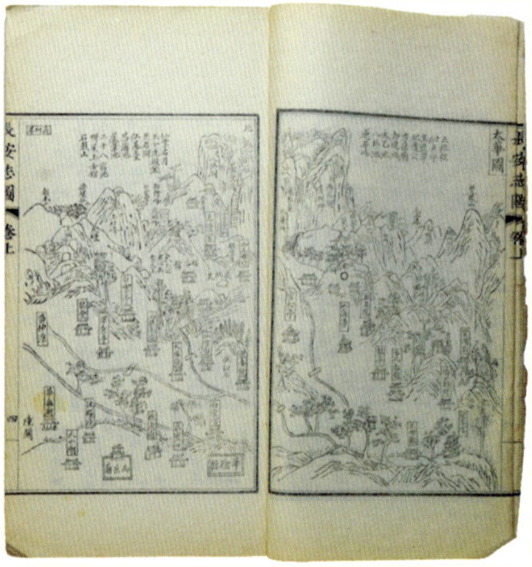

《宋著长安志》(2)

## 五、《秦游日录》

傅增湘著，1932 年，铅印本。

傅增湘（1872—1949），字沅叔，别署双鉴楼主人、藏园居士、藏园老人、清泉逸叟、长春室主人等，著名藏书家。《秦游日录》是民国以来最著名的大藏书家傅增湘所著的游记，本馆收藏的是民国 21 年（1932 年）天津大公报出版的铅印本，含《秦游日录》一卷、《登太华记》一卷，傅增湘藏园刊版，封面有傅增湘朱笔题字，《登太华记》卷内有傅增湘藏园款朱笔批校，棉连纸印本，初刻初印，刻印极精，极其珍贵。

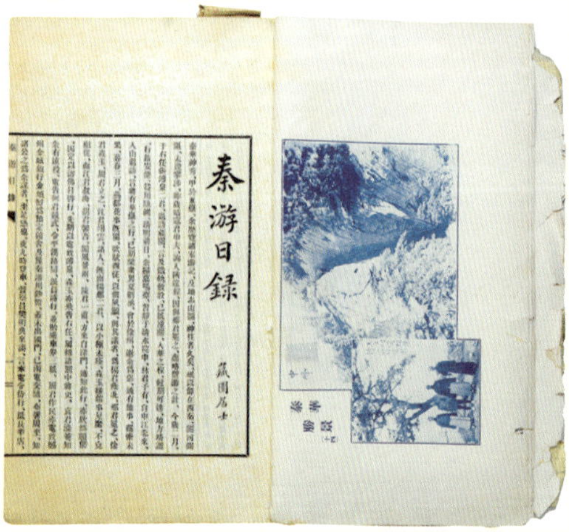


《秦游日录》(1)

《秦游日录》(2)

## 六、《四部丛刊续编》

张元济辑，上海商务印书馆，1934 年出版，222 册。

张元济（1867—1959），字筱斋，号菊生，中国出版家。曾主持商务印书馆，管理编译所和涵芬楼，选书注重实用，母本讲究善本以及石印版，开创了古籍丛书翻刻、影印的新阶段。张元济编辑出版的《四部丛刊》及其续编，是由我国古籍珍本汇编而成的一部大型丛书。其以丰富可信的文献资料，抢救了中华民族文化遗产，解决了学者求书难的问题，这是中国现代出版史上一件功不可没的大事。

《四部丛刊续编》（1）

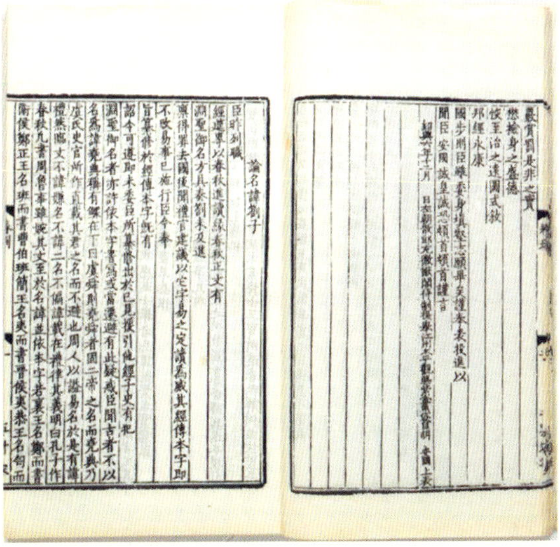

《四部丛刊续编》（2）

《春秋胡氏传》收录于《四部丛刊续编》

## 七、《瓶庐丛稿》

清翁同龢撰，1935 年出版，上海商务印书馆影印本，十卷。

翁同龢（1830—1904），江苏常熟人。字叔平，号松禅，别署瓶庐居士、并眉居士等。善工诗，间作画，尤以书法名世，独到的艺术见解潜移默化地影响到其苍健沉郁书风的形成。商务印书馆、有正书局先后影印了翁同龢部分遗墨，为学习翁书的人提供了范本并资鉴赏。

《瓶庐丛稿》（1）

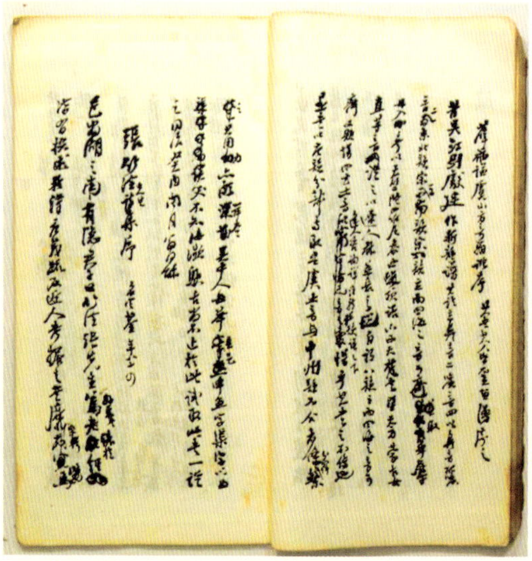

《瓶庐丛稿》（2）

## 八、《四部备要》

中华书局辑，1920—1936 年出版，全套 227 册。

《四部备要》是中华书局 1920—1936 年辑印的大型古籍丛书，收载经、史、子、集四部图书共三百五十五种，附录两种，一万一千三百零五卷。选目更注重实用，选印较有代表性的校本、注本，字画清晰，精美古雅。因选书实用，字体清晰，流传极广，是学习和研究古代文献的常备书籍，梁启超称为“旷古所无”。本馆收藏的是由中华书局编辑、用精美的仿宋体铅字按旧线装书格式排印的版本，全套 227 册。

《四部备要》（1）

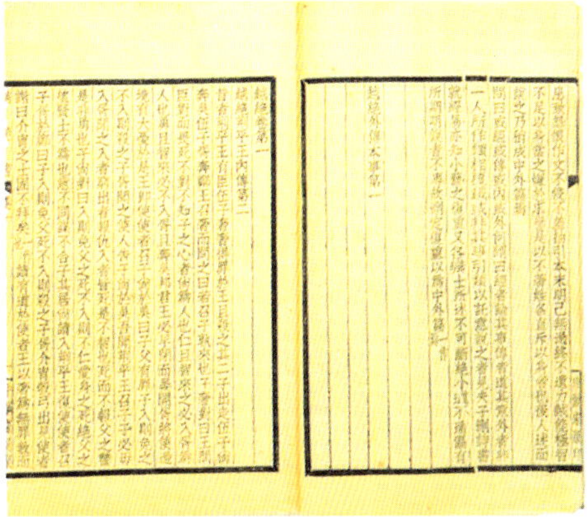

《四部备要》（2）

## 九、（嘉庆）《长安县志》

清张聪贤修，1936 年出版，铅印本，三十六卷。

张聪贤（？—1831），字序侯，号爱涛，安徽桐城人，清朝官员。曾修《长安县志》三十卷。《长安县志》仿史家图、表、志、传体例，用翔实资料记录了清嘉庆十七年（1812 年）前长安的地理、人物、文化变迁，是一部研究古长安的重要史书。

《长安县志》（1）

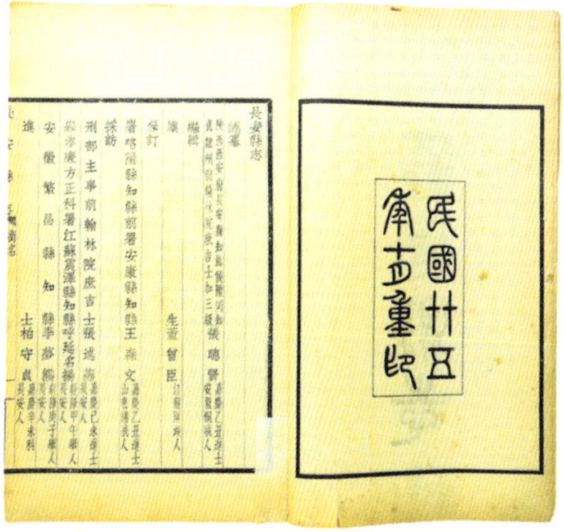

《长安县志》（2）

## 十、《续修蓝田县志》

郝兆先修，1941 年出版，餐雪斋铅印本，二十二卷卷首一卷。

郝兆先（1896—1978），又名天柱，曾化名一秒、郝宣，安徽省潜山县黄泥镇人。1934年曾任蓝田县县长。由郝兆先等修纂的《续修蓝田县志》，是以志体例分图、表、志、传、圣学渊源、杂录，记录了上古时期至宣统三年（1911 年）陕西蓝田的历史发展与变迁，是研究蓝田县发展的重要史志。

《续修蓝田县志》（1）

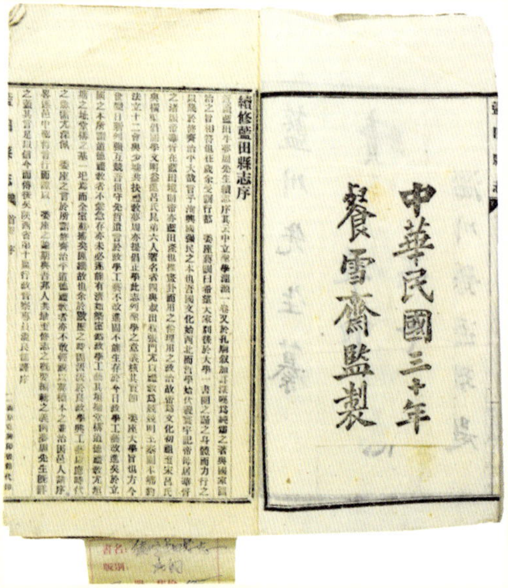


《续修蓝田县志》（2）

第二节

# 影印古籍

## 一、《四部丛刊》

上海，上海书店，1926 年出版，全套 500 册。

《四部丛刊》被誉为“文史工作者必备工具”，是 20 世纪初由著名学者、出版家张元济先生会集多种中国古籍经典纂辑而成的。该书共计收书 477 种 3134 册 232478 页 9000 余万字。学者们公认此书的最大特色是讲究版本，发掘了一些从未面世的稿本，纂辑者专选宋、元、明旧刊（兼及清本者，则必取其精刻）及精校名抄本，故版本价值之高远在《四库全书》之上。《四部丛刊》还收入了一批非常有用的工具书，其中最负盛名的是宋刻《太平御览》。中华人民共和国成立之后，北京中华书局为了满足学术界的迫切需要，将它单独缩印成四大本。多年来，该书一直深受文史工作者推崇，所收书常被用作古籍整理的底本。

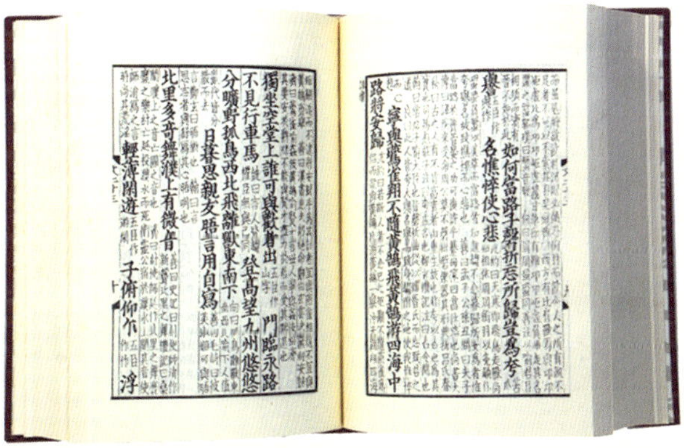

《四部丛刊》（1）

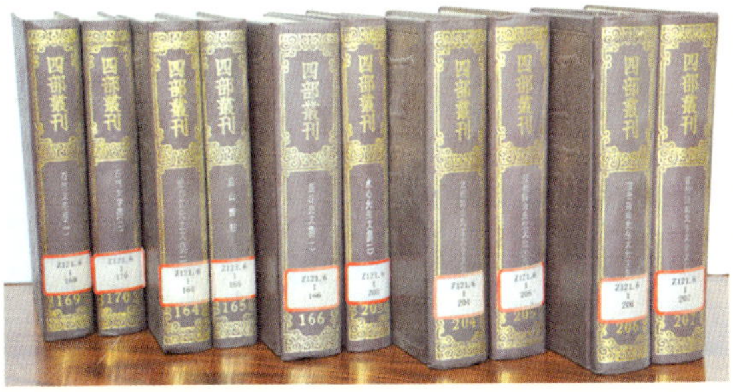

《四部丛刊》（2）

## 二、《丛书集成初编》

北京，中华书局，1985 年出版，200 函 4000 册。

1985 年中华书局用上海商务印书馆版本影印，4107 种，共 4000 册，这部大丛书，集丛书之大成。收录范围非常广泛，分 10 大类 541 小类，举凡需常备作参考的古籍，大多已经包罗在内。所收之书，共分 10 类：总类、哲学类、宗教类、社会科学类、语文学类、自然科学类、应用科学类、艺术类、文学类、史地类。辑者先选择了宋代至清代较为重要的丛书 100 种，得子目 6000种，然后去其重复，实得 4000 余种，印作一式的本子（多数排印，少数影印），每册均有编号，以便排架管理和查找。本书中多收录一些不常见的书，为治学的人们提供了宝贵的资料。本书的出版，对于传播祖国传统文化和从事古籍整理研究具有重要作用。

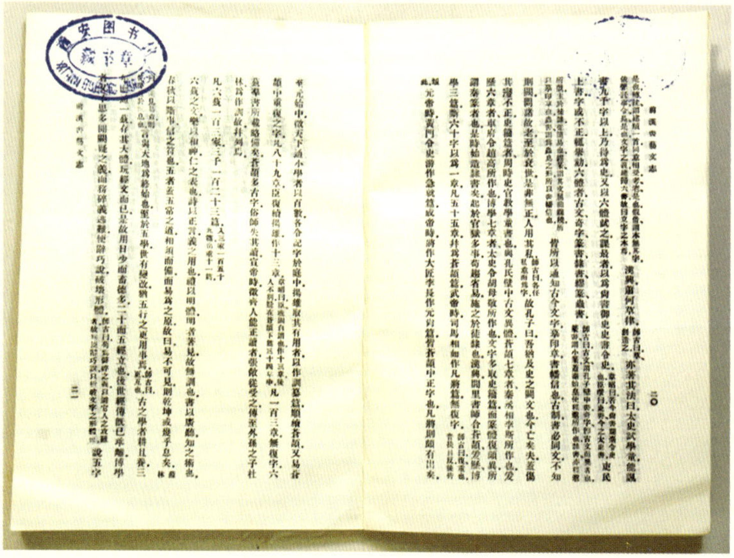

《丛书集成初编》（1）

《丛书集成初编》(2)

## 三、《中国西北文献丛书》

兰州，兰州古籍书店，1990 年出版，203 册。

该书是在全国文献丛书工作指导委员会统一规划下，由《中国西北文献丛书》编辑委员会和甘肃古籍文献整理编译中心共同组织完成的一项古籍整理的巨大工程。它以发掘、抢救为手段，以保护、研究为宗旨，在系统整理的基础上，收录汉、蒙、藏等六种文字，全面反映和再现了中国西北五个省及内蒙古自治区部分地区先秦至民国期间各种版本的现存古籍文献的全貌。

丛书的编排以科目为据，以分目、子目、后子目为顺序，因其容量较大，故均以学术专辑为单位，分别以编著者生辰年代或原版本先后两种情况进行排列。西安图书馆收藏的《中国西北文献丛书》正编部分，分为西北稀见方志文献、西北稀见丛书文献、西北史地文献、西北民俗文献、西北少数民族文字文献、西北文学文献、西北考古文献和敦煌学文献八项学术专辑。共纳录汉、蒙、藏等六种文字的各类历史文献共 560 余种，计 200 卷（其中稀见方志文献 63 卷）203 册。二编部分以新疆历史文献为主，共收录新疆历史文献 103 种 51 册，约 2500 万字；续编分西北史地文献（16 册，主编杨建新）、西北考古（18 册，主编薛英群）、稀见方志（4 册，主编王希隆）、敦煌学（22 册，主编冯志文）四部分，以专辑的形式，作为《正编》《二编》的补充。

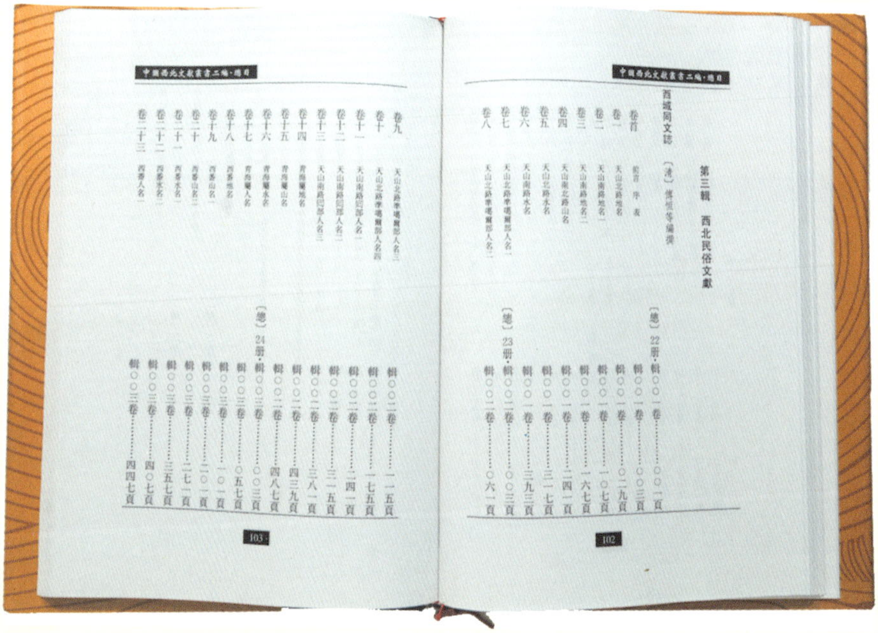


《中国西北文献丛书》（1）

《中国西北文献丛书》（2）

## 四、《续修四库全书》

上海，上海古籍出版社，1996 年出版，全套 1800 册。

《续修四库全书》是经国家新闻出版署和国家古籍整理出版规划小组批准的国家重点出版工程，是继清朝编修《四库全书》后，又一次在全国范围内对中国古典文献进行大规模的清理与汇集。《续修四库全书》沿袭《四库全书》体例，按经、史、子、集四部分类，用绿、红、蓝、赭四色装饰封面，16 开，精装 1800 册，分经部 260 册，史部 670 册，子部 370 册，集部 500 册。它与《四库全书》配套，构筑起一座中华基本典籍的大型书库，中国古代即 1911 年以前的重要典籍，可大致荟萃于此。

《续修四库全书》（1）

《续修四库全书》（2）

《续修四库全书》(3)

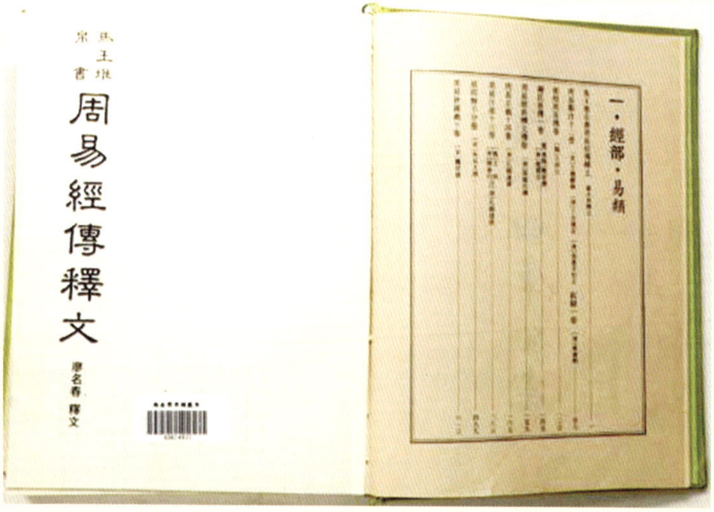


《续修四库全书》(4)

## 五、《四库禁毁书丛刊》

北京，北京出版社，2000年出版，全套310册。

《四库禁毁书丛刊》是编修《四库全书》期间被抽毁和全毁的书籍，共311册（索引1册），计经部10册，收书16种，史部75册，收书157种，子部38册，收书59种，集部187册，收书410种，共收书642种。

其中以集部书占多数，部分著作实属中国文化之精品。其次是史部的书籍，其禁毁重点是关于辽事（入关前满汉关系）和南明史的著作，目的是企图抹杀、毁灭、篡改历史事实。经部、子部中的一些书籍在禁毁狂潮中也未能幸免。《四库禁毁书丛刊》具体以姚观元《清代禁毁书目》、孙殿起《清代禁书知见录》、雷梦辰《清代各省禁书汇考》和陈乃乾《索引式的禁书总录》所著录的图书为主要收录范围。它不是清代所有禁书的总汇，不收录清乾隆以后的各种禁毁小说、戏曲。所收禁毁书以刻本、活字本、抄本为主，石印本、铅印本、影印原刻本酌情收录，点校本不予收录。

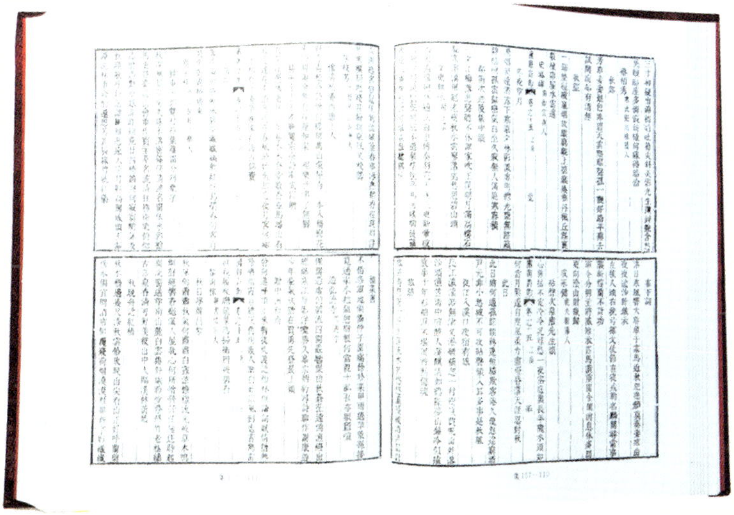

《四库禁毁书丛刊》（1）

《四库禁毁书丛刊》（2）

13

# 第十三章

# 馆藏地方文献

地方文献即地方出版物、地方人士著述，是综合反映一个地区政治、经济、文化、教育、历史、地理、风土民情、人物传记、物产资源、名胜古迹等方面内容的文献资料。收集和保存地方文献是公共图书馆藏书建设的一项重要任务。西安图书馆自2000年10月建馆时就设有地方文献阅览室。近几年来，西安图书馆非常重视地方文献的征集工作，设专人负责征集地方文献，截至目前共收藏图书资料5128种7256册、地方期刊119种、报纸19种。地方文献资料收藏体系初具规模，内容涵盖22个图书大类，所收藏资料全部制作了书目数据，并且为特色数字资源建设提供资源。在注重资料征集的同时，地方文献阅览室工作人员充分有效利用本馆馆藏和所掌握的专业知识及技能积极开展地方文献咨询、检索和服务工作，这种积极、专业的服务态度受到了社会各界的广泛好评和认可。

地方文献阅览室（1）

地方文献阅览室（2）

为了配合西安市道北和大明宫国家遗址公园的建设，陕西电视台筹拍《道北七十年》电视专题片，西安图书馆地方文献阅览室提供了有关图片、图册、照片资料和文字资料。为此陕西电视台专门在该片片尾鸣谢西安图书馆，并派专人送来一套该片 DVD 给西安图书馆，以表示感谢。同时该节目制片人一再表示希望以后有机会再度合作。

中国电影集团公司北京电影制片厂筹拍奥运宣传片《陕西小吃荟萃》，专程派人来西安搜集素材和资料，为此地方文献阅览室工作人员提供了 110 册 1000 多页的陕西县志等资料。

西安图书馆为西北大学文博学院胡勇老师主持的陕西省教育厅科研项目“西北地区疾病史研究”、西安市社科院规划办课题“历史转型时期西安社会文化变迁研究”提供文字复印资料 60 页。

西安市文化广电新闻出版局编纂西安市文化志，在地方文献阅览室查阅《西安年鉴》18 册，复制资料 95 张。

陕西省西安中学杨杰夫老先生，为查询西安中学校史资料，来阅览室查阅《陕西省教育志》《西安市教育志》《西安市莲湖区教育志》《西安新闻》等书，并且拍摄了大量的图片资料。

西安图书馆为西安老字号“老童家腊羊肉”商标纠纷案提供原始资料出处证明。

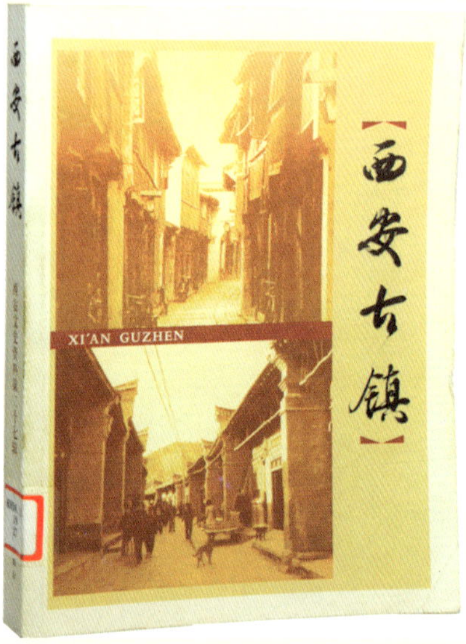

西安文史资料（1978 年至今）（1）

## 一、西安文史资料（1978 年至今）

西安，西安市政协文史资料委员会编辑出版，1978 年至今。

自 1978 年西安市政协恢复工作后，政协文史资料委员会本着“三亲原则”（即亲眼所看、亲身经历、亲耳听到）征集和整理资料、联系有关人员和专家组织编写了一系列极具史料和历史价值的图书，每年出版一辑。截至 2013 年已出版 35 辑，西安图书馆从 1 至 35 辑全部收藏。

西安文史资料（1978 年至今）（2）

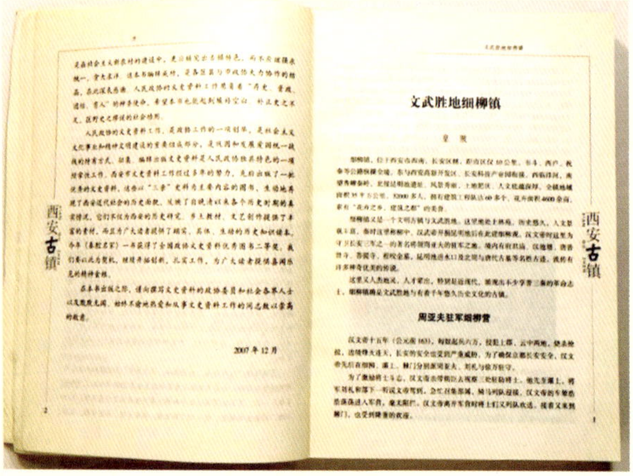

西安文史资料（1978 年至今）（3）

## 二、陕西省市、区、县地名志

内部资料，陕西，陕西省各地方人民政府地名志编纂委员会编辑出版，1980—1990 年。

地名，是人类对各类地物、地貌共同约定的标志和代号。此套书是依照 1981 年国务院和民政部令，在全国范围内进行的大规模地名普查标准化处理的资料的基础上编辑而成的，是一部查找陕西地名最权威、最实用的工具书。分别由陕西省各地方人民政府地名志编纂委员会编辑出版。西安图书馆收藏陕西各市、区、县地名志50种。像大家熟知的西安“甜水井街”在书中就记载清康熙年间因此处井水甘甜而得名；而“骡马市”则因明代时此地是牲畜交易市场，沿用至今。

陕西省市、区、县地名志（1）

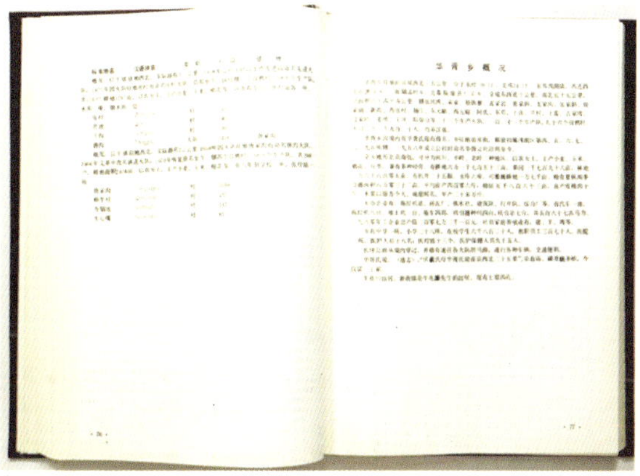

陕西省市、区、县地名志（2）

## 三、陕西各市、区、县志（1987年至今）

陕西地方志丛书，西安，陕西人民出版社，1987年至今，精装。

本丛书是分年分批分地域出版的有关陕西各市、区、县的一套完整的方志，分别由各地方人民政府和县志编纂委员会共同编写完成。丛书资料来源于历史文献、各级档案和报刊，均经核实后载入，全面、真实地记述各地区自然与社会的历史和现状，为研究市情、区情、县情提供基础性资料。西安图书馆对这一套丛书全部收藏。

陕西各市、区、县志（1987年至今）（1）

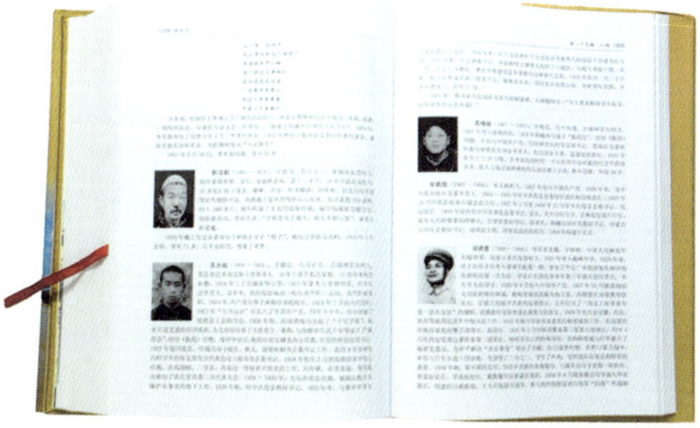

陕西各市、区、县志（1987年至今）（2）

## 四、西安统计年鉴（1989 年至今）

北京，中国统计出版社，1989 年至今。

该套年鉴系统收录了全市、区、县及开发区经济、社会各方面统计数据以及重要历史年份主要统计数据，是全面记载西安市国民经济和社会发展情况的大型连续性统计文献资料和重要工具书。西安图书馆从 1989 年起完整连续收藏。

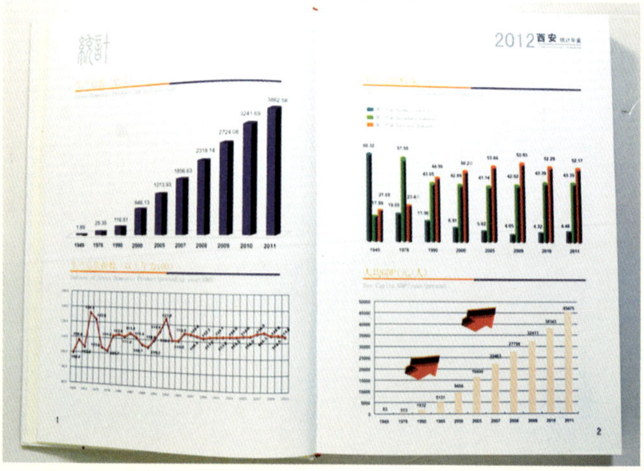

西安统计年鉴（1989 年至今）（1）

西安统计年鉴（1989 年至今）（2）

## 五、西安年鉴（1993 年至今）

西安，陕西人民出版社，1993 年至今。

该系列年鉴是西安市人民政府主办的按年连续出版的综合性地方年鉴，全面、系统地载录西安地区每年经济社会发展的基本情况，是社会各界暨海外人士了解、研究西安的基本资料，逐年出版，公开发行。西安图书馆收藏了从 1993 年至今的全部年鉴。

西安年鉴（1993 年至今）（1）

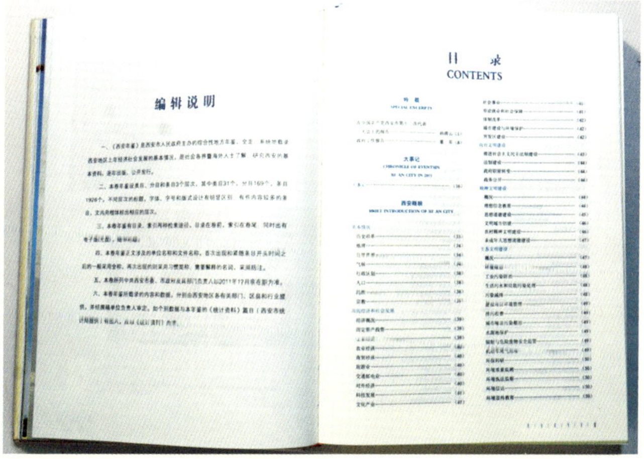


西安年鉴（1993 年至今）（2）

## 六、《汉代长安词典》

张永禄主编，西安，陕西人民出版社，1993 年，精装。

《汉代长安词典》是一部历史跨度大、内容丰富的介绍中国古代长安历史文化的大型辞书。它分为地理环境、社会经济、都城、宫殿、官署、苑囿园林、离宫别馆、历史事件、人物、文化艺术、寺院道、历史文献等 20 大类，收词近 4000 条，共 80 万字。

《汉代长安词典》(1)

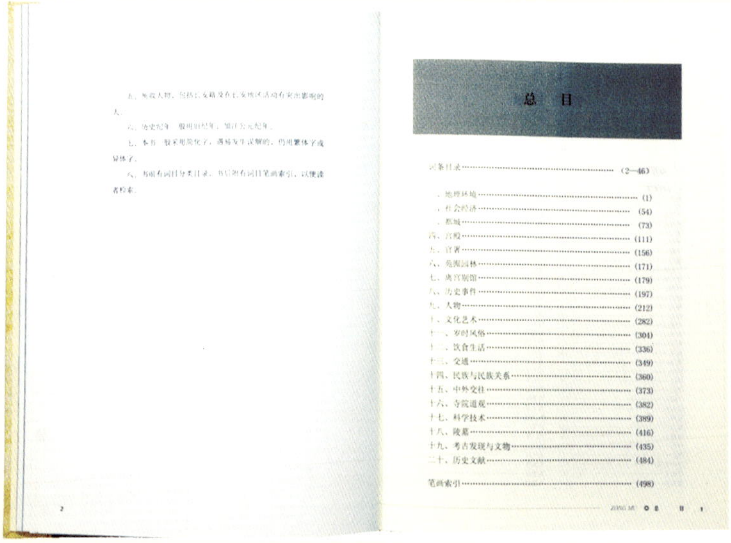


《汉代长安词典》(2)

《西安历史地图集》(1)

## 七、《西安历史地图集》

史念海主编，西安，西安地图出版社，1996 年，精装。

此书是古都西安首部历史地图集，该图集通过所编绘的 89 幅地图及与它相配合的图片和简明的文字说明，形象直观地复原了西安市及关中地区各历史时期自然地理与人文地理景观及其演变的历程。图集还附有地名索引，可供检索历代地名及其位置。它对研究西安的辉煌历史具有重大的学术意义和参考价值。

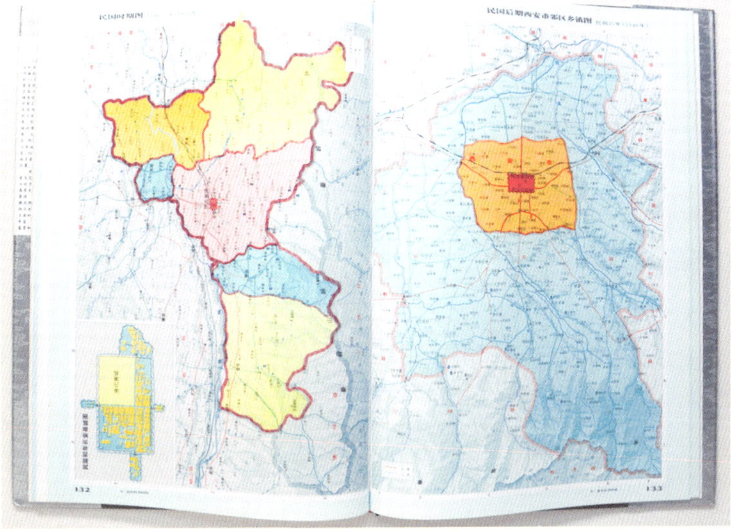

《西安历史地图集》（2）

## 八、《西安碑林名碑》（一至六）

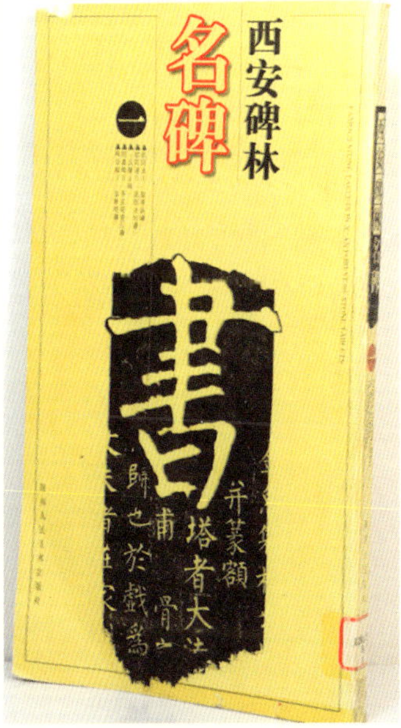


《西安碑林名碑》（一至六）（1）

李域铮编，西安，陕西人民美术出版社，1996 年。

西安碑林创始于北宋哲宗元祐二年，是从保存唐代所刻《石台孝经》和《开成石经》开始的，距今已有 900 余年的历史。至今收藏的碑石、墓志、艺术刻石达 2800 多块，分 7 座碑室、6 个游廊和 8 座壮观的碑亭陈列。碑林中收藏的碑石、墓志数量多、内容丰富、历史悠久，而且草、篆、隶、行各种书法齐全，由不同时代的诸多名家书写，书迹各异，风格纷呈，从中可以了解我国汉字发展演变的梗概。《西安碑林名碑》便是从西安碑林的众多藏石中精选出来的，采用旧拓本分辑装帧精印出版。

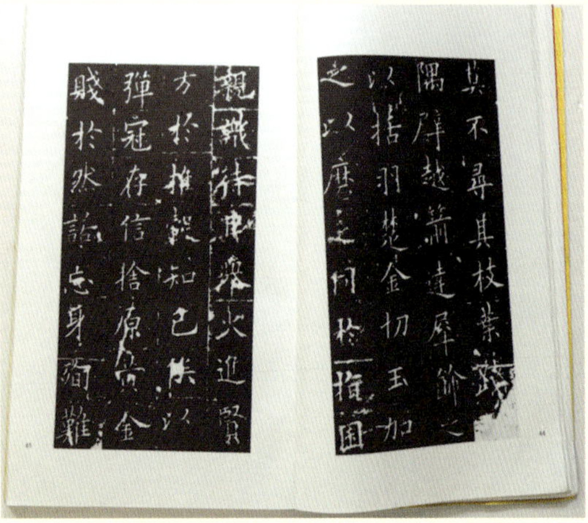

《西安碑林名碑》（一至六）（2）

## 九、《秦始皇陵的考古发现与研究》

袁仲一著，西安，陕西人民出版社，2002年，精装。

秦始皇陵园的考古勘探和调查工作，至今已有40年了。截至目前，已发现陪葬坑及各种墓葬500余座，还有数百万平方米的建筑遗址，出土了大批珍贵文物。此书不同于一般的考古报告，也不同于一般的研究性专著，是兼采二者的体例。既注意资料的翔实性、科学性，又对前人研究的观点适当吸收，发表自己的见解。

《秦始皇陵的考古发现与研究》（1）

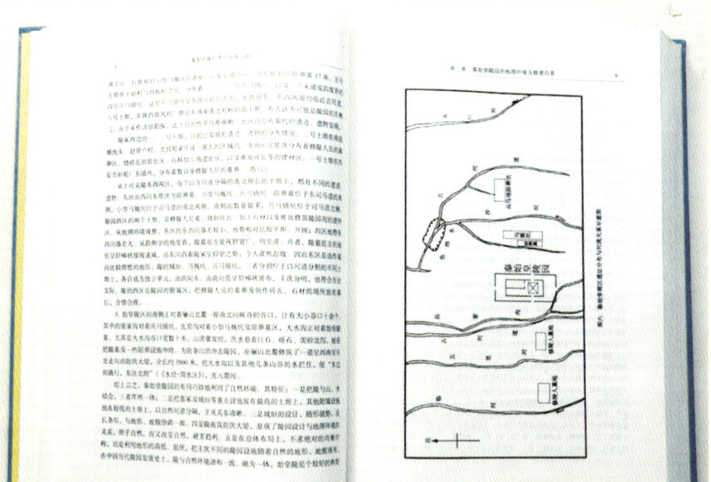

《秦始皇陵的考古发现与研究》（2）

## 十、《老县城》

叶广芩著，西安，西安出版社，2010 年。

一个地处秦岭深山的偏僻的老县城，在作者娓娓的叙述中会唤醒人们内心深处的一些怀念，熟悉而又悠远，亲切却又伤感。老县城被称为“西安的香格里拉”，地处中国龙脉秦岭的腹地，镶嵌在群山之中，享有“秦岭翡翠”的美誉。就让我们一起来认识它（他）们吧，傥骆道、老县城、土匪、老百姓、动物和树木。

《老县城》(1)

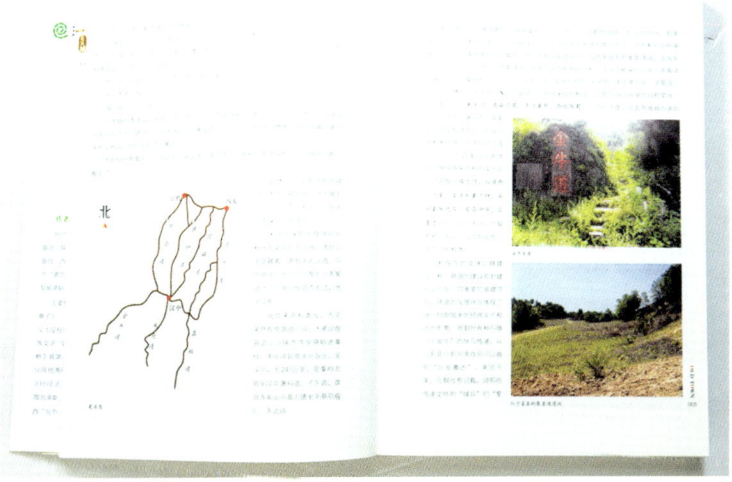

《老县城》(2)

## 十一、《西安於我——一个规划师眼中的西安城市变迁》

和红星编著，天津，天津大学出版社，2010 年，精装。

这套丛书共分九册和一幅西安城市天际线示意图，用朴实的文字和大量的图片将城市人文、规划历程、建筑创作、环境艺术、城市景观、雕塑小品等一一叙述；从历史、现在与未来的不同视角来研究和探索西安的城市规划、建筑创作与环境建设，以期对“西安模式”及“西安特色”给予学术上的解释，从而也让读者体会和感受今天西安独具韵味的和谐之美。

《西安於我——一个规划师眼中的西安城市变迁》(1)

《西安於我——一个规划师眼中的西安城市变迁》(2)

## 十二、《西安秦腔剧本精编》

西安市政协文史资料委员会、西安曲江新区管理委员会编，西安，西安出版社，2011年，精装。

这是一套68册的大型剧本编辑工程，收录了西安市易俗社、三意社、尚友社、五一剧团四大著名秦腔社团上自清末、下至21世纪初百年来曾经上演于舞台的保存剧本，共计679本，2600余万字；另有22个内部资料本，约65万字。它的出版对西安的秦腔文化做了一个重要的回眸与总结，为未来秦腔的振兴与发展打下了坚实的基础。

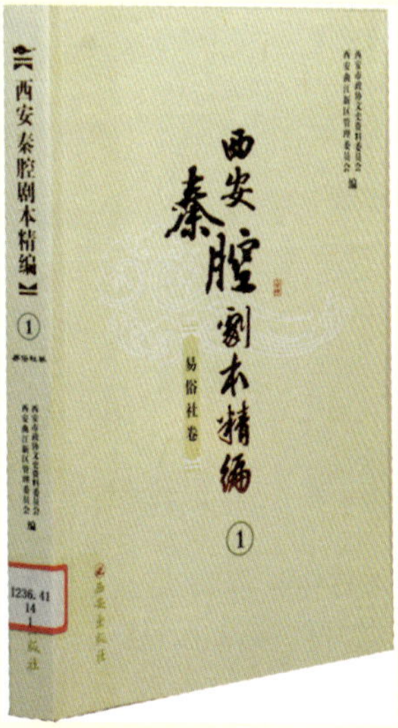


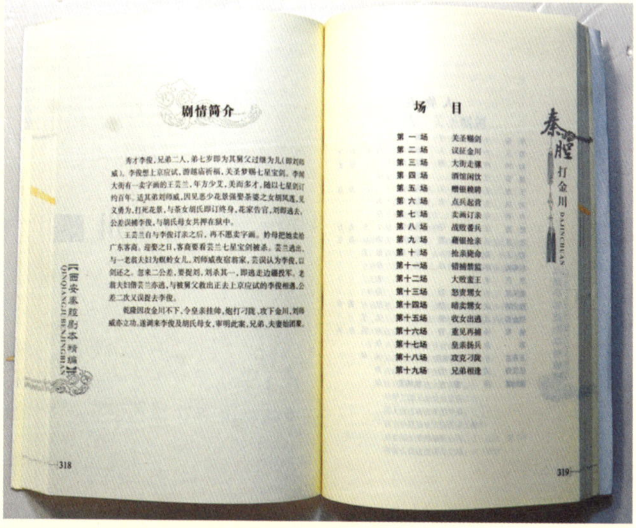


《西安秦腔剧本精编》(1)

《西安秦腔剧本精编》(2)

## 十三、《东方古都西安研究》

郑育林、王锋钧著，西安，陕西人民出版社，2013 年。

本书从文化的视角观察西安的古代文明，文中引用大量有关西安地区古迹和出土文物的考古资料作为历史文献的佐证，并配有大量图片，力求拉近历史与现实的距离。在西安建设现代国际化大都市的今天，研究西安的历史，能够为西安今后的发展提供历史性借鉴，对于彰显优秀传统文化、发掘历史文化资源、建设城市软实力具有重要作用。

《东方古都西安研究》(1)

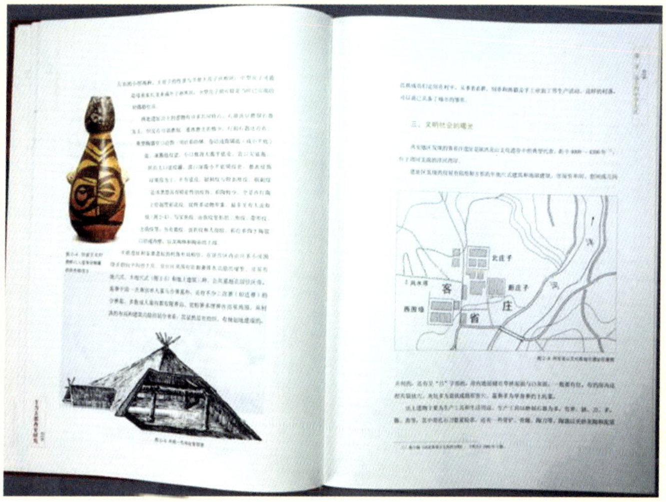

《东方古都西安研究》(2)

14

# 第十四章 馆藏专题文献

第一节

# 当代重要出版物

西安图书馆的当代重要出版物主要由港澳台版文献和学科参考工具书构成。目前收藏台湾出版的图书有390种1418册，内容涵盖社会科学，存藏在馆内特藏室，并提供阅览服务。台版图书采用竖版排印，印刷精良、图文并茂，书中所载资料翔实，在学术研究上有很大的参考价值和史料价值。

西安图书馆设有参考工具书阅览室，参考工具书也是西安图书馆藏书体系建设的一个重要组成部分，目前收藏有字典、词典、年鉴、手册、统计资料、百科全书等各类参考工具书5294种8025册，能很好地满足广大读者查阅数据和信息的需求。

## 一、《故宫藏画大系》

“台北故宫博物院”编辑委员会编辑，“台北故宫博物院”，1993年至今。

选入本系列之名画，乃自“台北故宫博物院”藏珍品中千百选一，件件精品，彩色大幅影印，且局部放大精微奥妙之处。皇皇巨制，历历在目，精彩绝伦，真所谓仅次于真迹一等而已。并录有“台北故宫博物院”前副院长江兆申先生的精辟解说，中英对照。锦缎装裱，益增贵重典雅之收藏价值。每册计约230页，按年代先后次序，每册集录30至50件，目前已出版16册。

《故宫藏画大系》（1）

《故宫藏画大系》（2）

## 二、《中国音乐文物大系》

中国艺术研究院音乐研究所编撰，大象出版社，1996 年。

中国音乐史学，尤其在中国音乐考古学方面，曾勉附于中国文史界、考古界之骥尾。号称“礼乐之邦”的古代中国，并无系统的音乐史著作，只有历代正史中给予重要地位的“乐志”“律志”以及若干史料杂集中的相关研究。“中国音乐文物大系”实质上也可称为“中国音乐文物集成”。《中国音乐文物大系》是当前中国音乐考古学学科建设中最为宏大的巨著。随着音乐考古学、音乐形态学以及与音乐有关的古代文化人类学的发展，其学术成果对研究中国音乐史有重要的借鉴和参考作用。

《中国音乐文物大系》（1）

《中国音乐文物大系》（2）

## 三、《故宫历代法书全集》

“台北故宫博物院”编辑委员会编辑，“台北故宫博物院”，1997 年。

“台北故宫博物院”收藏历代法书，自晋、唐迄清，集各朝重要书家、硕儒及名臣翰墨，总数达3000余件，蔚为大观。《故宫历代法书全集》精印其中之精品，包括王羲之的《平安何如奉橘三帖》，怀素的《自叙帖》，颜真卿的《祭侄文稿》等。每册均先列作品全幅，包括原迹和题跋，再放大原迹全幅，逐页编印，后附各法书作者传略、解说和释文，十分详备。该书确是一书法巨著，于书学研究、书法创作和名品鉴藏皆有裨益。

《故宫历代法书全集》（1）

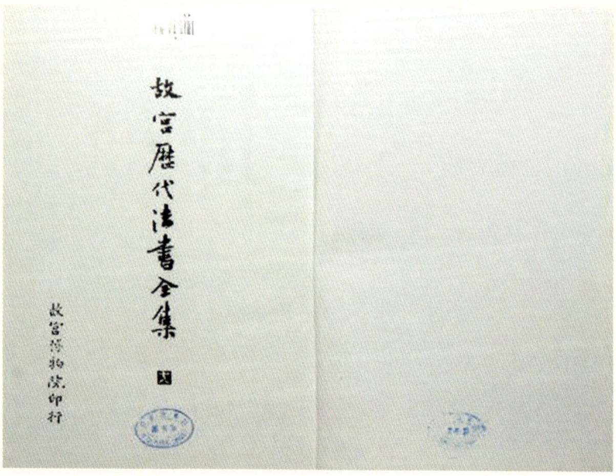


《故宫历代法书全集》（2）

## 四、《明清档案》

联经出版公司影印，1998 年至今。

此书由联经出版公司影印出版。明清内阁，原系国家庶政之所自出，所存档册，实为国家重要政务记录之汇总，其档案是了解明清政务的第一手原始史料。现在台湾收藏有310000 万余件，此等旧档，皆当日内阁旧物，非一般人所能共见，现在这些国内之瑰宝结集出版，供人们利用，是研究明清史料的最佳参考。本书已出十辑，活页装订方式很有特点。西安图书馆收藏 324 册。

《明清档案》（1）

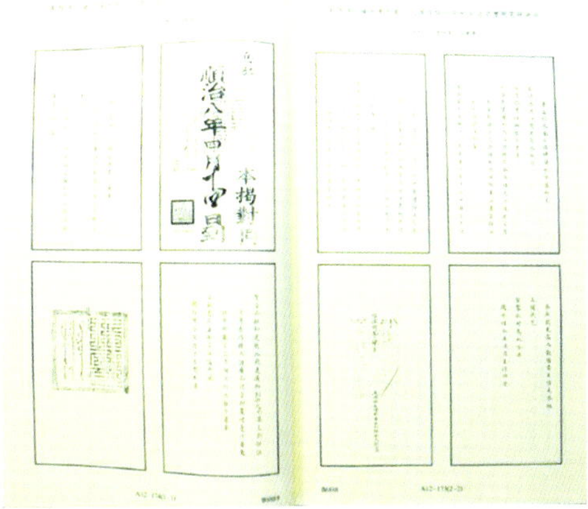
《明清档案》（2）

## 五、《甲骨文献集成》

宋镇豪主编，四川大学出版社，2001 年。

《甲骨文献集成》是中国古文字资料的系列类书之一，是甲骨学专业性类书，大型文献资料库。《甲骨文献集成》分为甲骨文考释、甲骨研究、专题分论、西周甲骨文及其他、综合类五大类，其规模已远远超过唐宋以来类书，作者队伍涉及中、日、美、英、法、加、俄、韩，语种多样。由于甲骨学仍是开拓中的年轻的国际性“显学”，因此逢新旧世纪之交，这部书的编纂，既全面展示了甲骨文的发展历程，又能使诸家著述传遗下来，不仅在文化建设史上有此必要，而且学术意义也毋庸低估。

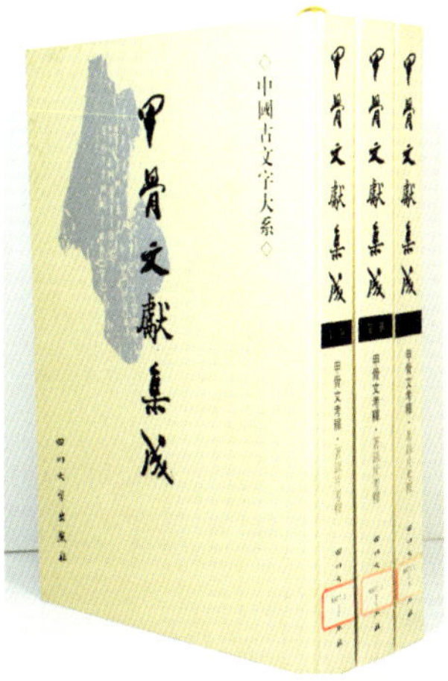

《甲骨文献集成》（1）

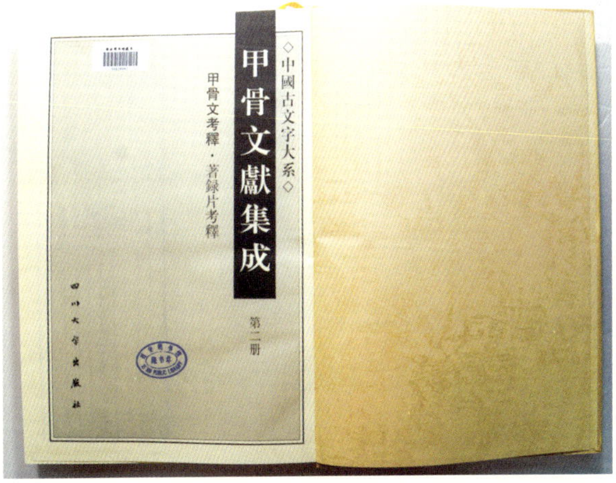

《甲骨文献集成》（2）

## 六、《中国出土玉器全集》

古方主编，科学出版社，2005 年。

中国是世界文化史上大放异彩的“玉器之邦”。本书 4000 余幅高保真出土玉器图片，涵盖中国近 80 年，特别是中华人民共和国成立 50 多年田野考古科学发掘出土玉器全貌。书中 90% 的玉器图片为首次大型彩版面世。由中国社会科学院考古研究所及全国各省、自治区、市的考古所、各地文博单位和高等院校文博学院联合编著而成，由科学出版社出版。全书资料丰富翔实，图版装帧精美，对研究中国古代玉器发展史和普及玉文化具有重要的意义。同时，在鉴定方面为古玉爱好和收藏者提供了最为全面的标准。

《中国出土玉器全集》(1)

《中国出土玉器全集》(2)

第二节

# “丝绸之路”文献

丝绸之路是指起始于古代中国，连接亚洲、非洲和欧洲的古代商业贸易路线。从运输方式上分为陆上丝绸之路和海上丝绸之路。

陆上丝绸之路以西汉都城长安（今西安）为起点，跨越陇山山脉，穿过河西走廊，通过玉门关和阳关，抵达新疆，沿绿洲和帕米尔高原通过中亚、西亚和北非，最终抵达非洲和欧洲。海上丝绸之路则以中国东南沿海为起点，经东南亚、南亚、非洲，最后到达欧洲。

丝绸之路是东方与西方之间进行经济、政治、文化交流的主要道路。它最初的作用是运输中国古代出产的丝绸。因此，当德国地理学家 Ferdinand Freiherr von Richthofen 最早在 19 世纪 70 年代命名其为“丝绸之路”后，这一名称即被广泛接受。

为了适应新丝绸之路经济带发展战略的需要，西安图书馆近年来不断加强丝路文献资料及古文献资料的搜集和收藏，内容涵盖了历史、政治、经济、文化、军事及旅游等方面，以期在服务新丝绸之路经济带的战略中积极发挥此类图书资料的借鉴作用和参考价值，更好地为西安经济建设提供文献资源。

## 一、《丝绸之路上的外国魔鬼》

〔英〕彼得·霍普科克著，杨汉章译，甘肃人民出版社，1983 年。

本书详细记述了 19 世纪末 20 世纪初德国的范莱考克，英国的斯坦因，瑞典的斯文·海定，法国的伯希和，日本的大谷光瑞、桔瑞超、吉川小一郎，美国的华尔纳等人，借着探险、考察、游历的名义对中国古丝绸之路西域地段地下文物和石窟壁画，尤其是对敦煌藏经洞文物劫掠的历史事实。

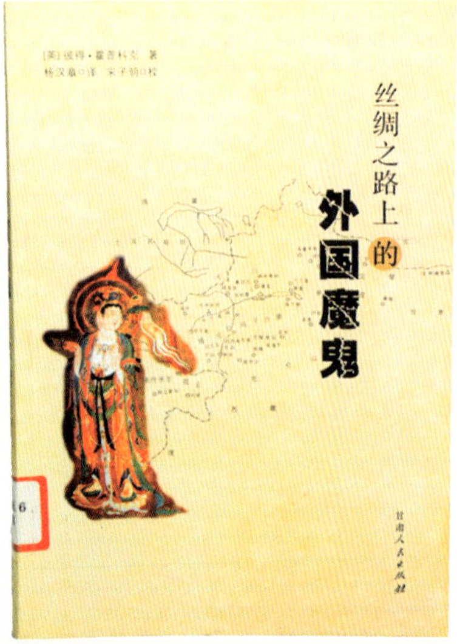

《丝绸之路上的外国魔鬼》(1)

《丝绸之路上的外国魔鬼》(2)

## 二、《丝路起点长安》

武复兴著，陕西人民出版社，1992 年。

本书以生动流畅的文笔介绍了中外闻名的古丝路起点——长安城的历史变迁、名胜古迹和风土人情，重点介绍汉唐时代长安古城恢宏的规模、富于民族特色的建筑风格和布局，当时的政治、经济、文化生活，与古丝绸之路有关的名胜古迹，历史人物与事件及中西交往给长安文化带来的深刻印痕等。

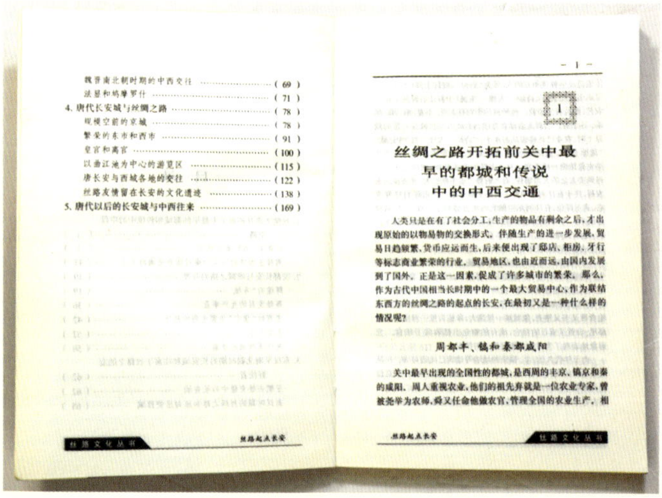


《丝路起点长安》(1)

《丝路起点长安》(2)

## 三、《西域考古图记》

〔英〕奥雷尔·斯坦因著，中国社科院考古研究所译，广西师范大学出版社，1998 年。

《西域考古图记》是一部学术价值极高的专著，真实而详尽地记录了 20 世纪初中国尼雅、米兰佛寺、楼兰、汉长城烽燧等遗址文物如何被西方列强掠夺的经过。全书共五卷：卷一至卷三为文字部分；卷四为图版，共收图 175 幅，包括敦煌写本、绢画、塑像、碑铭等资料的彩色或黑白照片；卷五为彩色地图 94 幅，均为斯坦因实地勘察绘制。这部学术著作是研究敦煌学以及西域文物考古的最基本资料，其中的图片及地图更是珍贵的文献资料，保存了历史的原貌。

《西域考古图记》(1)

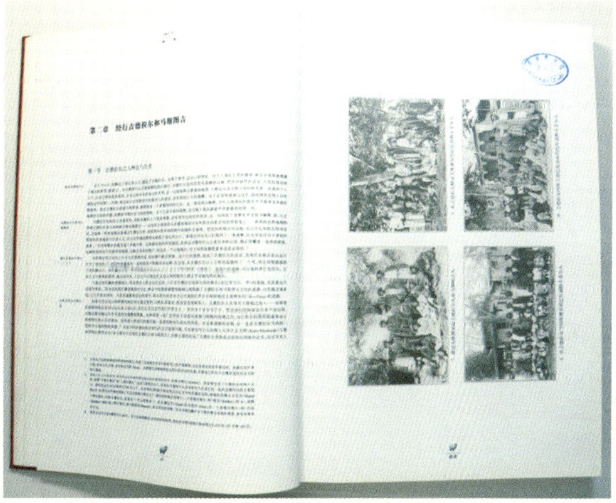

《西域考古图记》(2)

## 四、《丝路景观》

西北城市党史工作协作会联络组编著，陕西旅游出版社，2000 年。

中国的大西北有着辉煌的历史。尤令西北人感到自豪的是，那条东起汉唐长安、穿越大西北、象征着中国历史性开放和对外经济文化交流的丝绸之路。西部大开发，西北当有为。丝绸之路与新亚欧大陆桥横贯全境的大西北，具有世界罕见的丰富的旅游资源。充分认识、开发利用西北境内的旅游资源，发展旅游产业，不仅是西部大开发、西北大发展的需要，是宣传西北，让西北走向世界、让世界认识西北的需要，而且是进行爱国主义和革命传统教育，加强社会主义精神文明建设的需要。本书具有一定的知识性、学术性、可读性、存史性和导览性，资料新颖，内容丰富，图文并茂。

《丝路景观》(1)

《丝路景观》(2)

《中国丝绸之路交通史》(1)

## 五、《中国丝绸之路交通史》

中国丝绸之路交通史编写组编，人民交通出版社，2000 年。

本书记述了丝绸之路交通的形成、开拓、变化、发展的历史全过程，并分门别类地记述了丝绸之路内走向、桥梁、渡口、关隘设置以及组成驿道和驿站的管理模式和机构，同时还记述了丝绸之路沿线区域历代经济、文化交流的主要史况和经丝绸之路进行的政治、军事活动。

126《中国丝绸之路交通史》

项革新是对运输工具一大改进。可以说，木牛、流马是诸葛亮对劳动人民在长期生产活动中的经验总结与升华。木牛、流马有些神秘，如用鹿车、独轮车、人力车的名字就通俗了。后来又有了改进，不是一脚四腿，而是一轮二腿，这样更稳当。因为在数学上，三点为一平面。四轮车，平路可以，但在坡上却停不住。后来就演变成一轮两腿的独轮人力推车（见图22）直至今日。然而四轮车的使用，却是在近代工业发达之后，在更高级的物质技术基础上出现的汽车，就有四轮车的影子。当然欧洲一直流行的四轮车，更是它的前身了。

图22　独轮手推车

　　　　　　　　　　　　　　　李富选　摄

丝绸之路沿线上使用的运输工具除车辆以外，还有畜驮等，其主要牲畜是牛、马、骆驼等。

农家之宝——牛。牛是农民的宝贝，自古皆然。西汉初期，由

第二章　丝路交通的开拓　127

于连年战争，经济凋敝，连皇帝也难配齐毛色相同的四匹马车，李相也常乘坐牛车。后来由于与匈奴作战，民间养的马也多征为军用，所以牛车投入运输就普遍了。汉宣帝的外祖母随使来长安，乘黄牛车，老百姓叫她为"黄牛妪"。汉昭帝死，为了修建墓地，大司农田延年雇用民间牛车3万辆，从西渭桥装沙运至陵墓工地。当时的驿站也配的是牛车。根据《后汉书·南匈奴传》记载："带盾战车，可驾数牛，上作楼橹，置于塞上以拒匈奴"。尤其丝绸之路沿线上的民间运载货物大都以牛车为主，马车次之。其原因是牛比马好饲养。因而，驮牛比较普及，不仅应用到农业生产和日常生活中，而且成为运输工具之一。尤其号称"高原之舟"（见图23）的牦牛成为跨越帕米尔高原的最佳运输工具。

图23　"高原之舟"——新疆帕米尔地区的牦牛

　　　　　　　　　　　采自《新疆古代道路交通史》

马既是驾车的主要畜力，也是主要的驮畜之一（见图24）。丝绸之路沿线上的河西走廊和新疆天山南北及蒙古草原等地，都是良马盛产之地。所以，驮马是丝绸之路沿线上的主要运输工具，尤

《中国丝绸之路交通史》（2）

## 六、《丝绸之路石窟壁画彩塑保护》

李最雄编著，科学出版社，2005年。

此书介绍了丝绸之路石窟壁画彩塑的概况，系统地论述了丝绸之路石窟壁画地仗、彩塑的制作材料及结构、壁画彩塑颜料及颜料的稳定性研究等。

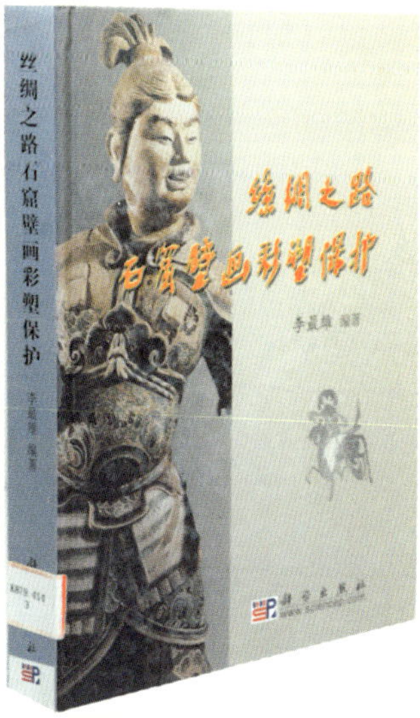


《丝绸之路石窟壁画彩塑保护》（1）

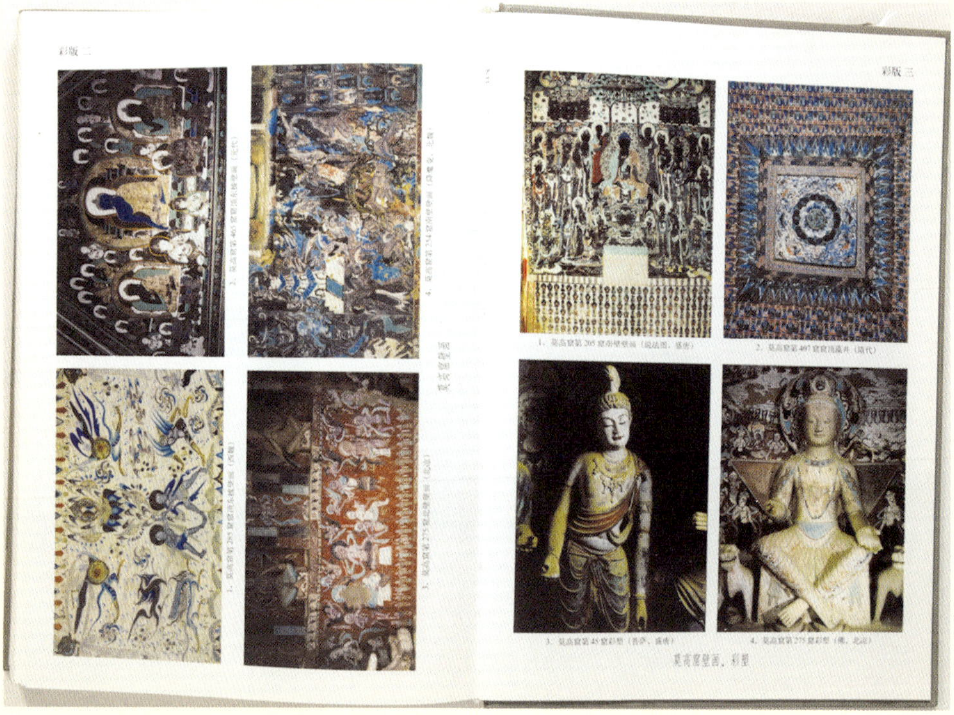

《丝绸之路石窟壁画彩塑保护》(2)

## 七、《丝绸之路艺术研究》

仲高著，新疆人民出版社，2007 年。

丝绸之路中段的西域是丝绸之路上东西方文化最重要的交汇处，西域艺术也因此始终处于一个开放的系统中，与东西方艺术是一种双向选择、双向回授的关系，既有纵向流传，也有横向交流；贸易往来、宗教传播、民族迁徙、工艺提升、审美情感等都左右着文化变迁和艺术走向。本书在跨文化和跨学科研究的宏观视野下，通过微观剖析，探寻丝绸之路艺术的文化语境、生成机制、艺术类型、本体论特征及不同文化、艺术间的关系。

《丝绸之路艺术研究》（1）

《丝绸之路艺术研究》（2）

## 八、《西域余闻》

〔日〕陈舜臣著，吴菲译，广西师范大学出版社，2009 年。

这是一本关于丝绸之路的历史随笔合集。前半部分以丝绸之路相关文物为主轴，后半部分以沿途见闻为切入点，从古都西安到帕米尔高原，从汗血马到夜光杯，两千多年来，东西方文化交流遗落在丝绸之路上的文物和逸闻趣事尽在其中。细腻稳健的笔致，娓娓道来的叙述，带领读者踏上跨越时空、纵横自在的历史之旅。

《西域余闻》（1）

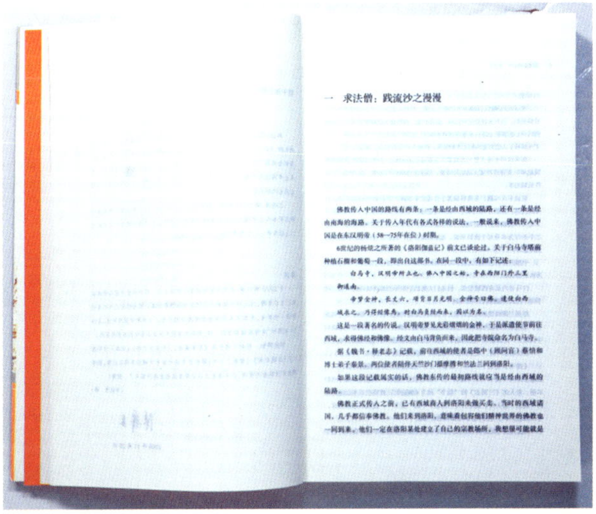


《西域余闻》（2）

## 九、《海上丝路史话》

杜瑜著，社会科学文献出版社，2011 年。

本书对各个时期海上丝路发展的原因，海上丝路上的活动内容以及对中外政治、经济、文化的影响等做了全面、具体的描述。我国的瓷器通过这条通道销往世界，成为世界各国向往的珍品，而国外的香料、象牙等贵重物品也成为中国统治者的必需品，宋元时期海上丝路出现空前繁荣，持续了数百年，人们把这条海上丝路称作“陶瓷之路”或“香丝之路”，它是我国与亚非各国联系的纽带，是一条文明之路、友好之路，为世界文明的交流和发展做出了不可磨灭的贡献。

《海上丝路史话》（1）

《海上丝路史话》（2）

## 十、《古代丝绸之路胡商活动及其影响研究》

李瑞哲著，陕西人民出版社，2011 年。

本书对中亚、西亚等国的朝贡记录进行梳理，旨在说明这一时期中原王朝与西方诸国经济交往的频繁，还对胡商的民间商业贸易活动进行分析，讨论这些入华商人在中原的活动特点。

《古代丝绸之路胡商活动及其影响研究》(1)

《古代丝绸之路胡商活动及其影响研究》(2)

第三节

# 西安非物质文化遗产数据库

西安是世界著名历史文化古城，人类文明和中华民族的发祥地之一，文化底蕴深厚，不仅有大量的物质文化遗产，而且有内涵丰富、弥足珍贵的大量的非物质文化遗产。

建立西安非物质文化遗产数据库是对西安非物质文化遗产的保护、研究和传承，同时也为西安精神文明建设乃至西安地方文化资源建设提供信息资源。

西安非物质文化遗产数据库是由西安市非物质文化遗产保护中心和西安图书馆合作共同建成的。西安非物质文化遗产按照国家级非物质文化遗产名录从项目类别来分，则可分为10个目录：① 民间文学；② 民间音乐；③ 民间舞蹈；④ 传统戏剧；⑤ 曲艺；⑥ 杂技与竞技；⑦ 民间美术；⑧ 传统手工技艺；⑨ 传统医药；⑩ 民俗。其中国家级非物质文化遗产有5个，比如秦腔艺术、西安古乐和蓝田普化水会音乐、同盛祥牛羊肉泡馍制作技艺等。

中华老字号西安同盛祥牛羊肉泡馍

中华老字号西安同盛祥牛羊肉泡馍制作技艺

狄寨徐文岳泥哨制作现场

狄寨徐文岳泥哨成品

西安非物质文化遗产数据库是一个多媒体数据库，由首页、概述、市级项目、代表性传承人和宣传与展示几大模块构成，非物质文化遗产资源内容（包括每个项目的具体内容介绍、电子文本、照片、影音、多媒体资料等）是整个数据库的基础，也是数据库建设的根本，图文并茂给人以视觉和听觉的美感和享受。该数据库各模块的设计，是根据读者自己的操作习惯，从不同地域和品目中逐级选择自己喜欢的项目进行阅读、学习和研究。让人们不出家门轻点鼠标就能知晓非物质文化遗产项目传承人的手艺和绝活；在线视频观看“周至龙灯”等非遗视频和图片以及倾听带有浓郁地方特色的民瑶“花儿”；感受“牛郎织女”古老传说带给你的感动。“十面锣鼓”，又名“霸王鼓”，能带给人们视觉和听觉的冲击；户县秦镇米皮让人垂涎欲滴；风箱制作让人乐趣无穷！

箩米面用的箩子和箧篮

碾米

切大米面皮子的专用铡刀

蒸米皮用的木篦子

传承留存的老曲本（不同时期）

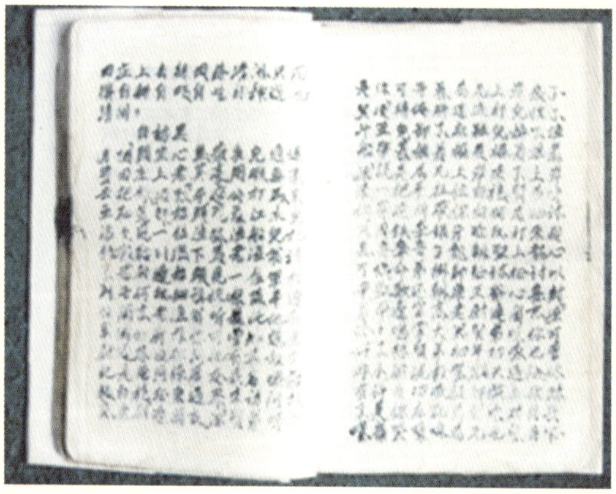

高陵曲子油印本（民国末期）

# 后　记

"21世纪中国城市图书馆丛书"之《西安图书馆》即将付印了，作为本书的撰稿人，我们心中既有欣慰，也有些许的忐忑不安。欣慰的是，经过一年的努力，这本书基本上比较完整地反映了西安城市历史与传统藏书活动、西安图书馆的发展历程与社会服务；不安的是，因为水平的限制和对西安历史认知的局限，在对史料的搜集和书稿的撰写上，还有许多不尽如人意之处。古人云：大匠不示人以璞。而我们却只能将这本不完满的书，仓促地呈现在读者面前了。

本书从确定编写大纲、初稿完成、经数次修改完善到最终定稿，历时近一年，其间得到了杨玉麟、徐大平、康万武、王锋钧、赖伯年等多位专家的帮助与支持，特别是参考了杨玉麟教授所写的《民国时期的"西安图书馆"——国立西安图书馆筹建始末》一文的内容。在这里，我们郑重地向这5位专家表示最衷心的感谢。同时，感谢我们西安图书馆参与本书相关资料搜集、整理和初稿撰写工作的所有同事，没有大家的努力、配合及辛勤劳动，我们的工作不会得到如此的成果。

西安图书馆

2015年12月

# History

Libraries in the History of Xi'an

Xi'an rules 11 districts ( Xincheng, Beilin, Lianhu, Yanta, Weiyang, Baqiao, Yanliang, Lintong, Chang'an, Gaoling and Eyi) and 2 counties ( Zhouzhi and Lantian).

Xi'an, anciently named Chang'an, is one of the seven ancient capitals in China and also a world-famous ancient capital. Xi'an is located in the central Guanzhong Plain, south of the Qin Ling Mountain and north of the Wei Shui River. It has a great geographic location. The total area covers 10, 108 square kilometers, with a total population of 9, 616, 700. Xi'an served as China's political, economic and cultural center for over two thousand years and was very important. The poet Dufu once praised: "Xi'an has been the capital city of some dynasties since ancient times." Xi'an was the capital of the Zhou, Qin, Han, Tang and other 9 dynasties. Emperors rose and fell, and dynasties kept changing. Xi'an is world-famous for its unparalleled historical and cultural relics.

Xi'an is one of the cradles of human civilization and Chinese nation. As early as in the ancient times, "Lantian Men" once lived and multiplied here. In Neolithic, "Banpo Ancestors" established tribes here. Xi'an built its city from the 12th century BC, when the Zhou clan made Fengyi as its capital, and it has had a history of more than 3, 100 years so far. In the long history, Xi'an developed, absorbed and integrated the cultures in the surrounding areas, to form the Chinese nation's mainstream culture in a certain period, thus affecting the development of the whole national culture. For instance, Oracle bone scripts laid the foundation for Chinese characters; The official note system Xia, Shang and Zhou

Dynasties laid the foundation for Chinese historiographer system; political system of Qin and Han Dynasties laid the foundation for two thousand years social management pattern; Han's Confucianism laid the foundation for the Confucian traditional cultures; The cultural influences of Han and Tang Dynasties have lasted for thousands of years, and spread to many areas of the East and West through the Silk Road.

China has a long history of 5, 000 years. We are blessed with voluminous books that our ancestors bequeathed to us as valuable assets in our rich cultural heritages, and the preservation and spread of books relies on the sustained collection activities. From the collection of bones in "Turtle Rooms" in the Shang Dynasty, after 3, 000 years of accumulated development, the Chinese ancient collection has evolved four systems, including official collection, private collection, monastery collection and academy collection. The ancient collection serves to accumulate and disseminate the national culture.

We call the places for storing books in ancient societies as "collection houses", while the places in modern times "libraries". L. S. Thompson once said: "The basic elements of any library are books, people and buildings, and the order of importance is as such." According to L. S. Thompson, Chinese ancient collection houses and modern libraries have a lot in common in the basic tasks and basic working patterns. Various collection houses in Xi'an's history have preserved substantial precious books concerning law and institution, examination system, royal event, astronomy, history, geography, calendars, agriculture, science and technology, literature and art, etc. Although dynasties annihilated, these books are still preserved because of people's collection activities at that time, and they have witnessed the glorious historical and cultural activities of Xi'an.

The city library is a business card of the city's culture. A rich cultural and historical city is bound to have a healthily developing city library. Today, let's look back at Xi'an, a historical and cultural city with 3, 100 years history, to discover the growth track of Xi'an Public Library.

碑林

01

## Chapter 1

# Laozi and the Historiographer System in the Zhou Dynasty

As the first dynasty which set its capital in Xi'an in the history, the Zhou Dynasty has its own extraordinary significance to Xi'an. After the Emperor Wu of Zhou defeated Shang dynasty in the 11th century BC, he established the capital in Haojing, on the east bank of southwest Feng River in Xi'an. As the source of the Chinese civilization, the Western Zhou Dynasty which made its capital in Haojing left behind a lot of brilliant cultural heritages, drew the background of the Chinese civilization, and laid Xi'an's features as an ancient capital.

70 kilometers east of Xi'an lies Louguantai, which is China's first important Taoist shrine, founded in the Western Zhou Dynasty, and is still a famous tourist site for shrines. Shuojingtai is situated here, and according to legends, Laozi once taught five thousand words of morality here. People might be able to smell some flavor culture of the Zhou Dynasty here.

Laozi, surname Li, first name Er, courtesy name Dan, was from Ku County in Chu State, and he was a great philosopher, thinker and founder of Taoism. According to legends, he took a black bull to the West in his late years, wrote five thousand words of *Daodejing* in front of the Hanguguan and finally disappeared. The essence of Laozi's thoughts is simple dialectics. His thoughts were inherited by Zhuangzi, and with Confucian and Buddhist thoughts later, they formed the core of the Chinese traditional ideology and culture.

Laozi not only enjoys great reputation in the modern times, but also was famous in the era when he lived. Confucius once asked about Li to Laozi when traveling around countries, and he made a high comment on Laozi as "From what I saw about Laozi, he is like a dragon. His knowledge is deep and unpredictable, and his interests are far-reaching and difficult to understand. He is like a snake which can flex and extend at any time and a dragon which can change according to seasons. Lao Dan is really my teacher."

Early libraries in China with the nature of "Historical Files" germinated in the Western Zhou Dynasty, and we can say that these are the earliest ancient libraries in China. The most famous record about these libraries is the posts Laozi served in Zhou's royal court as "Zhuxia Historiographer" and "Collection Historiographer".

Laozi served as "Historiographer of Zhou's Storing Rooms" at that time, in charge of books, documents and archives, so now people think that this position is equivalent to the Chief Librarian of the National Library and Archives. Zhou's collection house was established within the royal family, and had a specialized collection of important national documents which were for the emperors' use. It was the first place for the official collections of books, more important than the collections of literature in the Taishi fu. In addition, there were Mengfu and Gufu which were specialized in storing covenants between countries. One of the main tasks of Laozi was preserving and arranging cultural books. Therefore, the "Storing Rooms" that Laozi was in charge of, served as a perfect "Ancient Library" to save human social activity records.

Laozi and his colleagues, that is, the "Historiographers" during the Xia, Shang and Zhou Dynasties, guarded the books for the royal family and at the same time retained the valuable historical documents for us. In this sense, the "Historiographer System" is the source of China's long-history official collection system. In ancient society, the historiographer was in a class of higher knowledge, and was the recorder and preserver of social cultures. The historiographers at that time were very important officials who recorded royal court events, and their records were in fact national documents and archives.

Zhou's historiographers played an important role in national institutions, establishing fixed traditions. According to the records of *Zhouli*, Zhou's royal family set up 5 historiographers: the Major Historiographer, the Minor Historiographer, the Internal Historiographer, the External Historiographer, the Yu Historiographer (Zhuxia Historiographer) who was in charge of books and the like. Roles and responsibilities of the historiographers were very detailed and clear.

The historiographer system was an important part of bureaucracy of the Zhou Dynasty. The positions of historiographers could be divided into 9 categories, 29 in total. The historiographer system in the Xia, Shang and Zhou Dynasties, in particular the one of the Zhou Dynasty, made a significant contribution to ancient Chinese cultures. Chinese cultural classics in the ancient times were immune to the bad luck of loss due to the collapse of dynasties, thanks to the presence of historiographers. Since the historiographers were in charge of record writing and archive management, they kept the relationships of "official union" with almost all the bureaucratic institutions of the dynasty. Therefore, they could still have a comprehensive understanding and knowledge of the general characteristics and underlying trends of the development of different types of cultures, even in the Zhou Dynasty, when the development of civilization and cultural patterns were very complicated. In addition, Zhou's historiographers had the system of "Telling Each Other" when noting, which promoted the formation of historiographers' information communication networks, therefore maintaining the overall level of the historiographer groups. The historiographer culture was the academic starting point of scholars' thoughts. The history and culture carried by Zhou's historiographers were the main sources of academic knowledge for scholars.

The system in which the historiographers attached importance to recording and preserving promoted the budding of ancient libraries. The Shang Dynasty is the beginning of our country's written-word history. With written records, books were produced naturally. The historiographer's occupation was passed along from generation to generation, so the preservation of books was continued down by generations. The original parts of Confucian classics that were handed down till now mostly cache from the books which historiographers of the Western Zhou Dynasty collected in the past. Therefore, this management system contributed to the preservation of ancient cultures.

Since the Zhou Dynasty, during the three thousand years of history, the society was advancing, the culture was developing, and its associated library gradually took its shape from the bud. It should be noted, however, that prototype as it was, it has played an indelible role for the preservation and development of ancient cultures from the very beginning of the long history. In this sense, the Xi'an area is one of the birthplaces of ancient Chinese libraries.

碑林

02

# Chapter 2

# "Burning Books and Burying Scholars" and the Government's Book Collections in the Qin Dynasty

After the demise of the Western Zhou Dynasty, the Qin Dynasty rapidly rose in Guanzhong. In 221 BC, the emperor of Qin unified the six countries and made its capital in Xianyang, which is located in Xianyang in the present time.

After Qinshihuang unified the country, he made great reforms into politics, economy and culture. He unified laws, common currency, weights, measures and characters. He constructed Chi Road around the country, and built the Great Wall to resist the Huns. At the same time, he gathered the country's human and material resources as well as technical achievements of the six countries, in order to build the capital, palaces and tombs in Xianyang. We can catch a glimpse of the spectacular view of the Xianyang from Du Mu's "*Fu on E-Pang Palace*". E-Pang Palace and Lishan Tombs that are famous in history, are still tourist attractions in Xi'an nowadays.

Among the various reform measures of the Qin Dynasty, the most well-known event was "Burning Books and Burying Scholars". Many people think that "Burning Books and Burying Scholars" was merely one event that happened once. In fact, it contained "Burning Books" and "Burying Scholars". "Burning Books" was supposed to take place in Huiduipo Village, Gaoling District, Xi'an City, while "Burying Scholars" occurred on the bank of the Wei River, east of today's Xianyang City, Shaanxi Province.

Throughout the ages, people have talked a lot about "Burning Books and Burying Scholars". Many of them strongly denounced it, believing that it destroyed lots of literature since the Shang and Zhou Dynasties, causing a catastrophe in the cultural history. Actually, that is not all the fact.

Qinshihuang took Li Si's advice and ordered to burn the nations' records other than *Qinshi*. He also ordered that *Shi* and *Shu* that were kept privately outside the Doctor Hall should be handed over for burning before the deadline. From this we can clearly draw two irrefutable facts. First, "Burning Books" didn't apply to all the historical records and classics. Many classics and literature were still retained intact. Second, Qinshihuang's

"Burning Books Order" was mainly for the ministers and the common people, while the royal rulers' preserved books were not in this case. Moreover, doctor officers were allowed to store *Shi*, *Shu* and thoughts of philosophers, according to their duties. It would appear that, although the six countries' historical records could not escape from Qin's fire, Qin's officials within the government retained fairly complete pre-Qin classics.

We can conclude from the details of "Burning Books and Burying Scholars" that, Qinshihuang thought highly of books, especially historical records' influences on folk intellectuals. He also paid attention to the role of historiographers. At the same time, he attached great importance to historical records on their ruling references to rulers. Therefore, it can be said that the main goal of "Burning Books and Burying Scholars" was not for the destruction of cultural classics, rather, it displayed Qinshihuang's special emphasis on the value of the officially preserved books.

Qin's official books collection was built up on the basis of its own books collection before unifying the six countries as well as books collected from the six countries in the process of unifying China. Qin already had its own books collection before unifying the six countries in 221 BC. When unifying the six countries, it not only collected books from them, but also seized Zhou's royal books collection as a trophy. After the unifying of the six countries, Qin selectively collected books worldwide. In addition, Doctors' books collection was the bulk of Qin's official books collection, leaving a great impact. In the Qin dynasty, the Doctor was not referred to a person who knew widely, but became a position. During the period of Qinshihuang, doctors reached a scale of seventy. The main duty of a Qin's doctor was to "Know the Past and the Present", and to engage in politics as a counselor or adviser. Although doctors had "low rank", their positions were high, having a big say in the process of consultation. Compared to the Yu officials who were in charge of decrees, Qin's doctors were mainly in charge of "*Shi*, *Shu*", thoughts of the philosophers and other official documents. Fortunately, doctors were official positions in the Qin Dynasty, and the position of doctors was not in the list of burning. Therefore, doctors' books collection became the bulk of official books collection after Qin's fire.

How did Qin's official books collection was stored? Undoubtedly, it followed the relics of the Zhou Dynasty and vassal states of pre-Qin, storing them in "Bright Hall, Stone Room and

Golden Chamber". And of course, it built up "Qin's Chamber" as the model of "Zhou's Chamber".

Since it was the official books collection, it must be managed by officials. Qin's bureaucracy could date from the Warring States period. After unification, the bureaucracy changed to a large extent, but officials in charge of the officially-stored books still followed that of Warring States. According to historical records, "the Imperial Secretary is a type of Qin's officials and is of high position. It's in charge of figures and secretive books in the halls." Accordingly, we can see the Imperial Secretary was the first of the Yu Historiographers, and Yu Historiographers were officials who were by the side of the monarch, specifically in charge of documents, figures, archives and records. The official who was mainly in charge of figures in the Qin Dynasty was the Imperial Secretary, while the specific tasks were distributed to Yu Historiographers or so-called Shiyu Historiographers.

Zhang Cang, as Yu Historiographer or otherwise named Zhuxia Historiographer, was a knowledgeable and influential figure in the Qin Dynasty, in charge of officially-stored books. Han's Sima Qian wrote in *Shiji*: "Cang naturally loves books. He sees everything and knows everything. He is especially good at laws and calendars." Zhang Cang used to serve as Yu Historiographer in the Qin Dynasty, in charge of the palace's various documents and archives. He was recorded as "naturally love books", because he had strong dedication into the profession of taking charge of official books collection. He was cited to "see everything and know everything", since he was knowledgeable and thus was suitable for his position. He was complimented as "especially good at laws and calendars", due to the fact that he dug deep into a particular field of knowledge and had his own special traits. Nature, horizon and specialty were three conditions that the officials in charge of official books collection in ancient China normally possessed, and these three factors are still inspiring for our library staff nowadays.

After Qin unified the six countries, it was able to establish large-scale places for storing books under the control of the central government. This was a pioneering undertaking in the history of our books collection culture. It taught a direct lesson of setting up various types of national books collection places for future generations. Although Qin existed shortly in our history, it did contribute to the cause of China's ancient cultures in its early and middle stages. Only after "Qin burned books and banned learning", the roads for cultural development were blocked and our ancient culture suffered heavy losses. However, a full and proper evaluation of the contributions of the Qin Dynasty to the cause of China's ancient cultures, is still positive.

Chinese ancient books classification originated in the Western Zhou Dynasty, but it developed into an independent system in the Western Han Dynasty. The existing relevant historical data about Qin as the first dynasty with a new centralized system and about the national dynasties beyond are very few, making it difficult to really know more details. According to the circumstances when Emperor Zhaoxiang of Qin Dynasty collected books, especially the fact that Qin's books collection increased rapidly after it unified the six countries, it is estimated that Qin already had its methods for managing and collecting books. Before Qin unified the six countries, the Prime Minister Lv Buwei, was able to recruit three thousand people as Menke, and made them display their strength on the basis of their knowledge, finally completing an encyclopedia-styled book named *Lvshichunqiu* with everyone's effort. But for a large number of books and data at that time for reference, it obviously couldn't be finished.

One of the most prominent examples that shows the role of Qin's official books collection is that, Qin conducted the zhi reform of characters with the help of books on ancient philology. According to *Han*, *Shizhoupian* was the book used by historiographers in the Zhou Dynasty to teach school kids. The seven chapters of *Cangjie* were written by Qin's Prime Minister Li Si. The six chapters of *Yuanli* were written by Zhao Gao. The seven chapters of *Boxue* were written by Hu Mujing. Most of the characters were formed from *Shizhoupian*, but the shape was fairly different. They were called Qin Script. From then Clerical Script was established. *Shizhoupian*, as mentioned in this text, was one of the earliest character books in ancient China. It has been gone, and, according to legends, was written by the historiographer Zhou during the period of Emperor Xuan of Zhou Dynasty. When Qinshihuang unified characters, the main reference of the seven chapters of Li Si's *Cangjie Pian*, the six chapters of Zhao Gao's "*Yuanli Pian*" and the seven chapters of Hu Mujing's "*Boxue Pian*", was "*Shizhou Pian*". On the other hand, Zhou shu, otherwise referred to as siy seal script, originated from the late years of the Western Zhou Dynasty and was popular in the Spring and Autumn period. The font of it was similar to Qin script, but the configuration showed some overlaps. This is a case that illustrates how Qin's official scholars simplified characters in reference to the stored pre-Qin literature.

碑林

03

## Chapter 3

# Tianlu Pavilion and Shiqu Pavilion in the Han Dynasty—China's Earliest National Library

In 202 BC, after the war between Chu and Han ended, Liu Bang established the Western Han Dynasty and made Guanzhong its capital. Since Xianyang City was already in ruins, he built up Chang'an City on the south bank of the Wei River southeast of Xianyang City, five kilometers off northwestern Xi'an now. Later, Emperor Hui and Wu further improved Chang'an City. Chang'an City in the Han Dynasty was in the shape of "鬥", so it was also called "the city of Dou". There were plenty of roads and streets in the city. Palaces were built up high and there were four large architectural including Changle and Weiyang. Outside the city there were the luxurious Jianzhang Palace, magnificent Ming Hall, beautiful Kunming Pool and the wide moat.

At the beginning of the construction of Han's Chang'an City, Xiao He led to build Tianlu Pavilion and Shiqu Pavilion at the East Hall of Weiyang Palace which was at the back of Han's Weiyang Palace. It was intended to "preserve books and classics" as well as to "keep talented people", making hardware preparations for Han's ideological and cultural construction. As recorded in *Sanfuhuangtu*, "Shiqu Pavilion was built by Xiao He. The rocks underneath it make a channel in order to make water flow, resembling today's ditches and thus the pavilion got its name. The pavilion preserved Qin's books and classics obtained after Han entered Guanzhong. When Emperor Cheng was in position, secretive books were stored here as well." "Tianlu Pavilion was the place for storing classics. According to *Hangongdianshu*, 'Tianluqilin Pavilion was built by Xiao He. It was intended for storing secretive books and keeping talented people'. At the end of Emperor Cheng's reign, Liu Xiang checked the books in Tianlu Pavilion, dedicated and hard-working. He passed his methodology to Zixin."

Tianlu Pavilion and Shiqu Pavilion both were the places for Han to store books and classics and to host academic activities. They were the earliest national libraries and archives. Tianlu Pavilion mainly dealt with the collation of books, with another function of "keeping talented people". Shiqu Pavilion mainly focused on Confucianism. Han not only built a formal place for storing books, meanwhile, it also collected a large number of books, organized them and made bibliographies, making the ancient library live up to its reputation.

Today, Han's Tianlu Pavilion and Shiqu Pavilion still exist in the north of the site of Weiyang Palace, which is in the site of Hancheng, northern suburb of Xi'an, demonstrating its former glory to the world.

Tianlu Pavilion is a palace building with high platforms. The original pavilion had a very large scale, but after two thousand years of erosion by wind and rain, only the pedestal is left now. A lot of changes have taken place. Now, the monument at the site of Tianlu Pavilion will render people imagine the previous glory here thousands of years ago.

Shiqu Pavilion is a very special building. When it was first built, it was surrounded by stones and flowing water, reflecting the builders' awareness of preventing fire and theft. The existing site is about 65 meters wide and 67 meters long. It was constructed from the 8-meter-high pedestal which was made from the rammed earth. At that time the craftsmen one engraved four words "Shi Qu Qian Qiu" on the eave tiles used to build Shiqu Pavilion.

In the October of 206 BC, Liu Bang led the army to the gate of Xianyang City. Ziying, the emperor of Qin, gave out the imperial jade seal to him to surrender. When the mighty uprising of soldiers entered the Xianyang City, facing with Qin's towering palaces, bustling streets and scattered piles of gold, silver and jewelry, many soldiers were eager and desperate to loot gold, silver, jewelry and other exotic playthings. Even Liu Bang wasn't able to resist his great excitement. With eccentric treasures on his left hand, glamorous ladies in his right arm, he didn't have any thought of leaving due to the luxurious palace. Not long after he took some beauties into the bed chamber of Ziying, the second emperor of Qin, and had some nice dreams, he suddenly heard the snap of the general Fan Kuai who broke into the house: "Do you wish to control the world or get rich? If you want a great success, you need to be aware that those luxurious things are what lead to the destruction of the Qin Dynasty. Please do not get obsessed with these!" At the same time, Zhang Liang and other consultants stated to Liu the pros and cons of such behavior, making Liu recover to his normal sense. He immediately ordered the soldiers to close down Qin's palaces and halls, and nobody was allowed to take private robs. In fact, just before Liu gave demands, Xiao He, a thoughtful minister, didn't take any properties nor was obsessed with beauties after entering Xianyang City. Instead, he instantly led an army to the house of Qin's Prime Minister, commanded some core soldiers to block up the area immediately and prohibit anyone's random access. He then assigned some elite soldiers to make an inventory of the books and archives stored in the house, including Qin's national census data, terrain mappings and legislative materials. All of them were registered and recorded in categories for possible future uses. After all, according to the rules and laws of the Qin Dynasty, the daily duties of a Prime Minister were to assist the emperor to deal with important matters nationwide, while an Imperial Secretary was responsible for overseeing Yu Historiographers of all states and hearing reports of events from ministers of various levels. Therefore, aside from military power, the Prime Minister and Imperial Secretary of Qin had control of almost all the political affairs. It was then natural that most of Qin's important literature were stored in their houses. When Liu Bang learned that Xiao He did such things upon entering Xianyang City, he felt shamed and satisfied at once: "Xiao He is indeed a genius. He deserves to be promoted and assigned by me." According to Qin's census data, rules and laws, books and archives collected and organized by Xiao He, Liu Bang was able to learn widely about the populations, terrain and customs of the whole country, laying a solid basis and fair reference for the establishment of national policies, rules and laws of the Western Han Dynasty in the future.

Han's first emperor Liu Bang made rapid recovery and development for the social economy in the early stages of the country's establishment, laying a basis for the development of cultures and books. The rulers after him took very seriously the work of books, and regarded collecting books as an act of the government, which not only enriched the national book collection, but also promoted the development of the private book collection. Han's government also established a collection system, according to which national books were preserved in places such as Shiqu Pavilion and Tianlu Pavilion. At the beginning of the Western Han Dynasty, Qin's "Rule of Controlling Books" (i.e. the regulation forbidding collections of books privately) was continued to be implemented. Emperor Hui of Han Dynasty abolished the rule in order to collect and organize books. Emperor Wu of Han Dynasty more actively collected and organized books, ordering the Prime Minister Gongsun Hong to "open up the roads for giving out books, and establish the policies for storing books and setting up the positions for writing books" "Even classics and legends should be able to fill the storing houses." Emperor Cheng of Han Dynasty again made Chen Nong "seek for deserted books in the country", then classifying and organizing them. After the efforts of several generations of the emperors, Qin's lost and scattered books were excavated and sorted out. The books concentrated to Chang'an had a total of 596, including 13, 269 volumes, all preserved in Shiqu Pavilion and Tianlu Pavilion. In reference to these books, Sima Qian was able to write the immortal masterpiece *Shiji* containing more than five hundred thousand words.

During the Han Dynasty, books in China had their first gathering. The practices of storing books gradually became accepted, marking the rise of Chinese ancient library culture. After 206 BC, the Prime Minister Xiao He set out to collect books, classics and literature in the houses of Qin's prime ministers. Meanwhile, he proceeded to establish royal places for storing books. As a result, Shiqu, Tianlu, Qilin, Lantai, Shishi and so forth became the earliest of China's libraries. Mishujian was set up in the Eastern Han Dynasty, which was officially the institution in charge of library for the first time in China. Han Dynasty period was not only the period during which Chinese ancient book collection had a rapid development, but also the time in which China's official books collection system in the feudal society had its establishment.

Han not only established the books collection system, but also opened up an age for the rise of philology in terms of literature review, on the grounds of various favorable conditions provided by the society as well as the cumulative results of pre-Qin. By the late Western Han Dynasty, books collection had reached tens of thousands of volumes, offering great conditions for scholars to sort out classics. At that time, having developed plenty of methods and principles regarding the organization of books, many scholars played a pioneering role in China's philology, of whom Liu Xiang and his son Liu Xin were the famous ones.

Liu Xiang, originally named Gengsheng, was a Confucian scholar, bibliographer and writer in the Western Han Dynasty. He was also a member of the nobility. He had a cautious and careful attitude when doing research, and was a well-known scholar who made great contributions to the organization and dissemination of China's ancient literature following Confucius and Xunzi. He was assigned as Langzhong during the period of Emperor Xuan of Han Dynasty, responsible for assisting the emperor to address reports of the country. During the period of Emperor Yuan of Han Dynasty, he became one of the four ministers to assist in politics. After Emperor Cheng of Han Dynasty ascended the throne, he was renamed Liu Xiang and worked

as Linghu Sanfu Dushui, Guanguanglu Dafu and Zhonglei Xiaowei respectively. Liu Xiang was modest and easy to approach. He wasn't interested in the worldly stuff and concentrated on academic research. He read books in the daylight and observed stars at night, eventually becoming a master in Confucianism of his generation.

In the third year of Heping's reign (26 BC), ordered by Emperor Cheng of Han Dynasty, Liu Xiang led a group of scholars to Tianlu Pavilion and Shiqu Pavilion, beginning the large-scale work of book organization and collation. This project was overall in the charge of Liu Xiang, and he personally engaged himself in the work of the collation of books including Confucian classics and others. According to legends, when Liu Xiang was sitting alone in Tianlu Pavilion one night, upset by the huge quantities of books and classics, he dreamed of an old man in yellow with a green crutch in one hand, who brought light to him, teaching him the secrets of collating astronomical maps. Sure enough, Liu Xiang made a great progress in academic studies after receiving the divine help, solving any difficulty easily. Thus the descendants thereafter claimed themselves as "Tianlu Liu" or "Lizhao Liu". In the process of collation, the scholars of every post reported the results of their collation to Liu Xiang. Liu Xiang unified the efforts, and was responsible for writing the records of all the bibliographies. Later, Liu Xiang wrote *Bielu* on the basis of them. *Bielu* has a total of twenty volumes and is the first comprehensive classification directory book that has a title and many solutions to problems in Chinese history. It actually is a compilation of the catalogs and content summaries of all the books possessed by the Western Han Dynasty. It records a total of 603 books, including 13, 219 volumes, divided into 6 categories and 38 kinds. There's a preface before each category and a postscript after each section, describing academic origins and major ideologies of various categories and sections. *Bielu* was made by collections of bibliographies of various books and opened an age for Chinese ancient bibliography.

After Liu Xiang's death, his son Liu Xin continued his father's unfinished wishes and became a new leader in the project of book collation. Liu Xin, also named Zijun, was the third son of Liu Xiang. He was strongly influenced by his father since childhood, diligent and studious. He was summoned to Emperor Cheng due to his insightful understanding of *Shi* and *Shu* as well as his strong skills in literature. He was assigned as Huangmenlang. In the third year of Heping' reign (26 BC), Liu Xin was ordered to assist in the collation of books in Tianlu Pavilion with his father. He worked for twenty years in there. Having read widely, he became a great scholar ranking only after his father. He researched into everything and knew everything, including six arts, biographies, the hundred school of thoughts, literature and music, as well as mathematics and technology. After the death of Liu Xiang, Liu Xin succeeded his father's position as Zhonglei Xiaowei. After that, Liu Xin continued to be Shizhong Taizhong Dafu and Fengche Guanglu Dafu, responsible for the organization of books and classics. After finishing the project, Liu Xin summarized the results of the collation of various books and wrote *Qilue*. *Qilue* is China's earliest book about taxonomy and bibliography. The book consists of seven parts, including Ji, Six Arts, Pre-Qin Philosophers, Poetry and Rhapsody, Art of War Strategies, Mathematics and Technologies. Among them, Ji serves as a review. Six Arts is about Confucian classics, equivalent to Classics in the four classifications of Classics, History, Philosophy and Literature. The other parts had the function as their name suggest, amounting to Philosophy and Literature in the four classifications. This type of classification not only saved a lot of bibliographies of books and documents in the Han Dynasty, but also had a significant impact on the sorting and classification of the later books, as a model for book organization and collation.

In order to commemorate the sages, later generations in the Han Dynasty built Liu Xiang Temple on the rammed earth pedestal in the site of Tianlu Pavilion, and expanded the high-stand temple around the rammed earth platforms. The temple get protected and worshiped by later generations. Many people visit there in memory of those scholars.

As the country's largest book-collection pavilion in the Western Han Dynasty, Shiqu Pavilion played an important role in the historical development of Han's cultures. It not only serves to collect ancient cultural books generally, but also has a special function to carry out academic exchanges and debates.

In the early Han Dynasty, Shiqu Pavilion mainly collected and stored various books and archives about Qin Dynasty collected altogether by Xiao He. It played an important role as to collecting classics, and thus became a treasury of thoughts and origins of wisdom in the policy making process of the Han Dynasty. At the beginning of the establishment of the Han Dynasty, everything was in need of recovering. How to effectively govern and stabilize the country became a realistic problem that Han's first emperor Liu Bang must handle. At that point, the ancient data and materials collected by Shiqu Pavilion were to Liu as bonfire was to the freezing winter and oasis was to the dry desert. In the early stages of the Western Han Dynasty, the central administrative system basically inherited Qin's old system, without a particular breakthrough in essence. Hence there is a saying, "Han succeeded Qin's systems". It was only until Emperor Wu of Han Dynasty that the central bureaucracy was divided into the inside government and outside government. As a result, imperial power was further concentrated. The maintenance and modification of the bureaucracy in the early Western Han Dynasty, were in strong connection with the thorough use of Qin's classics collected by Shiqu Pavilion. In addition to collecting pre-Qin's classics and documents, as the National Library of the Western Han Dynasty, Shiqu Pavilion was also good at collecting books and classics from its own time. In the third year of Heping's reign (26 BC), the emperor of the Western Han Dynasty once assigned the adviser Chen Nong to "ask people to seek lost books worldwide", and stored the newly collected books in Shiqu Pavilion. Many famous scholars came to Shiqu Pavilion to consult historical classics, and wrote influential articles thereafter.

As the Western Han Dynasty gradually gained its prosperity, the functions of Shiqu Pavilion were further expanded and extended. After Emperor Wu of Han Dynasty, Shiqu Pavilion developed from an agency for sole archive collection to a key place that also included academic exchanges and discussions. What's more, during Emperor Xuan of Han Dynasty period, the royal family began to draw the portraits of great figures in Shiqu Pavilion, sequencing Huo Guang as the first and Su Wu as the second. The great scholar Liu Xiang held many workshops on "Five Classics" for people who came to Shiqu Pavilion, passing to listeners his deep understanding of historical records, exhibiting a lecturing feature of flowing logic and determined wording. In addition, other well-known scholars of Western Han Dynasty such as Ouyang Sheng and Zhou Kan also had the experience of coming to Shiqu Pavilion for classics consultation and lectures giving.

According to the records of *Hanshu* and *Houhanshu*, Shiqu Pavilion Conference was a famous meeting regarding academic exchanges and debates, dominated by the royal family in the Western Han Dynasty. The conference confirmed the emperor's supreme authority in Confucianism. In the third year of Ganlu's reign (51 BC), in order to further implement the idea "ridding of other philosophies, respecting only Confucianism" advocated by Emperor Wu of Han Dynasty, strengthen the legitimacy of Confucianism and intensify the control over scholars' thoughts, Emperor Xuan of Han Dynasty "ordered many scholars to talk out about the similarities and differences of Five Classics" in Shiqu Pavilion. Shiqu Pavilion Conference was chaired by Liang Qiulin, minister of the Western Han Dynasty and famous scholar in Confucianism. Every scholar was supposed to answer questions asked by him in turn, and Xiao Wangzhi, the Grand Preceptor of the prince gave a comprehensive review. Finally, Emperor Xuan of Han Dynasty was to decide and judge personally. The whole venue was filled with fierce words, heated debates and scorching atmosphere. After the meeting, according to Emperor Xuan's requirements, the organizers gathered together the memorials to the throne at Shiqu and edited to the book *Shiquyizou* (also named "*On Shiqu*"), which contains a total of one hundred and fifty-five memorials to the throne. Judging from the final results of the discussions in the Shiqu Pavilion Conference, the ideology advocated in *Gouliangchunqiu* was strengthened and the one advocated in *Gongyangchunqiu* was weakened. This actually accorded with Emperor Xuan's viewpoint to strengthen the control over patriarch and etiquette, turning over the downsides caused by placing a sided emphasis on rules and laws in the beginning of Han, adapting to the requirement of "respecting the past and culture" at that time. Thus, because of Shiqu Pavilion Conference, *Li* had an unprecedented recognition and development in the Western Han Dynasty, the academic points of which became the supreme code for imperial power politics. This undoubtedly reinforced the control of the Confucian etiquette system over the entire society, leaving a profound impact on the later development of China's feudal society.

Unfortunately, Wang Mang's Rebellion in the late Western Han Dynasty turned the books preserved in palaces to ashes. Chinese cultural classics suffered a nightmare again.

碑林

04

# Chapter 4

# Jiaze Hall—the National Library in the Sui Dynasty

In 581, Yang Jian became the emperor of the Sui Dynasty, setting up Han's late city Chang'an as its capital. After Emperor Wen of Sui Dynasty unified the country, he felt that Chang'an City had been too shabby and small since the Han Dynasty, not enough to showcase the imperial spirit. Therefore, he ordered the famous architect Yuwen Kai to choose another site and reconstruct the capital. After detailed examination, Yuwen Kai built Daxing City with an unprecedentedly large scale in what is now Xi'an City, as the capital of the Sui Dynasty. Daxing City built by the Sui Dynasty was an integration of the experience and essence of city construction and layout in China in the past thousands of years. The city was designed as a chessboard. Streets, governments and palaces were distinct from each other, all placed in order. Daxing City was unimaginably huge. Today, Xi'an's downtown only amounts to one seventh of Sui's Daxing City. At that time, it was not only the world's largest city, but also the city with the world's largest population and the most developed culture, trade and so forth.

The Sui Dynasty saw another centralized government in China since the end of the Han Dynasty, with society securing, production advancing and culture developing. Sui's rulers issued book policies putting more emphasis on books, and the society's awareness of respecting classics was stronger than that in the past. They regarded books as the great ceremony to run the country, as stated in *Tongzhi Mappings* that "Sui's book collection is richer than the past and the present". Although the Sui Dynasty lasted only 38 years, it had a great role in the initiation of the Chinese civilization and the formation and development of the ancient library science ideology.

Sui's royal family had a very large-scale book collection. The previous book collection was an important part of the Sui's royal collection. According to historical records, the book collected from the Northern Zhou Dynasty had reached 15, 000 copies, the number of which amounted to the total quantity in the Han Dynasty. In the process of collecting books from previous dynasties, ancient Chinese cultures got the chance of passing down. Even though a large number of books were damaged during the wars, the previous books still accounted for the majority of Sui's royal book collection. In 583, adopting the Secretary Supervisor Niu Hong's advice, Sui's rulers repeatedly carried out large-scale book collection from ordinary people, making a lot of valuable books preserved in the royal library, resulting in another sharp increase in the size of Sui's book collection. Niu Hong's contribution to the history of Sui's book collection was highly valued by later people. He is considered to have the greatest contribution to book collection of all time. In the process of collecting books from the mass, some private collectors were not willing to give away their home collection. Therefore, Sui's rulers adopted "Copy" policy which was also applied to books of serious damage. In order to ensure the smooth progress of the transcription, Emperor Yang of Sui Dynasty set twenty people to complete this task in the Secretary Department. They ranked ninth in the hierarchy, specifically responsible for copying affirmed books. This approach again effectively enriched the book collection system of the Sui Dynasty.

There were four important national institutions storing books in the Sui Dynasty, including Jiaze Hall, Secretary Department, Xiuwen Hall and Guanwen Hall. Among them, Jiaze Hall and Secretary Department were located in the capital Daxing City. Xiuwen Hall and Guanwen Hall were situated in the eastern capital Luoyang. Jiaze Hall was the first to be established, located in the key architectural complex Daxing Palace, Daxing City. The main royal book collections were kept in Jiaze Hall, thus the books in Jiaze Hall were mostly for the use of royal families. According to historical records, Emperor Yang of Sui Dynasty once ordered the Secretarial Supervisor Liu Guyan to sort out books in Jiaze Hall, because by that time the books in Jiaze Hall had reached 370 thousand volumes. This was the highest record in ancient China's national libraries.

Although Emperor Yang of Sui Dynasty is notorious for his dissoluteness in the history, he attached great importance to book collection, having a strong sense for collecting books. The one and only machine-controlled library in China's history was built up around 605 by Emperor Yang of Sui Dynasty, which was a great initiative at that time. After Emperor Yang of Sui Dynasty ascended the throne, in order to ensure the quality of the national book collection, he commanded the Secretary Supervisor Liu Guyan who was in charge of the cultural affairs to revise all the books collected and to delete all the repeated and vulgar books. Later, over 37,000 volumes were sorted out and stored in Xiuwen Hall, east of Sui's palaces. Then, Emperor Yang of Sui Dynasty ordered Mishu Court to transcribe each national collected book for fifty copies, and all the books were divided into three ranks from top-grade, middle-grade to low-grade. Top-grade books were decorated with red glass, middle-grade books purple glass and low-grade books paint, stored respectively in the east and west wing of Guanwen Hall in eastern National Library. At that time, the east wing stored books from Classics and History, whereas the west wing preserved books from Philosophy and Literature. Behind Guanwen Hall were two platforms at different sides. The eastern one was named "Miaokai Platform" and the western one was called "Baoji Platform". Miaokai Platform had wonderful collections of ancient calligraphy treasures, while Baoji Platform collected authentic ancient paintings. Emperor Yang of Sui Dynasty also ordered someone to make a directory additionally of Buddhist and Taoist classics for collection use. Therefore, the comment in *Old Book of Tang · On Classics* is indeed fair: "When Sui established its polity, it unified the country. Emperor Yang of Sui Dynasty was studious and liked to gather books. It was most appropriate for Sui to collect books." The automated libraries built by Emperor Yang of Sui Dynasty were located at the front of Guanwen hall, with a total number of fourteen. According to "*On Literature · On Classics*", "Emperor Yang of Sui Dynasty built 14 libraries at the front of Guanwen Hall and they were decorated with luxurious curtains, blankets and shades. There was a square window and a beautiful curtain for every three libraries, and two angels were seen above. A controlling device was placed in the ground outside the window. Whenever the emperor comes, some staff would hold a censer and go to launch the device. The angels would fly down, and the windows, doors and kitchens would open up for themselves. As soon as the emperor left, they would close down as previously." This record vividly describes how the machine-controlling library worked. With the moving of angels, shades could be rolled up and down, and doors of bookcases could be opened and closed automatically. Such a capability to design and produce is really amazing.

Sui's royal book collection was established first on the basis of books left from former dynasties. As books from previous times were not enough, Sui sought for more from the mass. In order to keep books for the reference of the emperor and other governmental institutions, books copying was widely adopted. Sui paid special attention to the practice of books collection, having such achievements in less than forty years, flourishing the book collection practice. The classics it stored are admired by people of all time, leaving a glorious page in the history of Chinese culture.

Examining the construction of book collection in Sui's Secretary Department, we can learn many beneficial methods. For instance, the ongoing work of gathering and arranging forms a system of book collection, making characters corrected, chaos disappearing and sequences appropriate. According to historical records, Sui held several large-scale activities for documents organization, and there were results of book collection each time, which was the catalogs of collected books, such as *Four Catalogs in the Fourth Year of Kaihuang's Reign*, *Daye Zhengyushu Catalog* and the like. Catalogs are descriptions to the collected books, and are keys to the use of books. It was because that Sui's book organization work produced so rich a bibliography, that the books "on classics" worked on by the Tang Dynasty had the basis, and that today we can know clearly from the catalog about the numbers and names of Sui's stored books. The sections, volumes and name of a book can still be known in detail by descendants after a millennium, owing greatly to Sui's several massive work for collation of officially-stored books.

Apart from the organization of the collected books, Sui's official book collection had some other features in management system. From the perspective of book circulation system, although Sui's official books collections were in the charge of Secretary Department, the lending system was very strict. Jinzhong Palace was to preserve books, and books were not easily lent. Secretary Bachelor Yu Chuo who was fairly appreciated by Emperor Yang of Sui Dynasty, as well as Yu Shinan, Geng Zizhi and Cai Yungong often stayed at Jingzhong. They awaited commands, meanwhile participated in the management of royal books collection. According to "*Book of Sui · Biography of Yu Chuo*", he once lent a banned book on the art of war to Yang Xuangan by virtue of the convenience of his position. Someone reported this to Emperor Yang of Sui Dynasty, and the emperor was very unhappy with Yu Chuo, keeping this in mind. Later, Yang Xuangan's rebellion failed. Yu Chuo was displaced and exiled because of his too close relationship with Yang Xuangan. This interpreted the ban to lend prohibited books.

Most of Sui's official books were scattered in the area of the Huai River and the north of the Yangtze River during wars. Judging from the cultural policies issued by Sui's rulers, we can know that the rulers promoted the development of official book collection by the practical principle of emphasizing on morality, spreading education, running the country and establishing the polity. According to the rulers' understanding, the function of books and the role of books collection were unprecedentedly thought highly of. If the governments of the Sui Dynasty hadn't kept good management of stored books and if they hadn't done the outstanding work of organization, the academic culture since pre-Qin and Han couldn't have been passed down. In fact, it was likely to have been obstructed. What's more, it might have been hard to find the huge number of books in the great Tang Dynasty. At the same time, history showed us from another side that, the change of regimes and frequency of wars rendered the Sui Dynasty lose many of its preserved books. The cause of ancient Chinese book collection was still in the difficult and long relay runway. In this long process of social history, only a dynasty having an extraordinary act in the accumulation and preservation of documents, is an era making contributions to the scholarship and culture.

碑林

05

# Chapter 5

# The Buddhist Library in the Tang Dynasty—Daci'en Monastery in Xi'an

In 618, Li Yuan established the Tang Dynasty, changing Sui's Daxing into Chang'an and made it capital, which is today's Xi'an. The Tang Dynasty (618 – 907) was another powerful dynasty following Sui in China's feudal society. Tang's Chang'an City, after several repairs and expansions, was 9, 721 meters long and 8, 651 meters wide. It consisted of three parts, including the city of palaces, imperial city and outer city. Three palace groups were established, involving Daming Palace, Xingqing Palace and Taiji Palace. In the heyday of the Tang Dynasty, the population of Chang'an City reached over 1 million. It is no exaggeration to say that Tang's Chang'an City was the world's most magnificent, most prosperous and most civilized city. The Tang Dynasty put particular emphasis on cultural exchanges. During the 290 years in the Tang Dynasty, many countries sent envoys to Chang'an to learn the Chinese culture. In the course of frequent cultural exchanges, Chinese culture which was represented by Chang'an City was widely disseminated. Meanwhile, cultures of other countries also spread to China, enriching the connotation of Chinese culture. The whole history of the Tang Dynasty was unfolded on the basis of ancient Chang'an City.

The Tang Dynasty was the period during which China's Buddhism had its most rapid development. In the whole culture of the Tang Dynasty, the prosperity of the Buddhist culture was one of its notable features. The Tang Dynasty adopted a positive attitude towards Buddhism. The Tang's Buddhism flourished because the Tang's capital Chang'an was not only the political, economic and cultural center at the time, but also became the crucial place for different sects of China's Buddhism. Buddhists from everywhere trekked far here to explain classics and spread the religion. At one point, monks and nuns came here, and temples were seen everywhere in the capital, leaving a notable page in the history of China's Buddhism. Buddhism was spread eastward in the Eastern Han Dynasty. During the Tang Dynasty, various sects of classics were translated one by one, gradually forming a system for respecting the religion. Meanwhile, the temple economy developed rapidly. Monks were not worried about food and clothing, being able to concentrate on research and discussion of the teaching, promoting the development of the sects. With the spread of Buddhism and the rise of believers, the demand for the scripture increased. On the other hand, the temple was the place for monks to live, practice and do activities. Therefore, the accumulation and use of Buddhist literature led to the following emergence and development of monastery book collection.

Daci'en Temple, which is the most famous in Xi'an City, is the relic for Tang's Buddhist activities. It was built in 649. Xuan Zang was its first chair, focusing on the cause of Buddhist scripture translation here. In 652, he built Great Wild Goose Pagoda in the temple, in order to preserve Buddhist statues and relics that he had got from India. Great Wild Goose Pagoda is also known as Daci'en Temple Pagoda. Because it is located in the western yard of Daci'en Temple, it was formerly named as pagoda in the Western Yard of Daci'en Temple. It is a masterpiece representing Tang's Buddhist architectural art. Now Great Wild Goose Pagoda is regarded as a symbol of the ancient capital Xi'an, and is a landmark as well as a famous site in Xi'an.

Xuan Zang, closely related to Daci'en Temple, is the prototype for Tangseng in the popular novel *Journey to the West*.

Xuan Zang (602 – 664) was from Goushi, Luozhou (now Yanshi, Luoshi, Henan). He became a monk at 12 years old, and read widely over Buddhist scriptures. He found that many scriptures at the time were contradictory and confusing, so he decided to go to India to study Buddhism. In the third year of Zhenguan's reign, he started out from Chang'an, and reached India's Buddhist center Nalanda Temple through hardships. Xuan Zang followed the host Jie Xian as a teacher, and later rose to the temple's deputy speaker. In the nineteenth year of Zhenguan's reign, he returned to Chang'an, bringing with him a total of 150 Buddha relics, 7 Buddha statues and 657 volumes of scriptures. Thereafter, under the support of Emperor Taizong of Tang Dynasty, he established Scripture Interpretation Field in Daci'en Temple in Chang'an, translating devotedly the Buddhist scriptures that had been brought back with his disciples. Xuan Zang and his disciples translated 75 Buddhist scriptures altogether, with a total of 1,355 volumes. Xuan Zang's translation of the scriptures include *Great Wisdom Sutra*, *Heart Sutra*, *Solutions to Deep Secrets Sutra*, *Yoga Shidi Lun*, *Cheng Wei Shi Lun* and so on. The twelve volumes of "*Great Tang Records on the Western Regions*" described the mountains and rivers, lands and cities, crops and customs of the 110 countries that he personally traveled to during his journey westward and the 28 countries according to rumors. Xuan Zang was hailed as an outstanding messenger for the cultural exchanges between China and foreign countries.

Because of his patriotism, his respect for Buddhism and his great contributions, he is also known as "the Backbone of the Chinese Nation", as well as a herald for world peace. Relying on his open mind to life and death, he was brave enough to travel westward to study Buddhism, displaying a true case in which a Buddha flourishes the mass. Due to the book *Journey to the West*, the monk Xuan Zang could be listed as the figure of Buddhism that Chinese people are most familiar with.

Xi'an is largely connected to Buddhism even from ancient times. Xi'an is the birthplace for eight of the ten sects of Buddhism. It is where Chinese Buddhism's "Three Interpretation Fields" are located. It is the center of Buddhist cultural exchanges between China and abroad represented by Xuan Zang, Yi Jing and Kong Hai. Moreover, it is one of the two cities that preserves the largest number of Buddhist temples, thus it is called "the Second Hometown of Chinese Buddhism" by academics. During the Tang Dynasty, temples were seen everywhere, halls and palaces were crowded, and houses were filled with treasures. According to *Report of Chang'an* by Song Minqiu in the Northern Song Dynasty and *Sequel of Qiuyang's Za Sister · Records of Temples* by Duan Chengshi in the Tang Dynasty, the capital Chang'an had 159 temples, 83 of which were built by Tang and 76 of which were left along from Sui. Those temples have an area up to one Fang. For instance, Daxingshan Temple and Chongguang Temple were the largest in the capital, with an area of one Fang. Other temples with similar areas include Ximing Temple, Chongfu Temple and Haotian Temple Those temples kept a lot of Buddhist books. Large temples in the Tang Dynasty were all full of books, and they were the main type of social institutions for storing books apart from the official book collection institutions. Xi'an was the place where temple book collection became the most prosperous in ancient China.

Tang's rulers continued to adopt the book-emphasizing policy of the Sui Dynasty. They also regarded books as the ceremony to run the country. For example, in the years of Zhenguan's reign, Wei Zheng et al wrote *Book of Sui · On Classics*, and its preface clearly demonstratd the ruling class' book-emphasizing ideology and policy. The preface stated: "Classics and books are what make a sage. They are used to connect the heaven and ground, Yin and Yang. They could make rules and virtues popular and widespread. Good books are more than beneficial. The preservation of books is more than advantageous.

Those who read books will make progress, while those who don't will fall behind. If great figures respect books, they will create a good age. If ordinary people are stick to books, they are likely to become nobles." Therefore, official book collection at the time flourished. What's more, Tang's official book collection institutions played an important role in works including collating classics, compiling history books, providing political references and developing political personnel. However, the most characteristic and fastest developed in the Tang Dynasty was undoubtedly Buddhist monastery book collection. Since Tang's rulers paid huge respect for Buddhism and Taoism, the monastery book collection had an unprecedented development in the Tang Dynasty. Tang's capital Chang'an is the most striking resort for monastery book collection in ancient China. Both the number of books and the types and sizes of them reached an unprecedented level. Hu Yinglin in the Ming Dynasty reported: "Books of Taoism originated in Zhou Dynasty, developed in Han Dynasty, and thrived in Jin Dynasty and Tang Dynasty. Books of Buddhism originated in Han Dynasty, developed in Liang Dynasty, and thrived in Sui Dynasty and Tang Dynasty." Scriptures of Buddhism and Taoism both achieved prosperity around the Sui and Tang Dynasties, partly because of the increase in the number of scriptures, partly due to the continuance of scripture-writing activities.

Buddhist temples' book collection system was established and matured in the Tang Dynasty. On the one hand, it had been a custom for temples to set up Scripture Storage. It could be a pavilion, a hall, a yard or a house. Scripture Storage had become a term specially used for the books' storing place. On the other hand, the management of temples' scripture storage was becoming mature. There's generally a strict system for the copying, classification, shelving and borrowing of scriptures. Temple libraries provided a basis for the copying of scriptures in an era when copying scriptures was becoming popular. They also helped monks to receive education and devote themselves into studies. Some senior monks even used scriptures to conduct researches and write books, making a significant contribution to the continuation of academic culture.

Because of its unique book collection system, the temple book collection became an important part of Chinese ancient books. The wide spread and popularization of the temple book collection had an exchange and integration with Chinese original civilization, leaving important contributions and values in the history of Chinese culture. Of the monastery book collections, Buddhist books accounted for more than 90 percent and the types of Buddhist literature were various. In addition, due to the need of monasteries and monks, less than ten percent of the books were non-Buddhist, including classics, history, philosophy, literature, medical books, character books, law books, enlightenment books and so on. As a result, a large number of cultural classics were preserved. At the same time, the temple book collection was oriented to the public to some extent. Offering books to read and places for monks to have vegetarian meals, the monastery was therefore a book-reading place for some poor but studious people, expanding implicitly social functions of the temple book collection. Many eminent monks in the temples were distinguished in literature or art. They discussed scriptures and shared knowledge with other people, playing a role in the dissemination of culture and education.

Xi'an in the history was blessed with so many temples, temple book collections, book collectors and book lovers, leaving such a large number of Buddhist classics. What a great blessing for the city!

碑林

06

# Chapter 6

# The Stone Library—Forest of Steles in Xi'an

Starting from the Song Dynasty, the political and economic center shifted eastward. Years of wars at the end of the Tang Dynasty made Chang'an City severely damaged. The famous city for a whole dynasty nearly went into ruins. Chang'an City was no longer China's political and cultural center. In the Song Dynasty, it was lowered to the county level, becoming an area governed by Beijing.

The Song Dynasty left a notable mark to the Xi'an culture. Starting southward from the bell tower in contemporary Xi'an City, and turning east after reaching the south gate, then walking though the college gate, you come to the famous Forest of Steles in China. The Forest of Steles in Xi'an City was established in 1087. It was originally built because Lv Dazhong and others intended to preserve Tang's *Shitai Xiao Jing* and *Kaicheng Shi Jing*, as well as the famous stone steles written by Yan Zhenqing and Liu Gongquan, which had been lost in the town due to the wars at the end of the Tang Dynasty. At that time, an architectural pattern in which the Confucian temple and Fuxue were at the front while the Forest of Steles was at the back, was formed. During the Yuan Dynasty, the steles in the forest fell twice. In the 34th year of Ming's Jiajing reign (1555), an 8-magnitude earthquake happened in Shaanxi, a large number of stones steles in the forest were therefore crashed and broken. In the 37th year of Qing's Qianlong's (1772), Shaanxi's provincial governor Biyuan took many measures involving improving houses, cataloging, arranging carved stones, establishing the management institution and storage system in order to rebuild and protect the Forest of Steles. The name of the Forest of Steles first appeared in *Note on Rebuilding Xi'an's Fuxue and Forest of Steles* in the tenth year of Qing's Jiaqing's reign (1805). In the early years, because the ink in the Forest of Steles extended continuously, the forest was also called "Black Hole" or "Steles Hole". In the years of Qing's Shunzhi's reign (1644 – 1661), it was beginning to be named as the Forest of Steles. In 1935, the national government spent over 70 thousand yuan to repair the Forest of Steles. The forest was almost reconstructed. The display of steles was in order, having a brand new appearance, basically forming the pattern of today's Forest of Steles. In 1944, the national government established the Shaanxi History Museum on the basis of Xi'an's Forest of Steles and the temple of Confucius. In 1993, it was renamed as Museum for the Forest of Steles in Xi'an, especially used for collecting, displaying and studying steles, epitaph and stone statues of various dynasties.

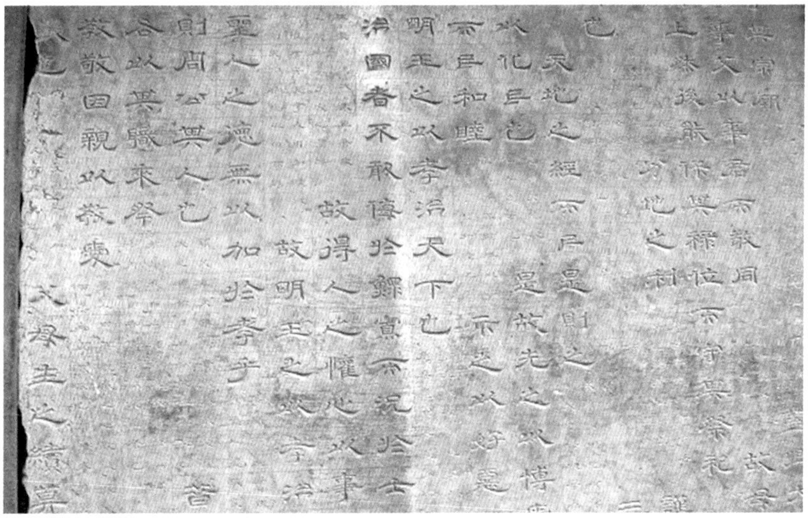

The Forest of Steles originated from Confucian stones. Confucian stones are stones with Confucian classics carved on them. Their role is mainly to promote the Confucian ideology and set a standard for characters and writings, similar to laws and regulations, providing reading references and models of learning for the students, just like today's libraries. In this sense, the Forest of Steles is undoubtedly a stone library that freezes the time.

The Forest of Steles was established because of *Kaicheng Shi Jing*. Those stone classics preserved in the Forest of Steles were China's most complete set of stone books. They consisted of twelve sutras carved out in the second year of Kaicheng's reign (837), including 114 huge blocks of stone. Each block of stone was 2 meters high. The stones were engraved with 650 thousand and 152 words, the content of which contained 12 most important Confucian books such as *Zhouyi*, *Shangshu*, *Shijing* and *Analects of Confucius*. All of the books were compulsory for Chinese feudal intellectuals. Since they were completed in the period of Tang's Kaicheng, they were also known as *Kaicheng Shi Jing*, and now they were called as "the world's heaviest books". Because printing in the Tang Dynasty was not very developed, and Confucian classics related to examinations were in short supply, many people had to copy those masterpieces, which was likely to cause confusion and mistake. In order to ensure the accuracy and authority of the classics, as well as to provide standard templates and make permanent storage and wide spread possible, the government at that time carved the 12 classics on the stones, setting the stones in the Guozijian in Chang'an City, becoming the standard for classic reading and transcribing. The effect of the stones is similar to today's libraries, as they are seen as templates for students and proofread for people. The original intention of the Northern Song Dynasty to build the Forest of Steles was to protect the set of stones. From the end of the Han Dynasty to the Qing Dynasty, there were altogether 7 Confucian stones which were organized to be carved in by the government, recorded in documents of large-scale. Tang's "*Kaicheng Shi Jing*" are the earliest preserved, the most systematic, containing the largest number of Confucian classics and the largest-scale set of stones. Tang's stone classics were the origin of all the later classics. Of the later classics "sentences are all from *Kaicheng Shi Jing*, and words are all from *Kaicheng Shi Jing*. Reading classics without reading *Kaicheng Shi Jing* is no different from drinking water without thinking of the source." Philologist Yan Kejun referred to *Kaicheng Shi Jing* as "the end of ancient classics and the beginning of present classics".

There are about 11, 700 steles in the Forest of Steles of Xi'an now, the content of which includes various aspects of politics, economy, culture and art, containing the ideology of Confucianism, Buddhism and Taoism. There was a stele with the classic *Book of Filial Piety* promoting Confucian ideology. The stone was engraved in the fourth year of Tang's Tianbao's reign (745) and was prefaced, annotated and written personally by Emperor Xuanzong Li Longji. The stele is made up of four stones, above which is a crown of moire relief, under which is a three-story stone stand decorated with string carvings, having a gorgeous shape. The stele was moved here in the second year of Northern Song's Yuanyou's reign (1087), having a history of over 900 years, and was the earliest work of art in Xi'an's Forest of Steles. And there's also the stele *Monument on the Popularity of Great Qin's Jing Religion in China* stored in the second room of the Forest of Steles. The history facts recorded on it couldn't be found in other history books, thus it was fairly precious. It was engraved in the second year of Tang's Jianzhong's reign (781), with Li at the beginning and turtles at the end. It is 280 cm high and 99 cm wide. The inscription describes how Christianity was introduced into China in the reign of Zhenguan in the Tang Dynasty and its popularity nationwide 100 years later. The monument is one of the four monuments that are most famous at home and abroad.

The Forest of Steles also keeps calligraphy inscriptions, gathering the handwriting of famous ancient calligraphers. The years of steles range from the Han Dynasty to modern times, spanning around 1, 800 years. From here we can see the track of the development of

Chinese characters and calligraphy. *Yishan Monument* written by Qin's Li Si in Small Seal Script has a symmetrical structure. *Caoquan Monument* in the Han Dynasty shows perfectly the broadness and beauty of Clerical Script. *Monument of Xuanmi Temple of Tang's Master Dada* written by Tang's Liu Gongquan displays the angular Liu's calligraphy. In addition, Wang Xizhi's *Preface to the Poems Composed at Orchid Pavilion*, Su Dongpo's *Guiqu Laixi Ci* in the Song Dynasty, Emperor Taizong's *Quietness Leads to Long Journeys*, Yu Youren's *Righteous Song*, as well as the character "Tiger" and "Shou" all brought brightness to the Forest of Steles.

The Forest of Steles also saved a large number of ancient stone carvings. The art of stone carving is an important part of the brilliant Chinese ancient culture. Especially in the prosperous period of the Han and Tang Dynasty, it shone largely because it reflected the spirit of that time. The famous *Six Steeds of Zhaoling* has four steeds preserved here.

The Forest of Steles in Xi'an is a history book carved in stones, a history of writing, as well as a history of painting and calligraphy. Many major events, life traditions, ideology and beliefs of each dynasty in the history are recorded in the Forest of Steles. Much of China's history has been discovered and reconsidered here, being recorded into today's history books. There are some very important historical facts among them. For instance, Tang's *Monument on the Popularity of Great Qin's Jing Religion in China* was the earliest written record describing the dissemination of Christianity in China, leaving worldwide influence and significance. In fact, most of the historical records were about historical events at local or national level, providing evidence for the study of China's own history and culture, having important value and significance to the country, the nation and the local area. Therefore, the Forest of Steles is not only the archive for the cultural exchanges between China and abroad, but also the stone library for the Confucian culture.

The rich history and culture contained in the Forest of Steles in Xi'an appeal to Chinese who have long lost the traditional culture, western tourists who are passionate about the mysterious Orient, Asians who are searching for the Origins of the oriental civilization, as well as scholars from around the world who are obsessed with Chinese ancient cultures. Every time when generations living in the city take a stroll in the Forest of Steles and view each stone, it's like walking in a quiet library, reading history, feeling the Chinese civilization with a long history.

碑林

07

# Chapter 7

# Guanzhong Academy—the "University Library" in Xi'an in Ancient Times

After Emperor Zhaozong of Tang Dynasty changed the capital to Luoyang, Chang'an City was completely destroyed. The famous capital of a dynasty went into ruins. At the end of the Tang Dynasty, considering that Chang'an City was too dilapidated to guard, the military governor Han Jian built up Zi City on the basis of the original imperial capital. In the Ming Dynasty, the city was rebuilt. In the second year of Ming's Hongwu's reign (1369), Chang'an was officially renamed Xi'an Fu, also known as "Xi'an", and the name of the city was thus fixed.

On the eastern side inside the south gate in today's Xi'an City, there's a street which is not long but with green stones on it. The antique buildings on both sides of it are decorated with organized bricks, carved posts and colorful pillars. Shops sell brush pens, ink, paper, ink stones, antiques, paintings and various handicrafts. People here have a sense of calmness, having swept away the noises and impetuousness from the outside world. This is the college gate known as "the Ancient Cultural Street in Xi'an".

Speaking of the history of the college gate, we can not ignore the Guanzhong Academy established in the Ming Dynasty and its founder Feng Congwu. The academy was a unique educational organization and academic research institution in ancient China. There were a lot of academies in the Ming and Qing Dynasties, most of which were places to prepare for the imperial examination. After the abolition of the imperial examination in the late Qing Dynasty, the academy was changed into a school.

Feng Congwu (1556 - 1624), courtesy name Zhonghao, literary name Shaoxu, was from Chang'an County, Xi'an Fu, Shaanxi, a famous educator and scholar in the late Ming Dynasty. He became Jinshi during the period of Wanli's reign. He was assigned as Yu historiographer and Gongbu Shangshu, and is famous for his uprightness. At the end of the Ming Dynasty, eunuchs were more than powerful and the government was in chaos. Emperor Shenzong of Ming Dynasty Zhu Xujun indulged in debauchery all day, staying deep in the palace, leading to the great danger of the country. In spite of the possible condemnation, Feng Congwu reported directly that "Please don't think that the change of the god is not frightening. Please don't think that rumors are not important. Please don't be proud of the peace at present." However, Emperor Shenzong was very furious. He ordered him to be beaten by canes. Thanks to other official's persuasions, he survived. He then was dismissed from office to return to his hometown. After Feng Congwu returned to Xi'an, he closed the doory and declined all the guests, devoted to the study of science as well as activities of lecturing and writing. Since Zhang Zai in the Northern Song Dynasty, Guanxue as an important category of Neo-Confucianism had been gradually forming in the area of Guanzhong, playing a significant role in the history of Chinese ancient ideology. Feng Congwu was another representative of Guanxue after Zhang Zai. He inherited the traditions of Guanxue, learning from other theories to make up for the weakness of it, eventually making Ming's Guanxue renowned nationwide. Feng Congwu was not only engaged in the study of books, but also very keen to deliver speeches and teach apprentices. He promoted his political views and academic points through lectures. He thought the country should develop an atmosphere for giving lectures, making rulers listen to scholars' opinions and pay attention to their research contents, therefore adopting more appropriate measures for the country's prosperity. He made Baoqing Temple in the south gate of Xi'an City as the place for giving lectures, now where Northwest Water Conservancy Survey and Design Institute is located and its eastern areas. The temple is still here at present. Because of the high academic prestige of Feng Congwu, there were always a large number of people to listen to him, sometimes even reaching thousands. Many local officials from different levels of Shaanxi and Xi'an often came here as well. Baoqing Temple was very small and inadequate for use. Thus, the magistrate of Xi'an discussed with his staff, and decided to give Xiaoxi Park east of Baoqing Temple to Feng Congwu to build a school. The famous Guanzhong Academy in the history of China was born under the host of Feng Congwu. Feng Congwu had a strict attitude toward studies and a correct style of study, and taught seriously. As a result, after the completion of Guanzhong Academy, it soon became an institution of the highest education in Shaanxi, as well as one of the most famous universities in the northern region. Students from nearby provinces such as Sichuan, Hubei, Gansu, Shaanxi and Henan also came here to attend the school. The development and atmosphere of Shaanxi's Neo-Confucianism were strongly correlated to Guanzhong Academy. During the reign of Emperor Xizong of Ming Dynasty, the eunuch Wei Zhongxian came into power, and people from the Donglin Party and honest scholars suffered a lot under Wei's governance. Feng Congwu and Guangzhong Academy were also inescapable. In 1624, Wei Zhongxian's minions came to Shaanxi, demolished Guanzhong Academy, and Feng Congwu died from grief. In the third year of Qing's Kangxi's reign, Guanzhong Academy was rebuilt on the former site. Later, after several times of expansion, the scale of it was becoming larger and larger. "College Gate" as a name for the place was derived from this, spreading among ordinary people. Some famous scholars like Li Shun, Liu Guangrui and Niu Mengzhou came here to give lectures, playing a great role in promoting the development of the academic culture in the area of Shaanxi at that time.

Guanzhong Academy was Shaanxi's highest educational institution in Ming and Qing Dynasties, and was one of the four famous academies in China at that time. In the reign of Guangxu, it was converted into Shaanxi Normal School, becoming the highest educational institution of the five northwestern provinces. In the time of the Republic of China, it was changed to Provincial Normal School.

Although Guanzhong Academy is located in the hinterland, it has always maintained a close contact with academies in other areas, absorbing their ideological and cultural achievements, as well as showing its own research results. Guangzhong Academy has mutual exchanges with others in the form of lecturing and so forth, influencing and promoting the formation, cohesion and precipitation of the regional culture of Shaanxi.

Taking Guanzhong Academy as a representative, Shaanxi's academies enjoyed a very large number at that time. They not only recruited students, serving its cultural and educational function, but also improved the library construction. It was very popular for academies to collect and print classics in the Ming and Qing Dynasties. The academy has a long history of printing books, dating from the Song Dynasty. The books printed by academies were called Yuanben. *Records on Shaanxi and Gan's Weijing Academy · The sixth volume on printing* had some notes about the process of Weijing Academy to set up the place for printing, organization, management, funds raising, contents of printed books and working staff, etc.

In the late Qing Dynasty, the western cultural thoughts disseminated widely to China, and many western cultural books spread around China. Some insightful scholars promoted the idea of saving the nation by education, leading to a sharp increase in the number of college books in a short time. Therefore, the academy books collection in the late Qing Dynasty was rich in variety. Additionally, there were some changes in the compilation of bibliography, books management, the standard for the borrowing system and other aspects, showing a trend for modern libraries.

Guanzhong Academy and other ancient academies in Shaanxi, like the ancient universities, have cultivated a large number of talents for Xi'an, Shaanxi and the country. As stated on the gate of Guanzhong Academy: "How fantastic it is to gather various books and read them. How pleasant it is to assemble elites from the world and educate them." An anonymous person also noted: "He who sets right is a model. He who learns widely is a teacher." These couplets are true portrayals for the culture of academy book collection.

碑林

08

# Chapter 8

# Xi'an Public Library in the Republic of China

In November 1927, the Shaanxi Provincial Government formally established Xi'an City. At that time Xi'an had an urban area of 15. 5 square kilometers, sparsely populated, and was quite depressed.

At the beginning of the twentieth century, Xi'an had appeared a city public library. It was the Shaanxi Provincial Library founded in 1909, which was one of the earliest public libraries in China. At the end of the Qing Dynasty, under the support of the reform movement, many people advocated to set up public libraries setting western countries as examples, in order to enlighten people, inherit tradition and develop business. In this context, in May 1907, the governor of Shaanxi En Shou and Tixue Shi Yukun promoted to the court that "Nowadays the public transport is very developed. Western countries all build libraries in capitals and huge ports, seeking for books and classics, in order to enlighten people, improve civilization, and learn from the best. Shaanxi is obstructed by mountains and rivers, lacking in literature. If we are to exchange knowledge, we are supposed to seek books widely. We should set up libraries imitating the southeastern provinces, collect newspapers and books, as well as buying educational products and books from around the world as evidence." Through the efforts of all parties, in the first year of Xuantong's reign (1909), Shaanxi Library was formally established.

According to the records of the history of Shaanxi Province Library, the original site of Shaanxi Library was in the north of Zhongbu Road, east of Qingnian Road, Bei Street, Xi'an City. The Shaanxi Library at that time was divided into two parts, one part of which was the library, the other part of which was the attached room for displaying educational products. There were two basic kinds of businesses for library activities, namely the library business and printing business. At that time, the cause of the library was still launching, the public's demand for books was not forming, a large number of people were illiterate, and new-rising schools were in need of a lot of new teaching materials. Thus, the newly built library adapted to the social needs of the reality, expanding the printing business of popularized books. Although there was a big difference with the book service pattern of the modern library, this work still promoted the spread of social literature.

At the beginning of its opening, Shaanxi Provincial Library "had a fair book collection, but readers were very few"; "not only was poorly equipped, but also had a poor book collection". After 1912, it was gradually developing, the rooms of which continue to expand, the books of which were enriched bit by bit, the system of which was improving day by day, the social influence of which gradually increased. In 1927, Shaanxi Provincial Library was renamed "First Zhongshan Library of Shaanxi Province", discarding "Quangong Exhibition", setting up "Civilian Education Committee" inside, and adding "Shaanxi Civilians' Library" in the Lotus Lake Park in Xi'an. It built "Shaanxi Provincial Sisan Library" in the former Confucian temple in Fuxue Street, and opened a "Civilian's Reading Room" in the North Street in Xi'an, extensively publicizing and recommending revolutionary books. In 1931, the name of it was changed into "First Library of Shaanxi Province". Again, in April 1937, it was renamed as "Shaanxi Provincial Xijing Library". In these twenty to thirty years, the public library services in Xi'an had gradually developed into a normal track.

Around 1947, Nanjing National Government was planning to construct "National Xi'an Public Library" in Xi'an. Under the aim of "improving the northwestern culture and promoting the development of education", the Ministry of Education of the National Government decided to set up a "National Xi'an Public Library" in Xi'an. The Ministry of Education hired the president of Northwestern University Liu Jihong to be the chief member of the Preparatory Committee, and 8 Shaanxi and Xi'an cultural celebrities to be the members. Additionally, it specially appointed a person whose surname was Lu to be a member and secretary of the Preparatory Committee. According to the planning of the Ministry of Education of the Nanjing government at the time, in terms of the size and subordinate relations, National Xi'an Public Library was in a higher position than Shaanxi Provincial Xijing Library which was founded in 1909. It was planned to carry out a number of social services in advance during the preparatory period, and to officially establish the "National Xi'an Public Library" after all the facilities were at hand. However, due to the rapid collapse of the national Government in the civil war, the "National Xi'an Public Library" was not able to move out of the preparatory stage.

On February 26, 1947, at the School of Medicine of the Northwestern University in Chongli Road in Xi'an, the first preparatory meeting for "National Xi'an Public Library" hosted by Liu Jihong was held. Three resolutions were made. Firstly, call the Ministry of Education of the Nanjing government to ask for 3 billion fiat for the initial construction cost and 2 billion fiat for the facility cost. Secondly, the site of the library should be in the Revolution Park in downtown Xi'an. Lastly, the construction of the library should be started as soon as the funds for library construction provided by the Ministry of Education are in place.

At the beginning of the preparatory period to build "National Xi'an Public Library", the relevant personnel included members of the Preparatory Committee and library staff. Members of the Preparatory Committee were hired by the Ministry of Education of the Nanjing government. The chairman and members were all cultural celebrities from National Northwestern University and other colleges and universities in Xi'an, mostly working part-time. They were able to receive a travel allowance, but did not participate in specific library works. According to the archives from Xi'an Archives, the staff of Xi'an Public Library were divided into various levels, including editors, directors, assistant directors, technicians, accountants, secretaries, conveyors and public servants. However, a large proportion of the staff just came and went and the number of them generally maintained at nearly 40, while operational personnel (editors, directors, assistant directors and technicians) were around the number of 30. Some of them were experts particularly hired, such as Mr. Zhang Zhidao, team leader of the compilation and collection group, who once served as Chief Librarian of Shaanxi Provincial Xijing Library from January 1933 to April 1939.

In the preparation period of Xi'an Public Library, the Ministry of Education of the Nanjing government originally intended to set aside 1 billion fiat as construction cost. Later, because of the rising prices, the Preparatory Committee telegraphed the Ministry of Education to apply for five billion fiat as construction costs and equipment costs, but there was no answer, not even the promised 1 billion. The Preparatory Committee and the Shaanxi Provincial Department of Education repeatedly telegraphed and sent people, but still failed to make the Ministry of Education keep the promise. In the absence of funds, Xi'an Public Library was unable to start the construction at its selected site. "Founding Country Daily" once specifically carried an essay, calling for leaders of the provincial government to "sponsor cooperatively and set aside public property, in order to open up a reading room and make the cause of the library develop". According to the memory of a couple of old librarians, the library's daily expenses at the time, were covered by the Ministry of Education of the National Government through the Shaanxi Provincial Education Office.

In the first meeting of the Preparatory Committee, it decided to keep the site of Xi'an Public Library in Revolution Park, a famous amusement park in Xi'an at that time. Because the financial problem couldn't be solved in time, in December 1947, it decided to "rent several private houses" as a temporary site. At that time, the site was in a small courtyard. The main building was in a two-story wooden structure, and both of the stories were used for the storage of books. The rooms on both sides of the building were used as offices. There was a room near the street built as newspapers reading room, serving for the community. In addition, there was a reception room, a kitchen and other useful rooms.

The book collection of National Xi'an Public Library mainly came from two sources. One part was the unclaimed books collected in Nanjing distributed by the Ministry of Education of the National Government at the beginning of the preparatory period, and most books were abandoned during the Anti-Japanese War by libraries or individuals. The other part was the new books intermittently purchased at the preparatory period. At that time the books collection composed of the following types of books: wire-bound classics, including Classics, History, Philosophy and Literature, many of which were rare books; modern

Chinese and foreign language books (both original books and copies); Chinese newspapers and magazines. On the number of books, on the fourth page of the March 10, 1947 of *Northwest Culture Daily*, the words of Wang Youzhi, director of Shaanxi Province Education Department, member of Xi'an Public Library's Preparatory Committee were cited: "The Ministry of Education assigned Mr. Lu to go to Shaanxi to take the post. He will carry 150 thousand books when he comes." From what are seen today, there are indeed a number books from Nanjing collected in Xi'an Public Library, and some old librarians also recalled that their main work at the time was to organize and repair those books from Nanjing. However, the number was not that much. According to the reports of "*Magazine of Northwestern University*" in 1949 (10) and 1950 (2), the library of Northwestern University collected more than 31, 000 volumes of Chinese and foreign language books, as well as over 3, 000 volumes of Chinese and foreign language magazines from the former Xi'an Public Library.

Under the difficult circumstances of lacking funds and premises, Xi'an Public Library still carried out some operational works within its capacity with the efforts of all staff. Those works played a certain role in the promotion of cultural and educational activities in Xi'an area at the time, attracting the attention of the public opinion. ① Sorting out books. The main work was repairing, binding, registering and cataloging the books allocated from Nanjing. Newly purchased books were also included in the organization process. Books organization was conducted under standards and rules. Nearly all the damaged books were noted down on *Broken Books Checklist* and sealed officially. ② Carrying out reading services. The second term of the Preparatory Committee once resolved to set up three reading rooms, expecting to "collect widely and preserve specifically local records, rubbings, atlases and antiques related to northwestern cultures." Because the funding problem was still unsolved, these ideas were failed to realize. There were parts of newspapers and magazines displayed in a reading room in the temporary site of the library, intended for limited readers. However, various kinds of books were not open to public. ③ Arranging ancient books. Many of the books allocated from Nanjing were wire-bound ancient books, some of which were fairly rare. In December 1948, The third committee director Mr. Yang Zhongjian found among the stored ancient books a rare book that Hu Shi, the president of Peking University had been anxious to find, which was *Shuijing Zhushu Zheng* written by Qing's Shen Qinghan. *Shuijing Zhushu Zheng was a widely recognized rare book. People at the time all though it out of print. When* Mr. Yang told the discovery to Hu Shi who was dedicated to the study of *Shuijing Zhu*, Hu was overjoyed and stated particularly at Peking's "*World News*" that: It is wonderful news for Xi'an Public Library to have found *Shuijing Zhushu Zheng*. Yang Zhongjian then assigned a number of senior officers to make 8 copies of the *Shuijing Zhushu Zheng* collected by Xi'an Public Library from volume 1 to 35 (originally 5 volumes were lost), and send them respectively to certain libraries. According to some old librarians, the transcription work was taken very seriously and in an organized manner. Special staff and places were available. People who were unrelated to the matter were not allowed to come close in case that flaws should be prevented.

In early 1949, Xi'an was to be liberated soon. Xi'an Public Library was also unable to maintain itself. Yang Zhongjian resigned from the post of president of Northwestern University, and did not care about Xi'an Public Library any more. In early 1949, he distributed severance pay to all staff. Books and some staff were transferred to Northwestern University. After almost two years of preparation, "National Xi'an Public Library" eventually disappeared, leaving some regrets to Xi'an's urban culture.

Xi'an was liberated in May 1949. "Shaanxi Provincial Xijing Library" was taken over by the Shanganning Government, and was renamed "Xi'an Public Library in Shanganning Area". In April 1950, after the establishment of the Shaanxi Provincial People's Government, its name was changed to "Shaanxi Provincial People's Library of Xi'an". In July 1953, it was officially named "Shaanxi Provincial Library", and the name has been kept as such up to now. After 1957, Shaanxi Provincial Library built a new section in West Street which was near the city center, expanded the area for readers' use, increased books continuously and held various photo exhibitions, attracting more and more readers to use the library. There was even a phenomenon in which some "pleaded someone else to get a reader's card". Meanwhile, Shaanxi Provincial Library carried out ongoing counseling works for all types of libraries in Xi'an, and organized relevant personnel to visit and study. Until the early 21st century, Shaanxi Provincial Library has served most of the functions for Xi'an's libraries, leading and guiding the development of the cause of Xi'an's public libraries.

# Contemporary

Today's Xi'an Public Library

09

# Chapter 9

# Xi'an Public Library's Establishment, Growth and Development

Section 1

# Xi'an Public Library's Emergence

As an important symbol of social civilization, the library is an important place for a region to spread scientific and cultural knowledge, exchange information and spread social education. However, due to various reasons, from the founding of the nation to the 1990s, there was no public city library in Xi'an. Because of this, since the 1980s, people from all walks of life in Xi'an have made appeals by multiple channels and in a variety of ways, and established "Preparatory Office of Xi'an's Libraries" relying on Xi'an Bureau of Culture. In 1991, the research report *Statuses and Problems of Xi'an's District and County Public Libraries* drafted by Preparatory Office of Xi'an's Libraries pointed out that: there is no city public library in Xi'an City, and the number of district and county libraries is less than half of that of districts and counties. Such backward situation has been rare in cities of China. The Ministry of Culture required that each district should set up a library in the "Eighth Five" plan. Therefore, it is urgent to change the current situation of the public libraries in Xi'an. The anxious emotions and sincere feelings to establish Xi'an's libraries expressed in the research report is truly touching.

In the 1990s, with the implementation of the country's Western Development resolution, the development of Xi'an was gradually accelerated. People here deeply realized that the development of material civilization required the guidance and support of spiritual civilization, and spiritual civilization was essential. A city's progress could not be separated from the improvement of the quality of the whole community and a good place for people to read and learn. The advancing of the times, the deepening of the reform and the increasing cultural needs of the people, all called for and required the construction of a high-grade and modern public library in Xi'an. After several research done by leaders of the party committee and government of Xi'an, Xi'an Public Library was officially started to be built in 1996. In 1997, the program was listed by the city government as one of the "Ten Good Things" for the people.

Since then, in the thriving Xi'an Economic and Technological Development Zone, the Xi'an Public Library that Xi'an people had been looking forward to began to be constructed. Xi'an Public Library would become a public cultural place for people in the ancient city of Xi'an to expand knowledge and exchange information. City Commission Office's *Reply to Agreeing with Establishing Xi'an Public Library*" (〔2000〕18) pointed out that "the responsibilities and tasks of Xi'an Public Library are as follows: firstly, to collect, edit, preserve and lend books, newspapers, magazines, audio and video data, as well as online products; secondly, to provide consulting, information processing and other services for readers from all walks of life making use of the library's resources and the network system; thirdly, to carry out a wide range of theoretical and technological research, academic exchanges and inter-library cooperation in the field of library science, information science and informatics; lastly, to conduct knowledge training and social re-education, and to provide related social services".

During the construction period, Xi'an Public Library received the support of the Ministry of Culture, the State Planning Commission and the Ministry of Finance, as well as the concern and guidance of the provincial and city leaders. The city government and the relevant people in charge frequently investigated on the spot and did office work at the construction site, solving in time practical problems encountered during the construction of the library, smoothing the construction process of Xi'an Public Library. At the same time, people from all walks of life in society gave plenty of valuable suggestions about the future development of Xi'an Public Library, and called on the whole society to give support to the cause of the library. The city bus company even set up a bus station in front of Xi'an Public Library, providing readers with convenient transportation.

In order to enrich the library's book collection, and meet the reading needs of readers as soon as possible, the city government issued a document specifically, calling to organize activities to donate books to Xi'an Public Library around the city. Office of the city government, City Bureau of News and Publication, City Culture and History Museum, presses, Office of Xi'an Local Records, Xi'an Books Building and other units all responded positively and donated actively. Many individuals also donated their own precious books. Until the opening of the library, it has received a total of more than 100 thousand volumes of books, valuing 3 million yuan, as well as a donation of nearly 10 thousand yuan. Among the people who have donated books, there are ordinary workers, students and organizations, as well as some social celebrities. In the midst of them, the book series *Eye to Eye* donated by the famous literary critic Xiao Yunru, *Psychological Quality and Education* by Professor Ouyang Lun, chairman of Shaanxi Psychological Association, *Two Thousand Years of Shaanxi Taoism* by researcher Fan Guangchun, deputy director of the Religion Bureau of Shaanxi Social Sciences Faculty and other high-quality donated books, all enriched the library's book collection greatly.

After over three years of intense work and preparation, on October 26, 2000, Xi'an Public Library was officially opened to readers.

The newly-built Xi'an Public Library has received a total investment of over 50 million yuan, covers an area of more than 30 thousand square meters. There are 5 stories in the main body and 6 stories in supporting parts, with an elegant and simple appearance.

In October 2000, when external services were provided, from the first to fourth floor of the building of Xi'an Public Library, 6 reading rooms including newspapers reading room, science journal reading room, social science journal reading room, teenagers reading room, comprehensive reading room and electronic reading room, were opened up. 516 reading seats were set up. The reading rooms have a layout of combining storing and reading, all providing open access, offering readers 200 kinds of newspapers and nearly 2, 000 types of periodicals. The electronic reading room can provide information services such as academic CD data retrieval, reading, online searching and browsing. The staff of Xi'an Public Library are all recruited openly from the society. After professional knowledge tests and overall quality testing, those who are qualified are ultimately taken in. All the staff have some experiences in library works, averaging 33 years old, 93 percent of which have education background beyond college. The basic operational activities in Xi'an Public Library such as cataloging and borrowing management apply ILAS-II library automation management system. Readers can access the home page of Xi'an Public Library, search for information of book collection, and know about various activities organized by Xi'an Public Library.

Xi'an Public Library takes "Readers First" as its aim, and is open to the public 365 days a year. Whether it is a resident of the city, as long as he shows a valid ID card, he is able to get a reader's card. The reader card of Xi'an Public Library at the time has the function of borrowing books, and it also serves as a debit card of ICBC, highlighting the characteristics of advanced technology and humane services.

The establishment and opening of Xi'an Public Library has aroused strong repercussions in the community, and Xi'an Public Library has become an important window for Xi'an's cultural exchanges. Within one year of the opening, it received a total of 30 batches, about 500 people from other city libraries in China, including Hangzhou, Chengdu, Guangzhou, Taiyuan, Zhengzhou and other libraries of the capitals, as well as many public libraries, university libraries, professional academies and association peers in the province. It also received professional delegations from the United States, Canada, Hungary and other countries, totaling 5 batches, over 30 people. The president of the Hungarian Federation of Library Associations, chief librarians of National Library of Hungary and Hungarian Capital Library once came to visit the library. Dr. Monok Istvan, the chief librarian of National Library of Hungary was pleased to note down after the visit that "we are very honored to have visited such a beautiful and magnificent library. The layout, management philosophy, personnel structure, automation, and many other aspects of Xi'an Public Library are advanced. Through this visit, we have known about Xi'an, deepened mutual understandings and established friendship between the two nations. We wish a success in the future of Xi'an Public Library" nations.

The birth of Xi'an Public Library carried with eager hopes of generations of people in Xi'an, and also recorded that Xi'an, a famous cultural city with a splendid history, had synchronized forward with the 21st century civilization.

Section 2

# Nature, Positioning and Aim of Xi'an Public Library

Xi'an Public Library is a comprehensive public library set up by people's Government of Xi'an City, and is a public cultural infrastructure for the society and the people. It undertakes works of collecting, cataloging, storing and lending of books, newspapers, audiovisual materials, electronic documents and online resources within the city. It provides reference service, information processing and other services to readers from all walks of the society making use of the library's book collection resources and online systems. It carries out theoretical and technological researches in library science, information science and informatics, as well as academic exchanges and inter-library cooperation. It conducts knowledge training and social re-education, as well as providing related social services. It also serves as the center of the National Cultural Information Resources Sharing Project in Xi'an, and has a role in the Chinese Ancient Books Protection Program, project of the promotion of the city's digital library and the disclosure of government information query. It is affiliated by Xi'an Public Library Institute. In 2013, it was named National Secondary Library by the Ministry of Culture.

Section 3

## Building Structure, Functional Layout of Xi'an Public Library

Xi'an Public Library is located in Xi'an Economic and Technological Development Zone on Weiyang Road, northern suburb of Xi'an. It consists of the main building of Xi'an Public Library and ancillary facilities (equipment rooms).

The main building of Xi'an Public Library has a construction area of 15,000 square meters. The building structure takes the pattern of the same story, the same column grid, the same load and with large bays. It can bear not less than 500 kilograms per square meter and can accommodate 1.5 million books. According to the principle of smart and people-oriented, the building is equipped with computer network management, CCTV, voice, central air conditioning and other well-integrated intelligent systems. Now, reading places directly for the readers' use have an area of 7, 000 square meters. 23 service windows are set up. There are 1, 200 reading seats, one multi-function lecture hall and one exhibition hall.

The first story of the main building consists of 8 sections, including accreditation advisory service area, newspapers reading area, circulation library, children's activity area, visually impaired reading room, electronic reading room, exhibition hall and lecture hall. A total of 199 reading seats are set up.

The second story of the main building consists eight sections, including Chinese periodical reading room (a), Chinese periodical reading room (b), local literature reading room, Chinese lending room, teenagers reading room, comprehensive books reading room (a), self-study room and public area for self-study. A total of 598 reading seats are set up.

The third story of the main building consists of seven parts, including comprehensive books reading room (b), Chinese intensive room, expired periodical room, expired periodical reading room, Chinese journals lending room, reference books reading room and public area for self-study. A total of 278 reading seats are set up.

The fourth story of the main building consists of four parts, including minors' activity zone (Mental Health Counseling Center for Minors in Xi'an), newspapers reading room, public area for self-study and office area. A total of 40 reading seats are available.

The fifth story of the main building consists of two parts involving Ancient Books Conservation Center of Xi'an and public area for self-study. 85 reading seats are available.

Section 4

# Exploration and Development

Xi'an Public Library is a relatively young member of the city public libraries. When it first opened, it faced the situations of limited building area, restricted book collection and relatively weak basic business. All the staff worked hard, accelerating the pace of the development of the library. After 2012, a number of works had a breakthrough, making a track of healthy development.

## 1. Improving the Service Hardware

"If one wants to do best in something, he must first make good use of the surroundings." Since the very first day of its opening, Xi'an Public Library has set out to improve the service hardware. When it opened in October 2000, Xi'an Public Library merely had a collection of more than 50, 000 books. Up to December 2015, the total book collection leaped to 894, 898 volumes, of which 846, 538 were paper books, 233, 144 electronic books, 11, 248 electronic journals. Digital resources reached 76tb in December 2015, including 20. 5tb of self-built resources. During the 15 years since the opening, the total resources has increased 17 times, laying a solid foundation to serve the needs of readers and enhance serving capabilities.

The size of reading areas has increased from 3, 000 square meters initially to 7, 000 square meters in December 2015. The number of reading seats has risen from 516 initially to 1, 200 in December 2015. The number of computers for readers' use has increased from 30 at the beginning to 147 in December 2015. The broadband access has increased from

2Mbps initially to 210Mbps in December 2015. The number of service windows has risen from 6 initially to 23 in December 2015.

In 2012, Xi'an Public Library actively integrated the resources and largely improved the service environment. It compressed the office space, expanded the service space, increased service windows, reconstructed children's activity area, opened up the exhibition hall, decorated the ancient center, adjusted the newspaper reading area, and expanded the self-study area, adding up more than 200 seats. At the same time, it repaired the air conditioning, making the service environment brand-new, thus greatly increasing the social appeal of the library, consistently adding to its social awareness and social benefits. Certified readers, coming readers and the rate of literature utilization were all starting to rise drastically. Up to December 2015, 54, 883 reader's cards had been issued. The number of readers received annually had increased from 100 thousand in 2000 to 1. 4 million in 2015.

## 2. Concreting Basic Operations

For over ten years, Xi'an Public Library has continued to strengthen the construction of basic operations. It firstly made clear of the scope of basic operations. After repeated discussions, it has developed 47 kinds of operational systems, and strictly examines the implementation of the systems in the working practice. At present, the basic operational works of Xi'an Public Library are in an orderly manner, having ever-increasing systematization, institutionalization and standardization. The number of books is in rapid growth, meanwhile the quality of books is improved, and a characteristic resource is formed. The scientific level of literature management is enhanced, laying a solid foundation for the development of various library operations. Operational works show a prosperous trend.

Public libraries serve readers from relatively broad backgrounds. The library collections sometimes are difficult to meet the specific needs of professional readers, so inter-library cooperation has become an important measure for Xi'an Public Library to expand service fields. Xi'an Public Library has joined the network of United ILL Between University Libraries in Shaanxi. In 2012, Xi'an Public Library established ILL relations with 95 university libraries and Shaanxi Provincial Library, and issued *Rule of Inter-library Loan of Xi'an Public Library*. Readers who possess the library card of Xi'an Public Library is able to enjoy the inter-library loan service provided by the library, and therefore the range of literature available to readers is quite enlarged.

**The quantity and quality of purchased books are improved simultaneously.** From 2012 to 2015, there were on average over 70, 000 kinds of books coming into Xi'an Public Library annually, 4, 100 kinds of newspapers annually. The completion rate of multi-volume books and serials coming into collection was 95%. Document Construction Committee strictly carries out the working systems. Aiming at readers' requests, it combines comprehensiveness and professionalism, and sensibly arranges various types of literature such as printed and digital ones, ensuring excellent quality and reasonable structure of the collection. Xi'an Public Library serves the function of storing local-version literature. On the basis of the note, it increases the effort to collect local literature, and conducts the works of collection and registration of legal deposit copies. The type and number of legal deposit copies collected have reached more than 97% of the local official publications. The completion rate of preservation of literature published by Xi'an Publishing House is 100%. In the meantime, the library reinforced the collection and preservation of Shaanxi-version books and periodicals. In 2015, it subscribed to 23 kinds of Shaanxi local newspapers, 52 kinds of periodicals and 1, 008 kinds of books.

**The literature cataloging is strict and standardized.** According to related national bibliographic standards and daily practices, Xi'an Public Library set up a set of bibliographic rules, and made detailed regulations on the cataloging of ancient books. The working process of cataloging is strict. The inspection records of working are complete. The cataloging data are standardized and consistent. The library also makes clear of the cataloging time limit of all the literature and ensures timely shelving of literature to make sure the timely arrival of the latest books to readers.

**The organization of book collection is scientific and orderly.** Xi'an Public Library has developed a set of rules and regulations, and has professional shelves maintenance personnel as well as detailed management and inspection records, ensuring more than 97% of the correct rate of book shelving. Xi'an Public Library issued *Approach to Weeding Management of Xi'an Public Library*, providing weeding standards and working process. Weeding is carried out under the leadership of Document Resources Construction Management Committee, and obeys a strict procedure. In order to strengthen the protection of literature, the library formulated *Measures to Protect Literature Data of Xi'an Public Library*, which clearly defined the anti-fire, anti-water, anti-mold, anti-dust, anti-insects and other aspects of literature. All rooms were equipped with facilities such as fire control, security monitoring and UV disinfection lights, providing perfect conditions for protection. Meanwhile, the library strengthened inspection efforts and implements relevant measures, ensuring the safety of literature.

**Actively carrying out the digitization of the library collection**. Since its opening in 2000, Xi'an Public Library has been making CNMARC by the use of ILAS. The digitization rate of Chinese literature has reached 99. 87%. At that time, there was almost no digital resource. Up to December 2015, the library has had total digital resources of 76 TB, among which self-constructed ones have reached 20. 5 TB. Based on the characteristics of urban culture of Xi'an, the library focused on Xi'an's local literature construction, and set up several document databases. In 2012, it constructed respectively Xi'an Intangible Cultural Heritage Database, Video Database of Tianlu Platform of Xi'an Public Library and three databases reflecting local cultural characteristics of Xi'an. They cover the areas of history, theaters, attractions, customs, foods and so on, and have applied for being listed as self-built digital resources of national public libraries of National Digital Library.

Now, Xi'an Public Library has set a section for digital library on its official website. 24 various types of databases such as self-built, purchased and probationary databases are available to provide readers with online services. The contents include academic periodicals, electronic books, newspapers and magazines, teaching courseware, teaching audios and videos, as well as intangible cultural heritage resources, effectively meeting the needs of public library readers to access and use digital resources. In order to help readers make full use of digital literature resources, Xi'an Public Library makes a good organization and display of its digital resources, and also conducts various types of training activities by use of digital resources for readers.

**There are various forms of reference services.** With the continuous deepening of libraries' social and cultural services, reference services are becoming more and more important, gradually becoming a core part of library work. Typical forms of the reference service of Xi'an

Public Library involve visiting consultation, telephone consultation and online virtual consultation. Face-to-face counseling service is the most basic part of traditional ways, and mainly provides consulting services for readers on the spot. Telephone consultation service is conducted by telephone. Readers' questions are answered in time, or, after professionals' searching for readers' raised questions, readers are informed of the consulting result by certain channels. Digital reference service is also known as "virtual reference service". It offers consultation services by network, including non-real-time and real-time services.

There are 5 forms of reference service works carried out by Reference Service Department of Xi'an Public Library. Among them, daily consultation work is to provide information references for social development decision-making of Xi'an urban management agencies. Government information openly queried service is to provide titled services and secondary literature edition for local enterprises and institutions. These services are shown explicitly on the website of Xi'an Public Library.

Daily consultation is to solve readers' problems arising in the process of using the library or to meet their needs of searching for a document. It mainly includes face-to-face counseling, telephone counseling, mail counseling and virtual counseling. Xi'an Public Library sets a consultation desk on the entrance of the lobby, offering face-to-face counseling and telephone counseling as well as issuing readers' cards. If readers have any doubts or questions using the library, staff at the consultation desk will offer a hand warmly. If the staff cannot solve the problem by themselves, they would forward calls to experienced staff who specialize in consultation work, or they would advise readers to ask for help from the experts directly.

In addition, there is a mailbox provided specifically for readers in order to solve problems of the readers who are not able to get to the library. Two senior librarians of Xi'an Public Library will look though the mails upon their arrival at work, responsible for answering questions from readers, and the response time is no more than three working days.

Meanwhile, Xi'an Public Library offers online consultation, providing consultation service for readers real-time on a particular platform. It answers various questions for readers, and offers readers a platform to communicate with the librarians.

In the field of scientific novelty, with the advantage of the good number of universities in the area, Xi'an Public Library signed *Agreement on Scientific Novelty* with the Northwestern Polytechnical University Library. They carried out scientific novelty services cooperatively, and offered the service to readers for free.

Xi'an Public Library actively provides reference services for the decision-making of Xi'an's urban and social development, and offers relevant secondary literature to related departments on a regular basis. The secondary literature was processed thoroughly by the staff of Xi'an Public Library, combining hot issues of domestic politics, economy, culture and life, relying on the rich library collection and online digital information resources, by the principle of timeliness, relevance and practicality. Meanwhile, the library serves the role of being a public cultural platform for information ties as one of public libraries. It joins NPC and CPPCC sessions, providing information reference service for representatives to help them involve in politics.

On May 1, 2008, *People's Republic of China Government Information Disclosure Ordinance* was implemented, marking that Chinese governments at all levels step towards "the era of information disclosure". On January 1, 2009, Xi'an Public Library set up government information viewing room in the local literature reading room on the second floor of the library, offering the service of government information searching for free.

So far, the government information viewing room in Xi'an Public Library has kept *Gazette of Xi'an People's Congress Standing Committee* from 2003 to 2013, *Gazette of Xi'an City People's Government* from 2003 to 2013, *Gazette of Shaanxi Provincial People's Government* from 2009 to 2013, *Selected Documents of Xi'an City Government* from 1984 to 1990, *Compilation of Xi'an's Laws and Regulations* and *Compilation of Xi'an's Local Laws and Regulations* from 1984 to 2000, as well as some other government information documents about environmental protection and other aspects. In addition, there is *Gazette of Department of State* from 2000 to 2013 for readers' open access.

Xi'an Public Library has set a column to provide government information on its official website (www. xalib. org. cn), announcing the latest government information timely. Meanwhile, it joined the Alliance for Integrating Chinese government Information (http: // govinfo. gov. cn. The website of Xi'an Public Library offers a direct link). It is specially cquippcd with two computers and a printer, assigns specialized staff to help the public to search and access government paper documents and online government information, and provides various services such as government information searching.

With convenient and efficient retrieval methods, as well as warm and thoughtful professional services, Xi'an Public Library strives to meet the needs of the public to get access to government information, and serves as a bridge between the government and the public, contributing to the construction of a harmonious society as librarians. In order to maintain its positive role, Xi'an Public Library formulated *Guide to Inquire Government Information of Xi'an Public Library* and *Searching and Managing Approaches to Government Information of Xi'an Public Library*, and established the registration for government information searching, in order to be aware of the public's need for government information and their feedback, leading the service to a deeper development.

## 3. Implementing of National Key Cultural Projects

**National cultural information resources sharing project.** In 2009, Xi'an Branch Center of the National Cultural Information Resources Sharing Project was established in Xi'an Public

Library. In 2012, Bureau of Culture, Radio, Television, Press and Publication of Xi'an made some personnel adjustments to the leading group of Xi'an City Cultural Information Resources Sharing Project.

Currently, the branch center is composed of comprehensive working group, technical support group and resource construction group, and guides the 13 branch centers at district and county level governed by Xi'an City.

There are in total 10 staff members in Xi'an branch center of the cultural sharing project. The center has set up a variety of systems, and established archives of service activities. It submits timely information in accordance with the requirements, and carries out annual plans and summaries. The branch center actively provides services for the community, guiding migrant workers to book train tickets online during the Spring Festival. It offers "Family Video" service during the Mid-Autumn Festival. It conducts computer operation training for the older readers occasionally. Activities such as playing movies for kids in Children's Welfare Institute in Xi'an and School for the Blind and Dumb in Xi'an, all benefit the public. Meanwhile, the center develops training plans and programs each year; conducts operational training and working guidance to Xi'an's district and county branch centers and other grassroots; engages in the inspection work of annual town and community construction projects of Shaanxi Provincial Cultural Information Resources Sharing Project; and guides and examines the grassroots service points in towns' and communities' sharing projects. In 2012, it recommended Chang'an District and Lantian County to participate in the selection of Public

Electronic Demonstration Point Building and the Star of Culture Sharing, took Xi'an City representative team to join in the third Knowledge Contest of the Culture Sharing Cup, and got the second place.

At the end of 2013, Xi'an branch center carried out overall investigation and research into grassroots services. Under the leadership of the chief librarian, through visits and investigations to 9 district and country branch centers as well as 16 grassroots service points, it had a comprehensive grasp of the basic situation of the service network of Xi'an's established sharing projects. It had communications with and guidance to the district and county branch centers as well as grassroots service points, on the contents of management services, resources utilization, promotion and public awareness, reaching a consensus to strive together in order to build an upgraded version of the city's culture sharing project, providing better culture sharing services for the general public.

**Digital library promotion project.** In 2011, Xi'an Public Library became one of the first experimental units of the National Digital Library Promotion Project. In 2012, Xi'an Public Library set up the Department of Digital Resources Construction, which was responsible for collecting, arranging and beginning to build self-owned digital resources. In the September of the same year, Xi'an Public Library established Digital Library Construction Committee, involving 17 staff working full-time and part-time. There was an office under the committee, which was responsible for network construction, resources development and promotion work.

It has developed *Plan on Construction and Promotion of Xi'an's Digital Library*, and established and refined *Office Duties of the Promotion Project of the Digital Library of Xi'an Public Library*. It conducts tasks in accordance with the working plan, and reports information timely. Currently, the digital library construction is in full swing according to the unified arrangements of the province. The basic platform work, equipment installation and refining work are in progress. Meanwhile, Xi'an Public Library carries out improvement on the external facilities and equipment of the digital library. The broadband access has increased from 100M to 210M. In the aspect of resources construction and sharing, through the argumentation and evaluation of the Literature Construction Committee, the library has had 20.5 TB of self-built databases. Two self-built databases have been registered in the National Library Characteristic Resources Repository. Six databases have applied to be registered in the project of National Public Library Self-built Digital Resources Metadata. The library has cooperated with the Intangible Cultural Heritage Point in the Bureau of Culture, Radio, Television, Press and Publication of Xi'an, to establish Intangible Cultural Heritage Physical Database of Xi'an, making digital resources sharing available to 10 district and county public libraries in the city. In June 2013, it launched the first "Platform for Integration Service of Chinese Government Disclosed Information (Xi'an Sub-station)".

In order to prepare human resources for digital library construction, Xi'an Public Library selected professionals to participate in various training organized by the National Library for several times, and carried out training for its own technical staff after receiving training. With the intention to lay a good foundation for digital library construction, Xi'an Public Library promotes the digital library construction actively, and has carried out a number of digital information service activities such as Survey on Readers' Digital Reading, "Green Reading and Digital Xi'an" Digital Resources Promotion Month, and articles soliciting on "Feelings after Accessing Xi'an Public Library Digital Resources", attracting many readers to participate actively. On November 18, 2012, the library set up a platform for mobile reading. It consistently provided specific services and training on digital reading and information literacy for teenagers, older readers and migrant workers. In 2012, the promoter of the digital library of Xi'an Public Library reported the activities to the promotion group of the National Library, and the activities were published in the column of "Local News" on the home page of the promotion project. In 2013, Xi'an Public Library was honored as Outstanding Promoting Working Unit of the National Digital Library Promotion Project.

**Program for the construction of Public Electronic Reading Room.** The Public Electronic Reading Room of Xi'an Public Library has an area of 150 square meters, and was open to readers for free on April 1, 2011. Its hardware facilities were configured according to regulations in *Device Configuration Standards of Public Electronic Reading Room* (*Trial*) by the Ministry of Culture. The accessed networks consist of 100M broadband with China Telecom and 100M broadband with Radio and Television Network. The environment for networks and infrastructures is secure and reliable. The Electronic Reading Room provides readers with 34. 64 TB of digital resources, local characteristic databases such as audio and video resources of Tianlu Platform, platform for Integration Services of Chinese Government Disclosed Information (Xi'an Sub-station) and other resources. All the digital resources were for the sharing use of the city's 10 district and county public libraries for free. In accordance with the unified arrangement of the sub-center of the provincial sharing project, management system and management platform were installed, and any user wed to register upon using the computer. The data transmission and deployment system was composed of Internet resources access, video server of shared project, Yibobao player, VCD/DVD, official website of Xi'an Public Library and so forth. Readers were able to access digital resources in the perfect resources navigation interface.

The Public Electronic Reading Room is in strict compliance with *Management Approaches to Public Electronic Reading Rooms*, having comfortable environment and standardized management. They provide services 12 hours a day. They carries out various training and services intended for teenagers, migrant workers and the elderly in a joint effort with the branch center of the sharing project. In addition, they developed *Service Program for Teenagers in Public Electronic Reading Rooms in Xi'an Public Library* particularly, and launched activities such as information literacy training for teenagers.

**Chinese ancient books protection plan.** In December 2012, with the approval of Bureau of Culture, Radio, Television, Press and Publication of Xi'an, relying on Xi'an Public Library, Xi'an Ancient Books Protection Center was set up. The office of the protection center is located in Xi'an Public Library. In accordance with *Basic Requirements on Ancient Books in*

Libraries, special funds were put into in order to build historical documents reading room and to store and refine ancient books. After the establishment of Ancient Books Protection Center, it spreads ancient books protection knowledge to readers by means of giving lectures, holding exhibitions, website promotion, etc. Training lectures entitled *Version Identifying in the Census of Ancient Books* and *Ancient Books Appreciation* have received warm welcome from ancient books workers in grassroots libraries and the public.

Ancient Books Protection Center also actively organizes the ancient books protection works in Xi'an. It was entrusted to preserve ancient books of the Third Secondary School of Xi'an, and set out to identify and repair those ancient books. This flexible acts of taking custody of ancient books for other units that didn't have ancient books preserving conditions, was praised by professionals and all walks of society. *Shaanxi Daily* and *Xi'an Daily* reported on this specifically, and *Research and Reference for Library Policies* hosted by National Library Research Institute forwarded this report.

## 4. Carrying Out Inter-regional Cooperation between Libraries

The 21st century is an era of diversification. The interactive nature of information resources determines that Xi'an Public Library not only should do well works in information collection and distribution, as well as readers' services, but also should play its own information superiority, adapting to the requirements for Xi'an to build an international modern metropolis, playing a core leading role in Xi'an and northwestern areas with high standard, high profile and high quality.

Xi'an Public Library actively joins various social organizations, and conducts activities such as academic researches and discussions, operational information exchanges and paper selections.

In order to promote the cooperation among public libraries in Guanzhong-Tianshui Economic Zone, launched by libraries of "Seven Cities and One District", Inaugural Meeting of Public Library Union in Guanzhong-Tianshui Economic Zone hosted by Xi'an Public Library was held in Xi'an from October 9 to 10, 2010. More than 50 delegates attended the meeting. *Agreement on Cooperation and Development of Public Libraries in Guanzhong-Tianshui Economic Zone* was reached during the meeting. Public libraries in the region would carry out comprehensive cooperation in cooperation mechanism and platform establishment, business exchanges, personnel training, digital library resources sharing and the like.

Xi'an Public Library is a member of National Library Joint Cataloging Center and Shaanxi Provincial Joint Cataloging Center. It repeatedly sent professionals to attend various training organized by National Library Joint Cataloging Center and Service Union of Public Libraries of Shaanxi, and obtained relevant qualification certificates. At the same time, Xi'an Public Library established Joint Cataloging Center of Public Libraries in Xi'an Area, formulated working regulations, as well as organizing, training and mentoring public libraries in Xi'an to join in Joint Cataloging Center of Shaanxi Provincial Public

Library in order to conduct joint cataloging work. The 10 district and county public libraries in the city are all members.

2012, according to Xi'an's Twelfth Five Plan, Xi'an Public Library developed "*Plans on Service Network Construction of Public Libraries in Xi'an*", and set up "Service Cooperation Network of Public Libraries in Xi'an", managing the 10 district and county libraries in the zone, realizing resources sharing in the service network. After the establishment of the service cooperation network, Xi'an Public Library as well as other district and county public libraries have reached the collaborated sharing and construction of literature resources and intellectual resources in aspects of digital resources, exhibitions, lectures, training, local literature collections and so forth.

Xi'an Public Library plays the role as the central library to a great extent, and actively carries out grassroots business counseling. According to actual situations of the city's various libraries, it developed a program for grassroots library counseling; carried out field guidance to Hu County Library and Yanliang District Library on the topic of the proposal and construction of the new library; and conducted special counseling about library automation construction. Meanwhile, Xi'an Public Library did a research on the cause of public libraries in Xi'an area, had a statistical analysis of the overall business situation, wrote the report *Thoughts into the Construction of Public Library Service System in Xi'an Area*, and conducted business communication and work development through "*Working*". In recent years, it has had business coaching for the city's grassroots staff for over a hundred times, providing useful help in raising the professional level of grassroots libraries and developing professionals. Under the guidance of Xi'an Public Library, public libraries in Xi'an learn from each other on services, generally raising the service level and service quality of libraries.

## 5. The Work of Library Association

Library Association is an important force in the construction of public cultural service system and socialist harmonious society, as well as unifying professionals in library science and other related majors to devote themselves in developing socialist advanced culture and harmonious society. Institution setting serves a specific transitional position in Xi'an Public

Library. Its valid functioning has a great significance in strengthening Xi'an Public Library's professional academic exchanges, developing personnel, promoting the development of the cause of libraries in Xi'an, and advancing the construction of the profession and the harmonious society.

In June 2012, the Second Members' Congress of Xi'an Public Library Association elected the second session of the governing body, amended the constitution of the association, developed a work plan, and established 3 professional committees, including academic research, reading promotion and school library work. Up to December 2015, there has been a total of 251 members. The association carried out research activities into grassroots libraries, and proposed a lot of advice to the construction of district and county libraries. It invited a number of experts in library science to conduct basic business training about sorting, cataloging, electronic document information retrieval and the like to members. It arranged members to go to universities and public libraries in Xiamen for research and study. Now it is an effective platform for library workers in Xi'an to do operational research, academic discussion and communication.

On December 10, 2013, the first session of "Forum on Development of Libraries in Xi'an, Annual Meeting of Xi'an Public Library Association 2013", sponsored by Xi'an Public Library Association, hosted by Xi'an Public Library, was held in the auditorium of Xi'an Public Library. The theme of the meeting was "The Construction of Public Library Service System in the Process of Xi'an's International Metropolis Building". 150 fellows from Xi'an's university libraries, district and county libraries, research institute libraries and school libraries attended the meeting.

During the meeting, Liu Honghui, Chief Librarian of Guangdong Provincial Library, made a keynote speech entitled *Construction of Public Library Service System-Practices of Guangdong Library*, and Xu Jianhua, Professor of Information Resources Management of Nankai University and doctoral tutor, did another keynote report entitled "*Central Library-Branch Library*": *A Choice of Xi'an's Public Library Service System*, " which were both warmly welcomed by the delegates".

In the expert forum, 5 figures were specially invited. Focusing on the theme "The Construction of Public Library Service System in the Process of Xi'an's International Metropolis Building", the experts expressed their own views, making constructive comments to the construction of public library service system in Xi'an. Guests on stage and fellows off stage were interacting actively in a heated atmosphere. Taking on the form of interviews, the forum was considered as one of the highlights of the meeting.

The annual meeting called for a total of 57 papers. After experts' review, 18 papers got the first, second and third prize respectively. Yang Jiulong, a member of the evaluation committee of papers in the annual meeting, vice president of Public Management School of Northwestern University, made a statement for the paper collecting process. Five representatives of winners made their speeches. The award-winning authors, winners of Provincial Public Library Professional Skills Competition (Xi'an Division), and outstanding units and individuals working in the association were commended at the meeting.

Xu Wenzhe, the chairman of Xi'an Public Library Association, Chief Librarian of Xi'an Public Library, pointed out in the closing ceremony of the annual meeting that, "this meeting has achieved fruitful results, created many firsts since the foundation of Xi'an Public Library Association, enhanced the research level of library science in our city, and pointed to a clear direction for the construction of public library service system in our city. I hope that all the librarians in our city could take this meeting as an opportunity, seeking for cooperation and innovation, playing a positive role in Xi'an's international metropolis building process".

The annual meeting demonstrated adequately the leading role of Xi'an Public Library in the profession of libraries in Xi'an. By planning for or joining in major projects, organizing, coordinating and guiding science education in district and county libraries and people's reading work, it promoted the overall cooperation and development of the library profession in the city, achieved the understanding, building and sharing of information resources, and promoted the comprehensive, coordinated and sustainable development of the cause of libraries in Xi'an. It helped Xi'an Public Library to play a bridging role, strengthening exchanges and cooperation, making Xi'an Public Library become a platform to enhance academic research and exchanges, as well as an important field for international cultural communication.

## 6. Awards and Recognition Received

Although the history of Xi'an Public Library is not too long, it has received provincial and municipal recognition and honors many times under the joint efforts of all the fellow staff.

In 2003, it was awarded the best unit (by CPC Shaanxi Provincial Committee and Provincial People's Government).

In 2012, it was honored Outstanding Team in Reading Promotion (by Shaanxi Public Library Service Union).

In 2012, it won the second prize for the third Knowledge and Skills Competition of Shaanxi Provincial Cultural Information Resources Project.

Liu Xiaoben the volunteer was honored as one of the "Outstanding Cultural Volunteers in 2013" by the Ministry of Culture.

In November 2013, Xi'an Public Library was entitled national "Secondary Library", getting the best result since its establishment.

In 2014, it was honored as "Excellent Promotion Unit in National Digital Library Promotion Project".

村庄变迁20年—景周告别窑洞摄影展
村变

图书馆“天禄讲坛”走进三区

10

# Chapter 10

# Xi'an People's Large Study

Section 1

# Distinctive Public Cultural Services

## 1. Tianlu Series

The earliest national libraries of China were Tianlu Pavilion and Shiqu Pavilion in the Han Dynasty. Tianlu Pavilion is situated in what is now Weiyang District of Xi'an City, north of the site of Weiyang Palace in the Western Han Dynasty. Xi'an Public Library is located on Weiyang Road in Xi'an, next to Tianlu Pavilion and Shiqu Pavilion. In 2002, after repeated demonstrations by the experts, Xi'an Public Library named the series of public lectures as "Tianlu Platform", intending to promote the historical and cultural advantages of Xi'an, passing down the notion of library culture. With the holding of the first lecture of "Tianlu Platform", the public cultural services of Xi'an Public Library have been increasingly rich.

Since March 2012, Xi'an Public Library has moved forward to focus on creating "Tianlu" series of public services, in order to promote library culture, better spread culture and serve communities.

"Tianlu Series" consist of "Tianlu Platform" (public cultural lectures), "Tianlu Picture" (public exhibitions), "Tianlu Collection" (journal of the library) and "Tianlu Book House" (Book Club of Xi'an Public Library).

**Tianlu Platform (Public Cultural Lectures):** By support of Xi'an's rich cultural heritages, converging contemporary cultural currents of thoughts, showing the historical and cultural charm of Xi'an, "Tianlu Platform" series of fine free public lectures were held. The lectures are given every afternoon of Wednesday and Saturday in the auditorium of Xi'an Public Library. The content of lectures are as the follows: "Voice of Tianlu", series of music education, spreading knowledge about and appreciation in classical, ethnic and pop music for readers. So far, series of lectures entitled "History of Chinese Pop Music" and "the Door into Music-Classical Music Appreciation" have been given. Series of "Classics Appreciation" invite famous writers and scholars of Xi'an to interpret and appreciate classics for readers. The famous writer Ye Guangqin, literature professor of Northwestern University Yang Changlong, and poet Yan An all once interpreted classics for readers. "Royal Heaven and Thick Soil" series of history and culture, on the basis of Xi'an's long history and rich culture, invite famous scholars to step into history and face the future with readers. The famous scholar Mr. Shang Ziyong, the professor Fang Guanghua of Northwestern University, Dr. Li Lingfu of Shaanxi Normal University and Zhang Ming, famous expert in ancient books recognition, all gave lectures on traditional classics and traditional culture. Public life series of "People's Concern", with topics in medicine and health, sports and fitness, family education, family financial management and so forth, offer life services to readers.

"Tianlu Platform" has been open to the general public for free since 2006. After years of grinding, it has had a certain social influence in Xi'an. It has become a habit for people in Xi'an to attend lectures in Xi'an Public Library on weekends. Due to its innovative forms of services, it won the the Spiritual Innovation Award issued by Xi'an municipal party committee and government.

**"Tianlu Picture" (Public Exhibitions):** Arts make a city more attractive and more enriched. In November 2012, Xi'an Public Library redesigned and renovated the original site, set up Xi'an Public Library Exhibition Hall, and began to organize "Tianlu Picture" public exhibitions. So far, the exhibitions have been held for nearly a hundred times, many of which are popular among readers. To further reflect its public cultural notion, in March 2014, Xi'an Public Library invited the self-taught painter and migrant worker Zheng Wurong to hold a personal exhibition, realizing his long-existent dream.

**"*Tianlu Collection*" (Journal of Xi'an Public Library):** The internal publication is hosted by Xi'an Public Library. Its purpose is to exchange information in library science, pass the news of Xi'an Public Library, promote reading, gather friends and elites, inherit history, carry today and embark on tomorrow. In December 2012, it had its first issue of publication. *Tianlu Collection* is placed at the service windows in the library after each issue, available for readers' free access. It strengthens the exchanges between the library and readers, effectively promoting reading, making more people in the community better understand the direction of public cultural services of public libraries.

**"Tianlu Book House" (Book Club of Xi'an Public Library):** People are the masters of the city, and are the basic group to which city library services are offered. Xi'an Public Library focuses on registered readers, recruits new members, and organizes reading exchange activities regularly, enabling readers to share their happiness and feelings. Since its establishment, "Tianlu Book House" has organized a number of activities such as speech contest and essay collecting. It also publishes members' reading notes and reading experiences on *Tianlu Collection*. On the annual "4. 23 World Book Day", and during large-scale public cultural activities such as "Promotion Month of Science and Technology", Shaanxi Province's famous writers, including Ye Guangqin, Lei Tao, Wu Kejing and Wu Wenli, are invited to exchange reading experiences with the members. These colorful activities have strengthened the communication among readers and between readers and the library, enhanced mutual affection, and disseminated the notion of public cultural services.

The series of Tianlu services involving Tianlu Platform, Tianlu Picture, Tianlu Collection and Tianlu Book House are provided on the basis of public cultural services. They are open to the whole society for free, offer public cultural services, spread the concept of public service, and are the practices of beneficial cultures.

In 2002, Xi'an Public Library named the public lectures as "Tianlu Platform". In 2012, deriving from the notion of "Tianlu", Xi'an Public Library added exhibition, journal and book club, and integrated these four items into the series of Tianlu public cultural services. The services are named after "Tianlu", a historical and cultural heritage with the idea of the library and a long cultural tradition. They record the long history and face a bright future. They inherit the notion of advocating reading and enlightening wisdom in Chinese traditional cultures, and integrate it into public cultural service of public libraries. Xi'an Public Library intends to spread the name "Tianlu" and creates its own unique public cultural services by various efforts. Now, Tianlu series of Xi'an Public Library have been known to the general public, and are gradually becoming a renowned brand for Xi'an people to realize their cultural rights and enjoy public cultural services.

## 2. Lotus Book Club

Lotus Book Club was established on April 21, 2012. Lotus symbolizes freshness and progressiveness. The club is intended for preschoolers, the purpose of which is to encourage young readers to interact with the library. Through regular reading activities, it aims to enrich young readers' reading experience, and develop their reliance on book and love for reading. During the two years since its establishment, staff in Lotus Book Club have organized a large variety of reading activities in children's activity area. Different activities such as telling stories with picture books, repairing books and learning paper-cut from folk artists have attracted many young readers. On Children's Day as well as during summer and winter vacations, librarians go to kindergartens, interact directly with the children, and organize great events such as reading, singing and dancing. Librarians also make good use of social forces, establishing cooperative relations with "New Oriental Bubble English", Kunlun Kindergarten, Futian Kindergarten and other units, providing a platform of public learning activities for kids.

In April 2014, during the Eighth Xi'an Reading Month, Lotus Book Club held a special event for the 35 left-behind children in Hu County. The children's education expert Mr. Guo was invited as a special guest to explain to the children the history of World Book Day, and guide the children to speak out their reasons for loving books. Subsequently, with the story "*A Little Mouse Wants to Eat Apples*", Mr. Guo got to the theme of the event—Be Aware of Yourself, Be Sure of Yourself. Through animated explanations, the children vividly understood that whether they are in a group, a class, a school, or a big family like society, they have to recognize their own strengths and weaknesses, make good use of their advantages, and learn from others. Only in this way can they do everything well. Infected deeply by the story, the children couldn't wait to raise their hands to express their feelings and sentiments. At the end of the event, the children rushed to book shelves to pick their favorite books to read. The event made the young readers realize that "changing starts from reading; reading makes hope visible; reading illuminates ourselves".

During the two years since its establishment, Lotus Book Club has held more than 30 activities. "Public services, Caring and Knowledge" has become the highlight of the activities, deeply welcomed and loved by young readers and parents. As a banner given to Lotus Book Club by a kindergarten goes, "Transmitting Human Civilization, Flourishing Flowers of the Motherland".

## 3. General Education Book Club

In January 2014, Xi'an Public Library set up General Education Book Club, which is intended for teenage readers of 12-18 years. By organizing reading activities for members, the club aims at cultivating teenage readers who are knowledgeable, actively participate in social activities, possess social responsibility and develop in every aspect. By ways of listening, watching, reading and discussing, it leads young students to approach classics, study classics, master classics, broaden their horizons, accumulate wisdom, and understand the meaning of life. The activities are held every Saturday, Sunday and during holidays.

After its establishment, General Education Book Club has organized many activities such as reading and reciting Russell's essay *My Pursuit of the Realm of Life* and American author Og Mandino's essay *I Am Nature's Greatest Miracle*, reciting *New Concept English* with the help of Figure Recalling Law, and English reading contest. All of them are popular among middle school readers in Xi'an Public Library.

## 4. Morality Forum

Xi'an Public Library is the station for Morality Forum of Xi'an People, which is led by the Office of Spiritual Civilization of Xi'an, and hosted by Xi'an Public Library. Morality Forum is a central project led by Central Civilization Office, and is included in *Evaluation System of National Urban Civilization Degree Index.* According to the four requirements as in "having a fixed place, having regular events, having a normative process, having a strong ethical and cultural atmosphere", Xi'an Public Library carefully carries out exemplary and universal morality tale promoting activities.

The activities of Morality Forum focus on enhancing the quality of public morality, with the theme of Learning from Moral Models, Becoming a Good Xi'an Person. They vigorously carry forward the spirit of Lei Feng and Chinese traditional virtues, emphasizing on value orientation and appeal forces, combining with the activity of Learning from Lei Feng, and spreading out in the city's communities, villages, schools, offices and enterprises. Seven categories of "Morality Story Forum" have been set up. The lecturing process is normalized. The forum invites various levels of moral models, virtuous teenagers, experts and scholars to tell of moral stories, especially encouraging the masses to talk about some good people and good deeds around. Afterwards, the guests make in-depth comments from different perspectives, effectively guiding the public to consciously become promoters and practitioners of morality construction, advancing the formation of a society that knows about honor and shame, does justice, makes contributions and promotes harmony.

Since August 2013, Xi'an People's Morality Forum has been held for more than 40 times; lecture videos have been made for more than 40 pieces; and the audiences have reached more than 7, 000.

Section 2

## New Media Application Service in the Internet Environment

The development of new media such as mobile media and digital television provides new opportunities for the expansion of the library's operations. In order to synchronize with the times, Xi'an Public Library reinforces the effort to build and develop digital resources; provide readers with a number of advanced new technology intelligent services; and are praised by readers.

On November 15, 2012, Xi'an Public Library opened a platform for mobile reading. With the account number and password of a reader's card of Xi'an Public Library, readers can not only download and read electronic books of Xi'an Public Library through mobile devices (such as tablets, portable reading devices and cellphones), but also are able to search for various information issued by Xi'an Public Library such as news of Xi'an Public Library, preview of Tianlu Platform, notifications of various activities and photos, through the mobile reading platform. By the bibliography searching function of Xi'an Public Library, readers can seek for collection resources in Xi'an Public Library. After this particular service was carried out, *People's Daily*, *Chinese Culture Newspaper*, *Xi'an Daily*, People's Website, the website of Shaanxi Provincial People's Government and other news media have all reported on it.

In January 2013, during the second session of the 13th CPPCC Meeting of Xi'an, the service group of Xi'an Public Library placed a touch screen at the scene, and members could take advantage of the literature resources and digital resources of Xi'an Public Library on the spot. This move greatly improved the CPPCC delegates' understanding and use of digital resources, playing a very good role in promotion.

There are currently 8 touch-screens for comprehensive displays in Xi'an Public Library. The screen is a combination of reading and viewing pictures. In addition, by customizing the home page of the touch screen, a variety of information of Xi'an Public Library is shown, such as the brief introduction of the library, preview of Tianlu Platform, event notifications and photos. Meanwhile, through the development of the customized bibliography searching function, Xi'an Public Library makes reader able to access all the collection resources, greatly facilitating them to search relevant information.

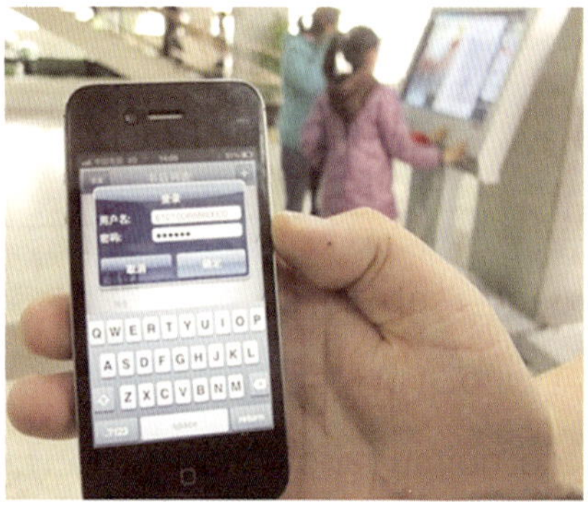

Bokan Periodical Database of Xi'an Public Library set up a service of mobile electronic journals reading room on the basis of the previous advantages gained with PC version, meeting readers' need to read with smart mobile terminals. Bokan mobile electronic journal reading room can support today's most popular smartphone operating systems Android and Apple. Through the client software, readers are provided with perfect mobile reading experiences, and can enjoy the reading service offered by the database anytime and anywhere.

In order to better promote mobile digital reading, Xi'an Public Library sets up two sets of touch-screen platforms displaying periodicals. Bokan Journal Database is combined with the touch screen. Traditional reading habits and high-tech digital reading philosophy are integrated, bringing readers brand-new digital reading experiences. By simply tapping the touch screen, readers can directly read various journals and newspapers selected by Xi'an Public Library. They not only can experience traditional ways of flipping through journals, but also can enlarge, shrink, drag and rotate the pages in a very flexible way.

In April 2012, Xi'an Public Library registered in Sina official microblog @ Xi'an Public Library. It timely releases information of various activities, displays collections, promotes reading, and interacts with readers actively and timely. For over two years, it has released almost 1, 000 microblogs, owning nearly 3000 fans.

In June 2014, Xi'an Public Library opened a public platform on Wechat. By this platform, readers can search for books, renew books remotely, make appointments, and keep abreast of the various cultural events of Xi'an Public Library.

Section 3

# Public Services Caring for Vulnerable Groups

Xi'an Public Library always adheres to the direction of public cultural services, providing open, fair, just and equal services for the general public. In their daily work, librarians offer particular services to special groups like the disabled, the elderly, migrant workers and minors, delivering positive energy of public services to the whole society.

## 1. Serving the Disabled

Xi'an Public Library set up Braille Book Corner in 2002. Afterwards, it added up the effort into the construction year by year. So far, it has established a well-equipped reading room for the visually impaired, with more than 2, 000 volumes of books in Braille, "Voices · Audio Resources Repository", and 9 radio computers specifically for the use of the blind and other hardware resources. For the convenience of people with disabilities, specialized channels, toilets, wheelchairs and other dedicated service facilities are established.

To help people with disabilities better use Xi'an Public Library as a public cultural platform, Xi'an Public Library offers many targeted services on the basis of a variety of opportunities.

In 2009, Xi'an Public Library, cooperating with Xi'an School for the Blind and Dumb, opened a branch below the school.

The branch of Xi'an School for the Blind and Dumb in Xi'an Public Library has an area of 35 square meters. It possesses 1, 740 books of collection, among which more than 200 volumes are in Braille, annually lending out over 7, 000 copies. A teacher works as a part-time librarian and opens the room regularly. The branch recruits volunteers among students in order to carry out the activity of "Being an Administrator for One Day", organizes reading activities from time to time, and frequently conducts surveys on extracurricular reading of students of each year, so as to keep abreast of students' reading orientation and actively meet their reading needs. Xi'an Public Library also introduces activities such as exhibitions and free movies to the branch in advance. If students are interested, they could contact the teacher of the branch, and Xi'an Public Library will organize them to participate in these activities.

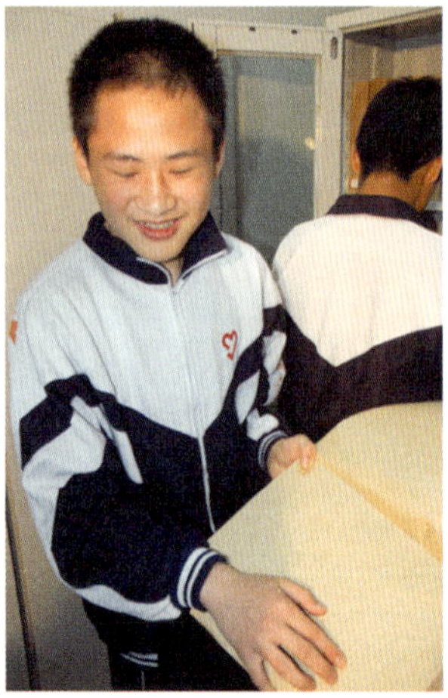

In December 2012, "2012 Children's Art Exhibition in Xi'an" was held in the exhibition hall in Xi'an Public Library. On the afternoon of December 19, 30 students and teachers from the art classes of Xi'an School for the Blind and Dumb came to see the exhibition at the invitation of the Department of Readers' Services of Xi'an Public Library. During the visit, managers and librarians from Xi'an Public Library showed them around enthusiastically, introducing a variety of services in the library. Those hearing-impaired children showed great interest in the course of the visit, some of whom even couldn't help but stop and read when they encountered books they love. Through the visit, the children not only felt the charm of the arts, but also knew in person that they could enjoy equal services provided by public libraries. They displayed their fondness for the library, and said they would come again.

On National Disabled Day in 2013, the activity "Letting Our Blind Friends Step into the Library, and Experience the Electronic Reading room for the Visually Impaired" was carried out in the visually impaired reading room in Xi'an Public Library. On May 14, 20 people on behalf of the blind walked into Xi'an Public Library to experience electronic reading. Librarians helped them to experience various services including downloading e-books, watching accessible movies, surfing the Internet and listening to audio books. Those blind readers showed great interest in these services. They tried each service one by one, and was reluctant to leave the library until the end of the event.

In August 2013, Xi'an Public Library opened up "Voices · Audio Resources Repository" in the visually impaired reading room. This repository is intended for the visually impaired as well as the public, supported by National Public Cultural Development Center of the Ministry of Culture, and is the main platform for the audio resources service of the National Cultural Information Resources Sharing Project. It was carefully selected and designed from content to access according to the needs of the visually impaired. It enjoys rich resources, and is convenient for the access of the visually impaired. "Voices · Audio Resources Repository" is a public cultural product specially designed for the visually impaired, and can renew resources based on users' demand. The resources can be divided into 9 categories, including storytelling, Chinese opera, cross talk, comic sketch, music appreciation, film, legend, inspirational voice, health, literary accomplishment and joyful children. There are a large quantity of classical audio books in the resources, and the total number of resources ranks high among similar domestic products. Visually impaired people are able to use fingerprints to login by using a special machine in the visually impaired reading room in Xi'an Public Library.

On National Disabled Day in 2014, Xi'an Public Library cooperated with Association for the Disabled in Lianhu District in Xi'an to hold a paper-cut art exhibition. More than 50 pieces of paper-cut works carefully created by paper-cut artists in Lianhu District were displayed. Plenty of disabled artists showed their yearning for a better life through their special perspectives and unique forms. In the course of the appreciation, the audience saw many beautiful minds of energy and positiveness.

According to the special physiological characteristics of the disabled, Xi'an Public Library carefully selects and purchases resources, as well as playing accessible movies for them on a regular basis. Movies like *College Entrance Examination* 1977, *Assembly* and *Zhang Ga the Little Soldier* are very popular among them. Based on their watching needs, Xi'an Public Library will play the movie over and over.

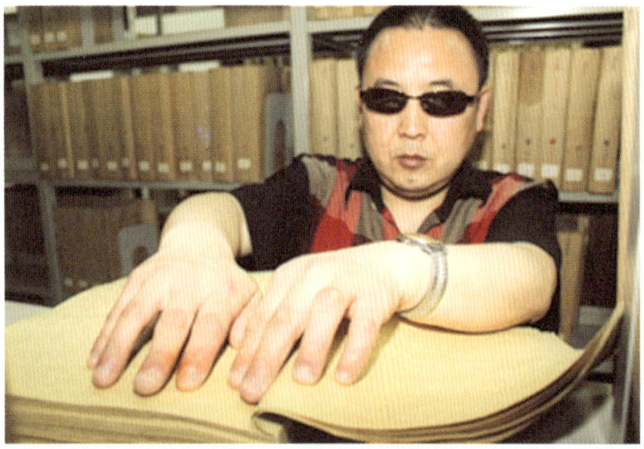

In order to guide the blind to step out of home and participate in society better, in September 2014, Xi'an Public Library and CDPF in Weiyang District jointly organized an activity for the blind to get mobility orientation training. More than 50 disabled people in the communities governed by Weiyang District came to Xi'an Public Library to join in the activity. In the activity, instructors in CDPF showed them how to properly use a cane and how to walk on their own and some other guiding techniques. They also trained them to walk on the sidewalk for the blind specially set up in Xi'an Public Library, feel the surrounding objects, position directions, and learn how to pass through narrow channels, how to go in and out of the door and how to find a seat. Through guidance, the blind have learned to use the sidewalk, go upstairs and downstairs and other walking techniques. The teacher asked the blind to walk through the sidewalk for the blind on their own into the visually impaired reading room in Xi'an Public Library for visit. Staff in the visually impaired reading room made an introduction of the room, made the blind know about Braille books and accessible movies and experience accessible Internet facilities. The blind showed great interest, claiming that they would come to the library frequently. They hope that the library hold more similar activities to enrich their life.

During the process of services for people with disabilities, Liu Xiaoben is a volunteer particularly worth mentioned.

In 2003, Xi'an Public Library planned to build "Tianlu Platform". Liu Xiaoben who loves video production was introduced, and volunteered to do works in photography and post-production. For 11 years, Liu Xiaoben who has been deaf since 3 years old has taken on the work of photography for the whole library and video editing for "Tianlu Platform". In addition to these well-done works, what impresses the colleagues more is Liu Xiaoben's dedication and passion.

Liu Xiaoben has a cheerful and enthusiastic personality. In addition to video production work, he also contacts disabled readers according to their characteristics, promotes in schools for the blind and dumb, and answers questions from deaf and dumb readers in the library. Additionally, he also provides public services in institutions like CDPF, and help people with disabilities to come to the library to read.

At the same time, he tries to let people understand the deaf and the dumb, caring for them and the entire cause in various ways. He volunteers to shoot deeds of the disabled which show their persistence, promoting their progressive spirit.

"I am a deaf volunteer. What motivates me to insist on engaging in voluntary activities is that to help others is to be happy." "By helping deaf readers, I feel more intimacy and pride. The library provides me with a platform, which makes me obtain humility, understanding, smile and patience in the process of voluntary services. What's more, I now understand the true meaning of happiness." "Volunteer Service Creed" is summed up as his belief by Liu Xiaoben.

Liu Xiaoben's silent dedication and determined will in the public cultural cause touched readers and coworkers, and got social recognition. At the end of 2013, Liu Xiaoben was awarded as one of "2013 Outstanding Cultural Volunteers" by the Ministry of Culture. On February 14, 2014, *China Culture Daily* reported on this with the title "Helping Others is Joyful—a Silent Librarian's Voluntary Creed".

## 2. Serving the Older Readers

In order to make older readers feel the concern from the public library, Xi'an Public Library carries out various forms of services for them.

Every Chung Yeung Festival, Xi'an Public Library invites the elderly to gather around. Librarians chat with them on books and chores. Older readers recite classics and perform comedies, with a very warm atmosphere. Librarians also make a special trip to nursing homes to accompany the old people in their reading, largely praised by the elderly and nursing homes. In April 2014, Xi'an Public Library hosted the launching ceremony of the eighth reading month, and invited two readers from old people university to participate. They recited passionately their self-created poem entitled *Reading and Family Atmosphere*, which moved all the people present. The Exhibition Hall of Xi'an Public Library is open to older lovers for painting and calligraphy all year round. Staff contact them actively and help them hold public exhibitions.

With the rapid development of information and network technology, computers have entered into ordinary homes. Many older readers have the urgent desire to use the computer, but they find it difficult to learn and master computer operation skills. According to the need of older readers to grasp computer operation skills, from September 2012 to April 2014, Xi'an Public Library held eight sessions of "Free Training Classes for Older Readers on Computer Operation". The old readers attending the training included people in the surrounding communities, as well as older readers coming from suburban areas. Xi'an Public Library carefully assigned teachers and prepared courseware, making each and every older reader coming to the training master the essentials of computers and the Internet in a relatively short time. The holding of training classes has been widely acclaimed by older readers. Some enthusiastic older readers even wrote letters of thanks to express their support and encouragement for the training classes held by Xi'an Public Library. Tens of domestic media such as Phoenix, Sina, Shaanxi Daily, Sun News, City Express Column of Shaanxi TV have reported on this.

Years of unremitting efforts and hard work have made Xi'an Public Library a platform for the elderly to get knowledge and information, as well as an inviting place for them to enjoy the sunset.

## 3. Serving the Migrant Workers

Xi'an Public Library is located in Xi'an Economic and Technological Development Zone, where there are a large number of migrant workers. For those new citizens constructing the city, Xi'an Public Library welcomes them with open arms, positively shoulders public cultural responsibility, and takes the initiative to provide targeted services for them.

During the annual Spring Festival, Xi'an Library sets up special seats in the electronic reading room so as to help migrant workers to buy train tickets online. After the Spring Festival, it assigns full-time staff to help migrant workers look for online jobs. For those migrant workers who are unable to return home for the holiday, it builds a "Digital Bridge", making migrant workers chat with their relatives by live video through the Internet, narrowing the distance between them and their homes.

In the preceding period of the Spring Festival in 2013, Xi'an Public Library carried out the activity "Taking Culture Home". The library leaders led librarians into a construction site, giving carefully prepared Shaanxi spirit series of books, New Year greeting cards, spring scrolls and holiday wishes to migrant workers who had been working hard for a year and were about to return home. They invited migrant workers to come to the library to borrow and read books in their leisure time, in order to improve cultural knowledge and self-cultivation, which received enthusiastic response and welcome by migrant workers. In the 2014 Spring Festival, the library invited several calligraphers to write spring scrolls and give books to migrant workers in the southern suburban construction site. In the bitter wind, calligraphers and librarians made sincere dedication. More than 500 pieces of spring scrolls and 1, 000 volumes of books were given on the spot.

## 4. Serving the Minors

Minors are the future and hope of the country, and are the central crowd that Xi'an Public Library provides its services to.

In order to create a good reading environment for teenagers' healthy development, Xi'an Public Library specially set up teenagers' reading room and children's reading room at its opening in 2000. According to the reading needs and physiological characteristics of teenagers and children, it purchases appropriate books and sets a lively reading environment, attracting a lot of children to come to the library after school or during the holidays.

In April 2012, children's activity area of Xi'an Public Library was moved to Room 120, north of the first floor of the main building. The rearranged children's activity area has an area of 232 square meters, with more than 20, 000 volumes of books, over 20 kinds of journals, 55 reading seats and 30 activity cushions. It offers a bright and welcoming environment and organizes colorful reading activities, warmly welcomed by children.

According to children's growth characteristics and reading needs, a separate entrance was set to children's activity area. After entering the activity area, children readers can go directly to children's activity area along the "feet" patterns on the ground. Based on children's reading characteristics, 7 functional zones are designed inside the activity area, including books zone, reading zone, new books recommendation zone, illustrated books zone, reading promotion zone, works display zone and event photos display zone. Children can freely read and play in those functional zones. For the convenience of children, separate lockers and separate toilets was set up in the activity area.

After the opening of children's activity area, "Lotus Book Club" was established. It organizes reading tutoring activities with rich themes and various forms for children on a regular basis. Children's activity area has become a warm place for kids, encouraging them to read more books, attracting kids of all ages to come to the library every day. It has been a compulsory course for many children to go to the library to participate in activities on weekends.

Xi'an Minor Mental Health Education and Counseling Center (referred to as "Window of the Soul") is a specialized public institution dedicated in conducting health education and counseling services for minors. It is hosted jointly by Xi'an Civilization Office and Xi'an Public Library. It relies on Xi'an Public Library and social psychological educational resources; conducts a special working pattern; and focuses on minors' healthy growth and comprehensive development. It adheres to the principle of prevention-oriented, development-based and treatment-supplemented, trying to help minors improve their psychological quality and adapt to future social challenges. There is psychological counseling room, psychological measurement room, psychological decompression room and education training room set up in the center. Through hotline consulting, on-line talk, face-to-face consulting, the center helps minors solve the psychological problems encountered in the process of their growth, developing their personal potential, promoting their healthy growth. Meanwhile, reading and counseling activities for minors are regularly held in the library.

There are now 200 volunteers in "Window of the Soul". Up to now, 5, 487 people have accepted on-site consultation, 5, 899 telephone hotline and network consultation. The number of web hits have reached about 100, 000. Activities such as themed workshops, family education reports, visiting children left behind and donating for poor students have been held for nearly a hundred times.

The Exhibition Hall of Xi'an Public Library is another important place for minors' activities. During the two years, children's painting exhibitions have been held for many times. In the exhibition of Chinese paper-cut works, it invited "Lotus Book Club" and kids from Tangdu Hospital Kindergarten to learn to make paper-cut works from folk artists. In the June of 2014 when an exhibition was held, a huge picture was produced. Children visiting the exhibition were asked to look for landmark ancient architecture in the picture, and paint the color of hometown according to their hearts. Through these activities, children were guided to plant seeds of loving traditional culture and hometown in their heart.

Teenagers are at an important stage of acquiring knowledge. According to this feature, Xi'an Public Library actively organized teenagers reading and knowledge contest. Shang Bin, a student from No. 89 Middle School of Xi'an said, such activities not only brodened their knowledge, but also added a lot of fun to their reading process. Through the activities, they have leaned a lot of cultural knowledge and known more about Xi'an Public Library, which helps them develop a habit of loving books and making good use of libraries.

Section 4

# Large-scale Public Cultural Activities with Great Influence

## 1. Taking "April 23 World Book Day" as an Opportunity, to Greate the Main Place for Holding Reading Activities in Xi'an

Books are the carrier of culture. A nation that loves reading is full of wisdom and hope. Public libraries are the door to knowledge, providing basic conditions for lifelong learning, independent decision-making and cultural development for individuals and social groups. As a public cultural institution, when the ancient city of Xi'an is stepping toward an international metropolis, Xi'an Public Library has the social responsibility to make more people come to the library and make reading a way of life. From 2012 to 2014, Xi'an Public Library has organized large-scale public cultural events during the "April 23 World Book Day" for three consecutive years, fully playing a role as a public cultural platform.

On the World Book Day of April 23, 2012, Xi'an Public Library initiated Reading Month series of activities entitled "let public culture come to our side and the smell of books fill our heart".

On that day, the launching ceremony of the activities was held in the square of Xi'an Public Library. Mr. Chen Zhongshi wrote down the theme "let public culture come to our side and the smell of books fill our heart". The ceremony invited famous writers of Shaanxi Province such as Lei Tao and Ye Guangqin, and some cultural celebrities to meet with readers and exchange reading and writing process. It introduced that the government agencies would create study-oriented organizations. It invited students from Tianlu Pavilion Elementary School, which was also where Tianlu Pavilion, National Library and Archives of Western Han Dynasty was located—to read and recite ancient poetry on-site. Xi'an Public Library has donated books to the children left behind in Wuzhuang Village, Lantian County and migrant workers constructing the economic development zone. It also set awards for good readers and advanced reading groups.

In the following month after the launching ceremony "let public culture come to our side and the smell of books fill our heart", making Xi'an Public Library as the public cultural place, a wide variety of service activities were carried out. The month-long Xi'an Local Literature Exhibition, Shaanxi Writers Works Exhibition and New Book Exhibition were held in the library hall. On May 8, the activity of "World Smile Day Parent and Child Reading" was held in the children's reading room. On May 10, "Digital Xi'an Experiencing" and readers' information literacy training were held in the electronic reading room. On May 13, the retrospection activity of "Red May Concert of Xi'an" was held in the auditorium. On May 23, Xi'an Public Library cooperated with Xi'an Weiyang Procuratorate to hold a reading exchange workshop. It also gave 4 lectures with concern for people's life themed with "Family Education", "Health", "Mental Health" and so forth.

Xi'an Public Library also delivered public services to the community and people in need of care. It has provided books lending service in Baihuacun Community, Baihualinju Community and Hairong Community respectively. It set up a branch in Xi'an Children's Welfare Institute, and its opening ceremony was held on May 16.

As a composing part of "Cultural Xi'an" mass cultural activities proposed by Xi'an Municipal Committee, Xi'an Public Library's Reading Month series of activities "let public culture come to our side and the smell of books fill our heart" was a specific measure which thoroughly implemented the spirit of the sixth plenary session of the seventeenth central committee of party; made the general public fully enjoy the benefits of cultural development; highlighted the public library's role in public social education, culture dissemination, promoting the construction of learning-oriented organization and building a harmonious society; and promoted cultural development and prosperity. The Reading Month adhered to the direction of public cultural services. Throughout the event, people should get involved and enjoy cultural services for free. Nearly one hundred thousand members of the public had benefited from the activities.

Xi'an Public Library's activity "let public culture come to our side and the smell of books fill our heart" provided a platform to make good use of cultural information for people in the city, creating a good atmosphere of loving books and loving reading, attracting wide public concern. Over 20 media including Xian TV had reported on this from different facets, receiving good comments from the community.

On April 23, 2013, the opening ceremony of the 7th Reading Month of Xi'an entitled "Reading Dream, Beautiful Life" was held in Hu County, marking the beginning of Reading Month series of activities of Xi'an Public Library.

On the day of the launching ceremony, the well-known writers Shang Ziqin and Mo Shen, painter Mr. Bai Yang had exchanged with readers about reading and writing in the Confucian Temple Square in Hu County. They also donated books, paintings and calligraphy works to farm houses, left-behind children and older readers. The activity "You Read Books and I Pay for Them" held by Hu County Library invited readers to make their own reading requirements, and conducted literature purchases according to their demands. In order to adapt to the trend of digital reading, Xi'an Public Library cooperated with many digital resources service units. Some staff took digital journal reading touch screens, iPad and other devices to explain at the scene, distributed materials, and introduced the use of digital libraries to passers-by. In the following two days, Xi'an Public Library, Hu County Library joined by Xi'an Collection Association held an exhibition of painting and calligraphy. The exhibition brought together more than 40 works created by modern painters such as Zhang Yude, Wang Yintong, Gong Baocheng and Fu Jiayi, giving a cultural feast to the masses.

The 7th Reading Month Public Library series of activities "Reading dream, Beautiful Life" in Xi'an took the public library as the main platform. It was led by Xi'an Public Library, organized the city's district and county public libraries to conduct reading promotion services, adhering to the direction of public cultural services, and calling for the whole society to love reading and read good books, making books good partners in people's life, making reading help achieve their beautiful life dreams. In the 7th Reading Month Public Library series of activities of Xi'an in 2013, the city's district and county public libraries organized various forms of colorful reading promotion activities. Lantian County Library selected more than 2, 000 books that were intellectual and interesting, took the form of books rafting, and went into the countrysides and communities to issue library cards door to door, trying to make all the people of the county hold a library card. Lintong District Library and Gaoling County Library carried out an essay-collecting activity with the topic of reading, attracting many literature lovers. The training for librarians in Farm Houses conducted by Baqiao District Library and Chang'an District Library enhanced the quality of grassroots librarians, which was praised by the farmers. At the same time, the district and county libraries gave some spiritual food to local left-behind children, letting the children enjoy the pleasure of reading, achieving their dreams in life.

The 7th Reading Month Public Library series of activities "Reading dream, Beautiful Life" in Xi'an hosted by Xi'an Public Library offered a platform for people of the city to receive knowledge and information closely, creating a good atmosphere of loving books, attracting wide public concern. Several media including *China Culture Daily*, Xian TV, *Xi'an Daily*, Chinese Culture Media Network, Shaanxi Culture Media Network and Netease reported on this from different facets, receiving good reviews by the community.

On April 23, 2014, with the arrival of the nineteenth "World Book Day", the 4th Xi'an Reading Month entitled "love reading and learning, make Chang'an filled with the scent of books" hosted by the Xi'an Municipal Propaganda Department and Bureau of Culture, Radio, Television, Press and Publication in Xi'an opened in Xi'an Public Library.

Within a month, the city's Public Library Service Association led by Xi'an Public Library fully took its advantage as a public cultural place. It carried out a large variety of activities focusing on Reading Month, attracting a lot of people's participation, creating a social atmosphere of loving reading and learning. The scent of books flied over the ancient city of Chang'an.

On April 23, the opening ceremony of the $4^{th}$ Xi'an Reading Month entitled "loving reading and learning, making Chang'an filled with the scent of books" was held in the square of Xi'an Public Library. On that day, Xi'an Public Library organized lots of activities for the general public, involving the reading salon "Reading—the Art of the Soul", "Lotus Book Club" targeted for left-behind children in Hu County, "the seventh computer training for older readers", a film *The College Entrance Examination* 1977 intended for the disabled, "Farewell to Cave Dwellings · Photography Exhibition", etc. More than 2, 000 people attended the activities. They shared their reading experiences with the famous writers Ye Guangqin, Wu Kejing and Wu Wenli, and attended free computer training. "Lotus Book Club" of Xi'an Public Library held a special event for the left-behind children of Hu County. Through the reading activity themed with "Knowing Yourself and Being Confident in Yourself", the kids obtained the spiritual strength. There were also more than 100 blind and dumb readers from everywhere who came and appreciated the accessible movies.

At the same time, the activity "Register for a Card and You'll Get a Book" attracted many people both inside and outside the library. On that day, all readers who applied for a reader's card of Xi'an Public Library were able to pick a book and take it home for free. Xi'an Public Library prepared more than 300 volumes of fine books for the free selection of readers.

In front of the display and promotion platform of digital books, many people downloaded digital books to their own mobile phones for free with great interest under the guidance of staff.

Under the organization and lead of Xi'an Public Library, member libraries of the city's Public Library Service Association took active action, carrying out more than 60 reading activities in the 8$^{th}$ Xi'an Reading Month. All the activities are rich in content and diverse in forms.

During the 4$^{th}$ Xi'an Reading Month, member libraries of Xi'an Public Library Service Association took the grassroots public libraries as the cultural front, offered services to readers in need, delivered the positive energy of respecting the culture, loving reading and caring for vulnerable groups to the whole society, and led the masses to advocate learning and develop a good habit of reading consciously, happily and enjoyably, creating a good atmosphere for building a study-oriented and civilized city. In the Reading Month, the city's public libraries served for more than one million visitors.

## 2. Based on Knowledge and Information Platforms, Meeting every "Spring of Science and Technology" with Science Promotion

Public libraries play an important role in science and technology literacy work. In the annual promotion month "Spring of Science and Technology", Xi'an Public Library actively disseminates knowledge of science and technology to readers and the general public, and carefully arranges science promotion activities with rich content and diverse forms.

Since there were a large number of young readers in the library, in the promotion month "Spring of Science and Technology", the reader service department held an exhibition of science knowledge and science and technology books in the natural sciences lending library, and held the activity of "Introduction to Periodicals of Popular Science" in the Periodical Reading Room, recommending good journals of popular science. Among the journals, what was suitable for teenagers to read included one of popular science *We Love science* and so forth. Those periodicals were rich in content and were warmly welcomed by readers.

Xi'an branch center of the Cultural Sharing Project not only organized "computer operation training classes for the elderly", but also carried out the training of making computer tabloids for teenagers with the theme of "Environmental Protection Starts from Me" in the surrounding primary schools. Under the guidance of the staff, many children extended their imagination, innovated boldly, and made the activity interesting.

In the activities of "Spring of Science and Technology" promotion month, "Tianlu Platform" was another important holding place. It delivered popular science lectures for more than four times during the annual events, attracting a large audience.

During 2014 "Spring of Science and Technology", we invited Mr. Zhang Lin, the host in the famous science program *Zhang Lin Talks about Home Appliances* of Xi'an Radio, to come to the spot of the lecture. The lecture attracted more than 400 people to attend. They filled the lecture hall on stage, off stage and on the aisles. On the stage, Mr. Zhang Lin explained to the audience some science and technology knowledge about household appliances, automobiles and decoration. Off the stage, the audience enthusiastically raised their questions, and the scene was very heated.

During the event, we invited trainers from Tsinghua Tongfang to hold a lecture on *the Use of CNKI's Academic Resources*, guiding readers on the use of digital academic resources, meeting the academic need of higher levels of readers.

In the month of "Spring of Science and Technology", the activities that Xi'an Public Library conducted had distinctive themes and diverse forms. Xi'an Public Library had its base in the library, stepped into the campus, and disseminated practical knowledge of popular science, fully playing the library's important role as a science base.

## 3. Supported by Talents and Knowledge Resources, Offering Cultural Services into "Three Areas"

In order to implement the national, provincial and municipal requirements, according to its own situation, supported by talents and knowledge resources, Xi'an Library actively participated in the culture construction work in the remote and poor areas, border areas and old revolutionary base areas, offering cultural services into the "Three Areas". It assigned some elite staff to Lantian County Library which was located in a poor county near Xi'an. It delivered the renowned service "Tianlu Platform" to Zhouzhi and Chunhua. It also carried out business training, reading promotion and other cultural services to local cultural cadres and pupils.

According to the needs of cultural development and talents of Lantian County, in August 2013, Xi'an Public Library assigned the outstanding employee Jing Yaofu from the Reference Department to go to Lantian Library and support the cultural services construction of Lantian County Library. Comrade Jing Yaofu overcame difficulties like poor living conditions, but was serious, responsible and hard-working. Lantian Library is currently building a new section. Comrade Jing Yaofu was involved in the regulation establishing work of Lantian County Library, setting up a number of rules and regulations. He was serious in and responsible for his work, getting approval from leaders of Lantian Library and other comrades.

Meanwhile, Xi'an Public Library took its branded service project "Tianlu Platform" into Zhouzhi and Chunhua County. It has conducted seminars and training for Zhouzhi County Library and grassroots cultural cadres of Zhouzhi County, and carried out a special reading promotion seminar "Reading Takes Me to Fly" to pupils of Sanlizhen Primary School in Chunhua County, warmly welcomed by local people.

The "Three Areas" cultural service that Xi'an Public Library has actively implemented, reflects Xi'an Public Library's leading role as a central library in the development and innovation of the cause of the library, playing a positive role in narrowing regional disparity and urban-rural gap, as well as promoting the faster and better development of the cause of public libraries.

Section 5

# Extending Services and Exploring the Center-Branch Pattern

Public libraries are the foundation and mark of urban cultural development. The accumulation, inheritance, and dissemination of a city's culture depends on the reading atmosphere and good reading conditions of the city. Xi'an is an ancient city with a long history. The development of public libraries has recorded the civilizing process of the modern city of Xi'an; witnessed the growth of the public's quality; and added to the city's unique charm of cultures. In the 21st century, urban construction of Xi'an is increasing rapidly. The urban area has doubled, and the population has nearly doubled. With the continuous expansion of urban areas, the time cost and transportation cost for the public to enjoy services of public libraries have greatly increased. Building flexible branch libraries according to urban construction planning and population distribution, would help expand the coverage of public library services, resolve the reality problem that urban fringe readers have difficult access to public library services, and at the same time provide more professional literature information services for specific groups, extending the breadth and depth of public library services.

The center-branch construction pattern of the library, is a requirement to the development of the library cause according to *National Planning of Cultural Development in the Eleventh Five-Year Period*, and has become an important mode of national construction of library service networks. The center-branch system is a fairly scientific library construction mode in the world. So far, the center-branch library system has been considered as one of the most effective forms to achieve the library service system of universal equality. Establishment of center-branch system not only can activate the service capacity and service level of grassroots libraries, but also can integrate the separate library services into the public library service system covering the whole society. Meanwhile, it has the advantage of low cost and high efficiency, saving the cost of library construction and operation significantly. Branches construction is a new thing for Xi'an Public Library. It was born on the basis of readers' needs in the information society and Internet age. It aims at achieving the construction and sharing of literature resources of Xi'an Public Library, improving the guarantee level and service level of literature resources of Xi'an Public Library, and meeting the public demands for literature resources as much as possible.

Xi'an Public Library has a short history, and the construction of branches can help Xi'an Public Library fully play its radiation role as the literature and information center in the region. Xi'an Public Library was starting to set up its branches in 2008. The branch units are responsible for providing venues, facilities, personnel, daily services and property management, and Xi'an Public Library is responsible for the distribution and professional guidance of literature resources, so excellent document and information services are offered in the normalized form of management. Xi'an Public Library focuses on "extending public cultural services"; establishes branches in business units, military units, schools, communities, villages and towns that have certain hardware facilities and management conditions; and implements integration, distribution and dynamic management of literature resources. Now it has completed the construction of 10 branches and 10 mobile service points, forming the initial shape of center-branch frame. In order to improve the service quality and service level of each branch, and promote their scientific operation and healthy development, Xi'an Public Library has developed *Branch Assessment and Appraisal Standards* and *Branch assessment and Appraisal Approach*, conducting a comprehensive assessment annually, picking out outstanding branches and commending them. The evaluation work has received active responses from the branches.

In December 2008, Shaanxi Province Women's Prison branch of Xi'an Public Library was opened. The reading room has an area of 150 square meters. There is one full-time librarian and 3 part-time librarians, with an annual loan volume of 15, 000. It is open regularly every week. The branch launches a new books column and new books recommendation on a regular basis. The radio station broadcasts daily "Walking through a Sea of Books", and often carries out the themed reading activities, encouraging members to write down reading experiences and picking out outstanding works among them.

In May 2009, Xi'an Blind and Dumb School Branch of Xi'an Public Library was opened. It has an area of 35 square meters. A part-time teacher works as its librarian. It is opened regularly, with an annual loan volume of more than 7, 000 copies. The branch recruits volunteers from students to carry out the activity "Being an Administrator for One Day", organizes reading activities from time to time, and frequently conducts the survey "on extracurricular reading of students of each grade", keeping abreast of students' reading orientation and actively meeting the students' reading needs.

In June 2009, Lintong branch of Xi'an Public Library of a troop was opened. There are two full-time librarians. It is opened regularly, with an annual loan volume of more than 6, 000 copies. The branch regularly organizes mobile book boxes to send books to grassroots armies, making it convenient for officers and soldiers to borrow and read books.

In July 2010, Xi'an Public Security Fire Brigade Branch of Xi'an Public Library was opened. The reading room has an area of 200 square meters, with one part-time librarian and an annual loan volume of more than 8, 000 copies. It is opened all day from Monday to Friday, and grassroots officers and soldiers are able to borrow books upon arrival. The branch regularly conducts new book recommendation and good book introduction, and frequently carries out reading surveys among officers and soldiers, keeping abreast of their reading needs.

In October 2010, the branch of Wuzhuang Village, Ancun Town, Lantian County, Xi'an City of Xi'an Public Library was opened, with an area of 70 square meters.

In January 2012, the procuratorate branch of Weiyang District, Xi'an City of Xi'an Public Library was opened. The reading room has an area of 20 square meters, with one part-time librarian. It is open regularly, with an annual loan of more than 600 copies. The branch conducts surveys on reading needs on a regular basis, recommends books to each other, and organizes books flowing. It carries out reading exchange activities at different levels on the annual World Book Day. For example, it conducts "Prosecutor Reading Activities" among prosecutors, prints their reading experience out into books, and regularly invites famous writers to have a talk with readers in the procuratorate library branch.

In May 2012, the branch of Children's Welfare Institute in Xi'an of Xi'an Public Library was opened. The reading room has an area of 100 square meters, with a part-time librarian. It is open regularly.

In July 2012, the army branch of Xi'an Public Library was opened. The reading room has an area of 80 square meters, with one full-time librarian and three part-time librarians in charge of the work. The number of people attending the library monthly is 750 on average. The branch regularly carries out "reading and essay collecting activities", and advocates reading among officers and soldiers.

In June 2013, Xi'an Wuhuan Middle School branch of Xi'an Public Library was opened. The reading room has an area of 144 square meters, with one full-time teacher in charge of the work. It is opened on weekdays.

In April 2014, the central petroleum company of Xi'an Public Library was opened. The reading room has an area of 100 square meters, with four full-time librarians in charge of the work. It is opened on weekdays.

There are ten mobile service points outside Xi'an Public Library. Those points have an average loan volume of 47, 660.

第十五届全国十五城市公共图书馆工作研讨会

# Chapter 11

# Library Cultural Exchanges

Section 1

# National Academic Exchanges

## 1. Annual Meeting of Library Society of China

Xi'an Public Library has been in Library Society of China as a public institution since its opening. It assigns librarians to participate in the annual meeting of Library Society of China, and several of its papers have been awarded.

## 2. National Workshop of Public Libraries of 15 Cities

The annual national workshop of public libraries of 15 cities is evolved from the national workshop of planned separate city libraries, quite authoritative and academic in the realm of the library. Since 1987, it has been successfully held for 26 sessions. The member libraries include Harbin City Library, Changchun Library, Shenyang City Library, Dalian Library, Qingdao City Library, Jinling Library, Ningbo City Library, Xiamen City Library, Wuhan Library, Chengdu Library, Xi'an Public Library, Hangzhou library, Jinan City Library, Shenzhen Library and Guangzhou Library. Those city libraries have played an important role in our library cause. They get together and exchange working experiences annually, discussing the future and working cooperatively, which plays a positive role in promoting the development of library science and library cause.

From October 21 to October 25 in 2002, the $15^{th}$ national workshop of public libraries of 15 cities was held in Xi'an. Xi'an Public Library was the host of the meeting. Since 2002, Xi'an Public Library has assigned librarians to attend the meeting each year, and a number of papers have been awarded.

## 3. Other Academic Exchanges

Over the years, Xi'an Public Library has attached great importance to the national and regional professional academic exchanges in the realm of the library, such as Youth Academic Forum of Library Society of China. Xi'an Public Library assigned librarians to participate, and a number of papers were awarded.

## 4. Forums

Xi'an Public Library attended activities such as Joint Meeting of Librarians from Provinces, Autonomous Regions, Municipalities and Larger Cities, High Level Forum of City Public Libraries and so forth. The Chief Librarian Yuan Zhangmi once conducted a keynote speech at the joint meeting and the forum.

## 5. Inter-library Exchanges

Since its opening, Xi'an Public Library has had increasing inter-library exchanges with other brother libraries. It has received more than 30 libraries across the more than ten regions such as Shaanxi, Jiangsu, Shandong, Inner Mongolia, Guangdong and Yunnan. Li Guoxin, deputy director of Academic Committee of Library Society of China, professor of Information Management Department of Peking University, Xie Lin, former Chief Librarian of Shaanxi Provincial Library, Yang Yulin, professor of Northwestern University and other famous scholars came to the library to conduct guidance and research.

From October 30 to November 5 in 2012, Library Association of Xi'an City organized a study-tour group of 14 people including chief librarians and elite staff from city libraries and district (county) libraries. They went to libraries in the area of Xiamen for study and inspect, and visited 3 libraries including Xiamen City Library, Siming District Library of Xiamen City and Library of Xiamen University.

Section 2

# International Exchanges

On November 2, 2000, staff from Massachusetts Library of U. S. visited Xi'an Public Library.

On March 24, 2004, Ms. Sophie, offspring of "Shaanxi Village", director of Law Department of Hasa Stan Talas University and doctoral tutor came to visit the library and conducted academic exchanges.

On June 26, 2006, Japanese news staff came to the library for visit and exchanges.

On October 25, 2007, Mr. Narong Giladiyuwong, Thai consul at Xi'an Consular Office of Thailand, along with his interpreter, came to visit Xi'an Public Library, and donated 36 kinds of books related to Thailand.

# Collections

Introductions into Key and Featured Collections

Xi'an Public Library is a nonprofit cultural institution invested by Xi'an City People's Government. It is a public library opened to the public, and has the functions of collecting, organizing, storing and researching literature information resources. It is the center of literature collection, resources sharing and library science studies in Xi'an. According to the nature, policies and tasks of Xi'an Public Library, considering the development needs of the economic construction, social progress, scientific research as well as industrial and agricultural production in Xi'an, the principle of the construction of the library's collection system is settled as focusing on key literature, oriented by featured literature and based on general literature. Under the guidance of this principle, after 14 years of continuous efforts and accumulation, Xi'an Public Library has gradually formed a collection system with enriched forms of literature carriers, various types of literature and broad-ranged content of literature on the basis of literature resources construction. At the same time, it actively conducts the development and construction work of featured multimedia databases.

In October 2000, at the beginning of its opening, Xi'an Public Library had very few collections. Its main collections included books stored by Xi'an Bureau of Culture when it was planning to establish Xi'an Public Library, books in the book room in the bureau, and more than 30, 000 volumes of books donated by several city-level units and individuals on the call of Xi'an government. After its opening, Xi'an Public Library made various efforts to continuously strengthen the collections. So far, it has had 850, 000 volumes of paper books, 350, 000 volumes of e-books and e-journals. Its collections are composed of basic collection, key collection, featured collection and general collection. Basic collection is the library's permanent collection, covering books about basic theory and basic methods of all disciplines. General collection includes books about learning, living and entertainment. Featured collection includes literature materials with unique characteristics of the library itself, mainly including Xi'an's historical data, ancient and rare books, themed databases about Xi'an's celebrities, local literature and the like. Key collection includes books assisting in the decision process of urban social development and construction. Xi'an Public Library not only guarantees the construction of basic collection and general collection, but also strengthens continuously the construction of featured collection and key collection. In early 2015, it established a special collection room as a complement and expansion to local literature reading room, with a view to strengthening the construction of local literature and thematic literature resources, serving as the center of literature resources and information in Xi'an, playing the role of preserving and displaying the rich culture of Xi'an, providing literature and information support and guarantee for the economic, political, cultural and social development of Xi'an.

12

# Chapter 12

# Historical Literature

Historical literature of Xi'an Public Library includes ancient books, literature in the Republic of China, photocopied ancient books as well as some historical data and materials published in contemporary period. It has a total of more than 300 kinds and 12, 500 volumes, and some of the ancient books and literature in the Republic of China were received from the book room of the former Bureau of Culture of Xi'an. The library has a short history and few historical documents, so the leaders attached great importance to the collection, purchase and preservation of historical literature. In recent years, they have actively called for special funds for the purchase of historical literature, gradually setting up the purchasing rule of historical literature, constantly improving the collection system, resulting in some increases in the types and amounts of historical literature. Although the amount of historical literature is not much, the types of it are fairly complete. They basically contain Classics, History, Philosophy, Literature and new learning. They involve fairly precious rare books and also some old local records. Photocopied ancient books mainly include large-scale series of complete sets of books. In addition, the library pays attention to some contemporary published historical data and materials which to some extent make up for the lack of ancient books.

In 2012, Xi'an Ancient Books Protection Center was established, the office of which was set in Xi'an Library. In March 2013, Historical Literature Center of Xi'an Library was set up, and a historical literature section was built according to *Basic Requirements of Ancient Books Section in the Library WH/T24-2006*. The ancient book section has constant temperature and humidity. Such series of measures had changed fundamentally the preservation conditions and specifications of historical literature, thus advancing the work of historical literature of the library.

In December 2013, the library was entrusted by the Third Secondary School of Xi'an. *Custody Agreement* was signed. Xi'an Public Library was responsible for the custody and organization of the 150 ancient books and historical data of the Third Secondary School.

## Section 1

# Ancient Books

### 1. *Book of Qian Que House*

Edited by Chen Renxi (Ming), books from Chongzhen in the Ming Dynasty, 7 sets and 56 copies, 120 volumes.

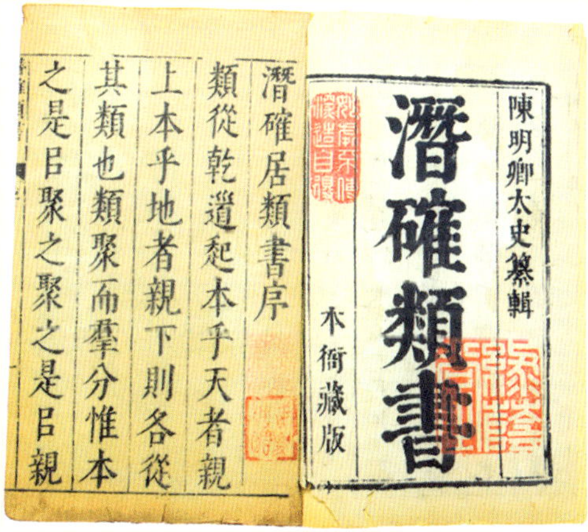


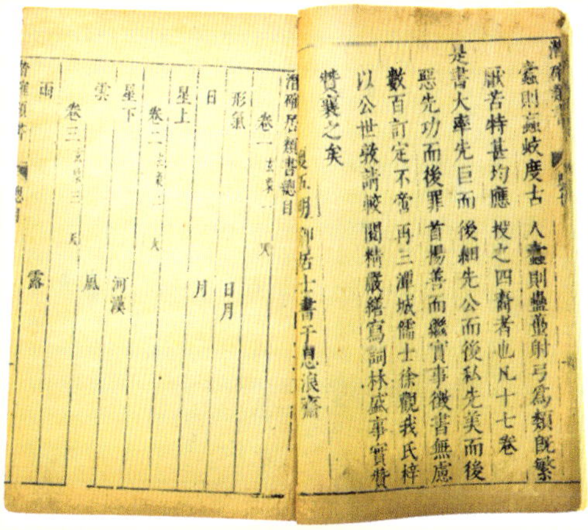

Chen Renxi (1581-1636), official and scholar in the Ming Dynasty, courtesy name Mingqing, literary name Zhitai, and was from Changzhou (now Suzhou, Jiangsu). Qian Que House was the name of the editor's house. Qian means hidden and Que means true. *Book of Qian Que House* has one hundred and twenty volumes, also known as *Book of Qian Que*. It is divided into 13 parts and 1, 400 categories. *Book of Qian Que House* copied a handful of other books, all noting the sources. Although it was mostly a transcription of other books, it also cited hundreds of books, and organized the books in a very insightful way. It was completed in the initial years of Chongzhen's reign. During the years of Qianlong's reign, the

Qing government considered some parts of its fourteenth volume very rude, and some parts in the eleventh volume also absurd. The book described the birthplace of Marchu as a desolate land of barbarians, which led to the discontent of Qing. Therefore, it was listed as a banned book in the 42nd year of Qianlong's reign . Since the banned books rarely survive in the later generations, this books is fairly invaluable.

### 2. *Sanfu Yellow Map*

Author anonymous, postscript written by Li Kai in the end of Ming and the beginning of Qing, book in the end of Ming and the beginning of Qing, 1 set and 1 copy, 6 volumes.

*Sanfu Yellow Map* is also known as *Xijing Yellow Map*, briefly *Yellow Map*, and is an ancient geographic book. According to legends, the book was written by someone in the Six Dynasties, and the postscript was written by Li Kai in the end of Ming and the beginning of Qing. *Sanfu Yellow Map* is divided into six chapters, specifically noting the construction of the capitals of Qin and Han, mainly focusing on Han's capital Chang'an. Qin's capital Xianyang and Han's capital Chang'an were famous capitals in ancient China. The book describes in detail Chang'an and its surrounding layouts, palaces, courts, gardens, ponds, platforms, departments, warehouses, bridges, cultural facilities, ceremony systems, etc. It is the most important historical document researching on ancient capitals especially Han's capital Chang'an. It contains the historical account on "Tianlu Pavilion and Shiqu Pavilion".

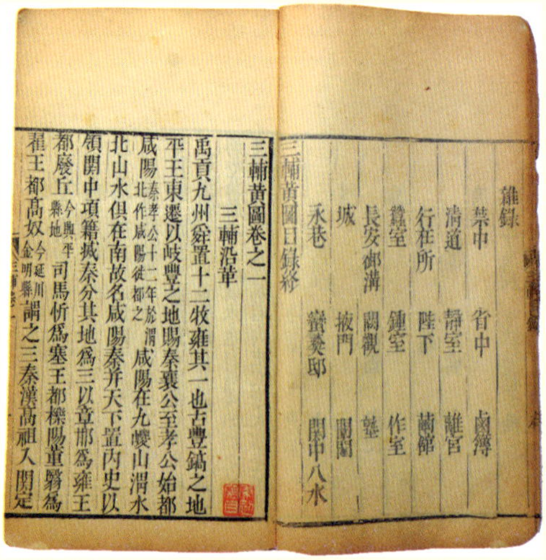

### 3. *Records of Suicou*

Written by Wu Weiye (Qing), a book in Kangxi, 1 set and 8 copies, 12 volumes.

Wu Weiye (1609-1672), courtesy name Jungong, literary name Meicun, other names Luqiaosheng, Master of Guanyin and Taoist Dayun. He was a member of the ethnicity of Han, and was from Taicang, Jiangsu. This book is a historical account of the peasant war at the end of the Ming Dynasty. It was completed in the ninth year of Shunzhi's reign (1652), formerly known as *Records of Luqiaoqiao*, noting from the beginning to the ending of various uprisings in the first year of Chongzhen's reign. The book adopted the style of event noting and was arranged in order. It consists of twelve volumes, and each volume has a title of three characters. There is a conclusion or an attached note after each volume, commenting on the rights and wrongs. Some related writings or hearsays were extracted for the reference of others. The book is an important historical record of peasant uprisings in Late Ming.

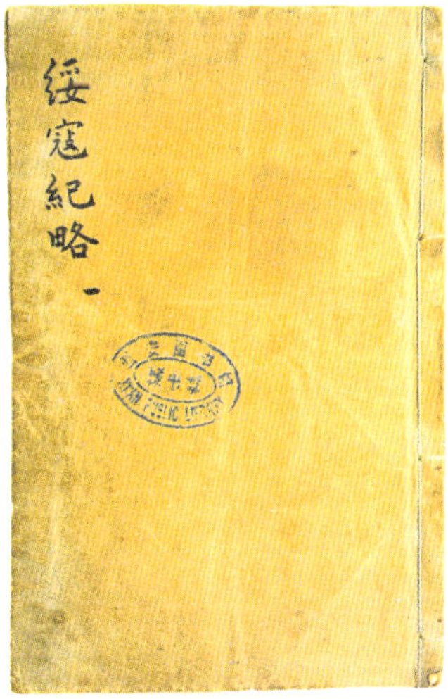


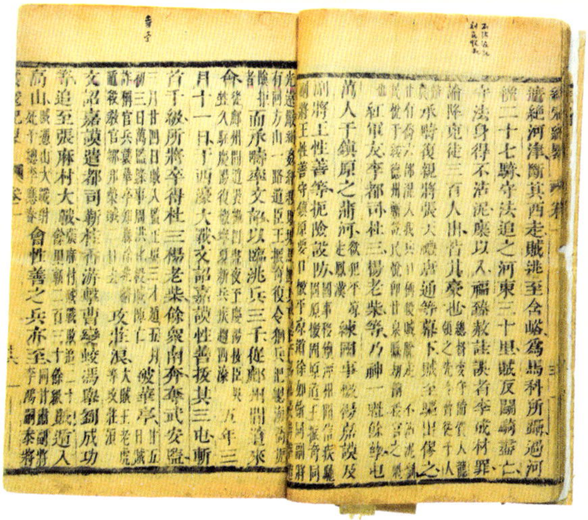

### 4. (*Xining*) *Twenty Volumes of Record of Chang'an Written by Song*

Written by Song Minqiu in the Northern Song Dynasty, 1931, printed copy, 20 volumes and 3 volumes of figures.

Song Minqiu (1019-1079) in the Northern Song Dynasty, courtesy name Cidao, was from Pingji, Zhaozhou (now Zhaoxian, Hebei). He once supplemented to the records of the Six Dynasties beyond Emperor Wuzong Li Yan. He edited *Compilation of Tang's Bulletins* and revised *New Book of Tang*. *Record of Chang'an Written by Song* was completed by Song Minqiu based on *Record of Chang'an*, having an important role in the history of China's local records. The record focused on accounts of the residences, palaces, houses and temples of Tang's Chang'an, and dated back to Zhou and Qin Dynasties. It covered 24 counties such as Wannian and Chang'an governed by Beijing, detailing its development, mountains and rivers, scenic spots, as well as ancient relics. It is an important historical record when researching the old Tang's capital Chang'an.

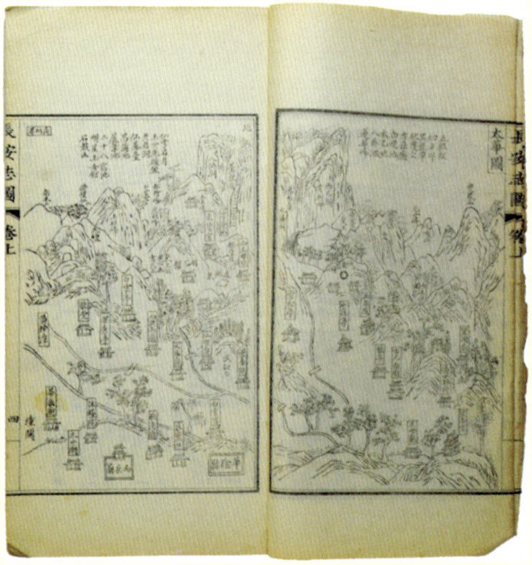

### *5. Daily Records of Tour in Qin*

A volume of attached with a volume of records of climbing Taihua, written by Fu Zengxiang, 1932, printed copy.

Fu Zengxiang (1872-1949), courtesy name Yuanshu, otherwise named Master of Shuangjian House, Resident of Hidden Garden, Old Man of Spring Water, Master of Changchun Room, etc., was a famous contemporary book collector. *Daily Records of Tour in Qin* is a travelogue written by Fu Zengxing, the most famous book collector since the Republic of China. The library keeps the printed copy published by Tianjin Dagong Newspaper in the 21st year of the Republic of China (1932). It contains a volume of daily records of tour in Qin and a volume of the record of climbing Taihua. Fu Zengxiang published this edition in Hidden Garden. There was an inscription in red by Fu Zengxiang on the cover. Fu Zengxiang also commented and corrected in red in Hidden Garden in the volume of the record of climbing Taihua. It was a copy in cotton and was printed at the initial stage. It was finely printed, being extremely precious.

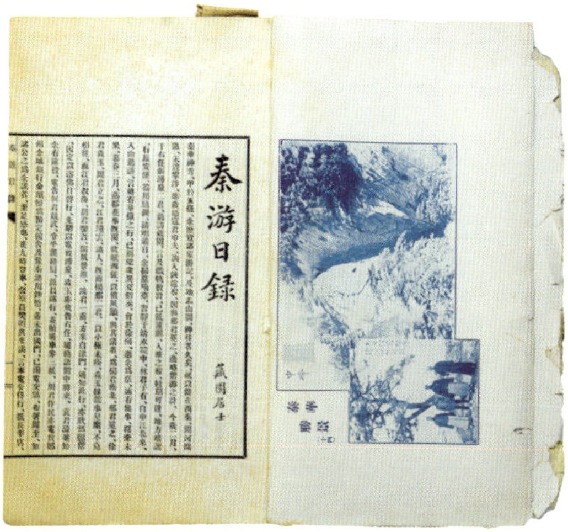

## 6. *Sequel of Sibu Congkan*

Edited by Zhang Yuanji, Shanghai Commercial Press, 1934, 222 copies.

Zhang Yuanji (1867-1959), was a Chinese publisher, courtesy name Xiaozhai, literary name Jusheng. He once presided over the Commercial Press, organizing a large number of books in Edition and Translation Department and Hanfen House. He selected more practical books and paid attention to rare books. He also organized faxed versions of lithographs, opening a new age of copying and photocopying of ancient books. *Sibu Congkan*, edited and published by Zhang Yuanji and its sequel, is a large-scale series of books compiled from China's ancient and rare books. Based on rich and reliable literature materials, Zhang Yuanji rescued cultural heritages of China, solved the problems of scholars' book seeking and satisfied their learning needs. The publication of the book was a great event in Chinese modern publication history.

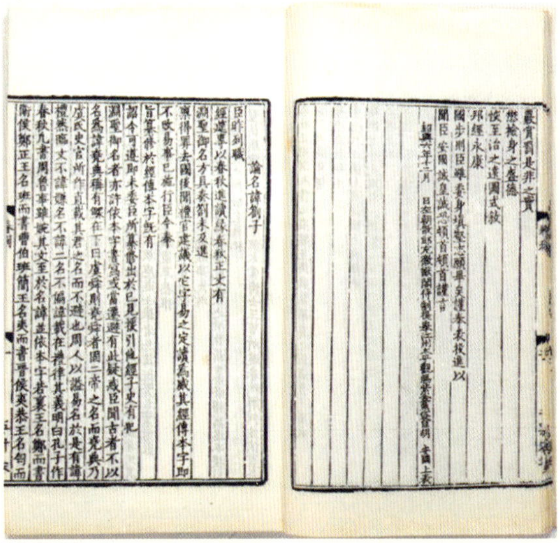

### 7. *Pinglu's Manuscripts*

Written by Weng Tonghe in Qing Dynasty, 1935, photocopy of Shanghai Commercial Press, 10 volumes.

Weng Tonghe (1830-1904) was from Changshu, Jiangsu, courtesy name Shuping, literary name Songchan, otherwise named Resident of Pinglu, Resident of Bingmei, etc. He was good at poetry and painting, and was especially renowned for his calligraphy. He had unique artistic views, potentially affecting the formation of his strong and gloomy calligraphy style. Commercial Press and Youzheng Books photocopied part of Weng Tonghe's manuscripts respectively, providing models for people to learn Weng's calligraphy as well as appreciation.

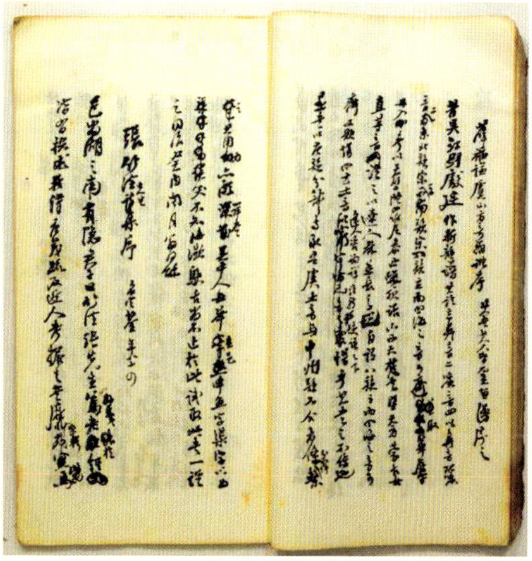

### 8. *Sibu Beiyao*

Edited by Zhonghua Book Company, from 1920 to 1936, 227 copies for the whole series.

*Sibu Beiyao* is a large-scale series of ancient books edited and printed by Zhonghua Book Company from 1920 to 1936. It contains 355 kinds of books, 2 types of appendixes and 11, 305 volumes in Classics, History, Philosophy and Literature. It focuses on practical items, and selected and printed representative collated books and noted books. The characters and painting are clear, delicate and elegant. Due to its practical selection, clear characters and wide spread, it has been a typical book for studying and researching ancient literature. Liang Qichao referred to it as "a book not found in ancient time". The library keeps the version edited by Zhonghua Book Company, in exquisite imitation Song script, printed under the format of old thread-bound books. There are 227 copies in the entire series.

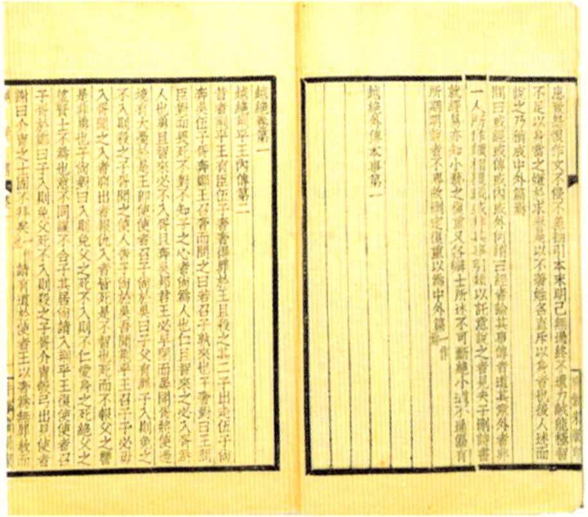

## 9. (Jiaqing) *Record of Chang'an County*

Written by Zhang Congxiu in Qing Dynasty, 1936, printed copy.

Zhang Congxian (? -1831), courtesy name Xuhou, literary name Aitao, was from Tongcheng, Anhui. He was an official in the Qing Dynasty. He once wrote 30 volumes of *Record of Chang'an County*. *Record of Chang'an County* imitated the style of historical books, having figures, tables, records and biographies. It detailed the geography, people, cultural changes of Chang'an before the 17th year of Jiaqing's reign (1812), being is an important historical book to research ancient Chang'an.

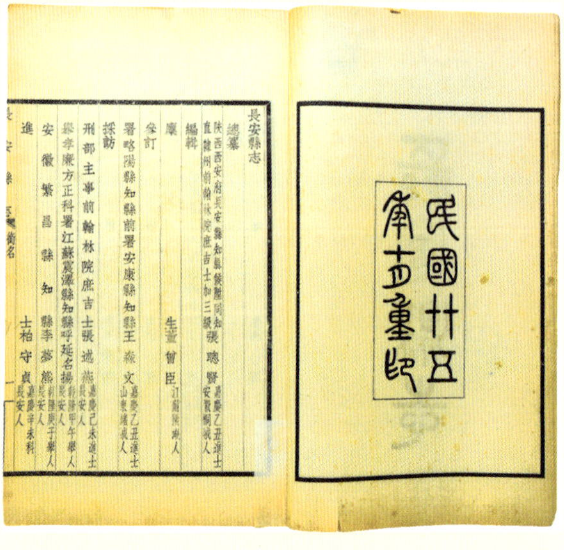

### 10. "*Sequential Records of Lantian County*"

Twenty-two volumes, written by Hao Zhaoxian, 1941, printed copy by Canxue House.

Hao Zhaoxian (1896-1978), also known as Tianzhu, once named Yimiao and Haoxuan, was from Huangni Town, Qianshan County, Anhui Province. In 1934, he was assigned as the head of the county. *Sequential Records of Lantian County* written by Hao Zhaoxian and others, kept the style of records, and contains figures, tables, records, biographies, origin of holy studies and miscellanies. It included the historical development and changes of Lantian, Shaanxi from ancient times to the third year of Xuanchuan's reign (1911), being an important historical record to study the development of Lantian County.

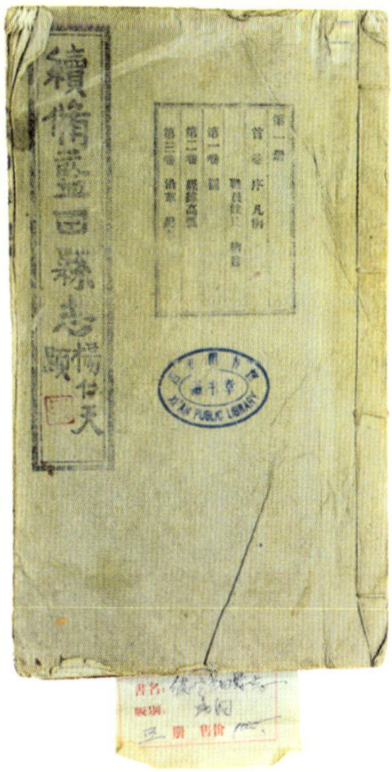


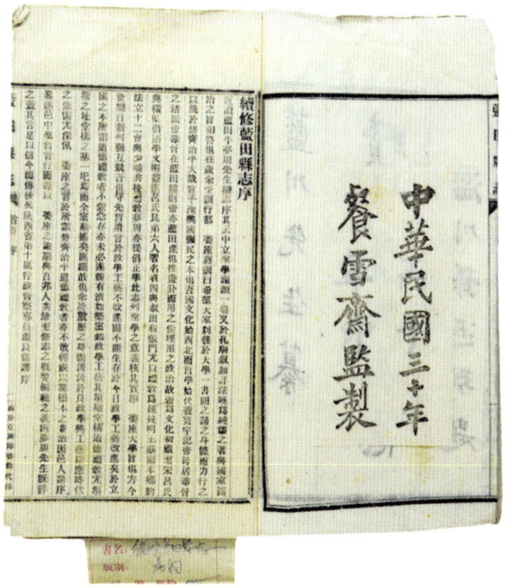

Section 2

# Photocopied Ancient Books

## 1. *Sibu Congkan*

Shanghai, printed by Shanghai Bookstore, 1926, 500 copies for the whole series.

*Sibu Congkan* is honored as "the essential tool for cultural workers", and is a compilation of various ancient Chinese classics edited in the beginning of the last century by the famous scholar and publisher Mr. Zhang Yuanji. The book has collected a total of 477 kinds and 3, 134 volumes of books, with 232, 478 pages and nearly 90 million characters. Scholars have recognized that the most significant feature of this book is its devotion in versions. It explored some manuscripts that were never available in the world. The editors specially selected old books in the Song, Yuan and Ming Dynasties (and also finely copied books in the Qing Dynasty) and finely collated famous transcripts, thus the version value of the book largely surpasses *Siku Quanshu. Sibu Congkan* also took in a number of very useful reference books, of which the most famous is Song's "*Taiping Yulan*". After the establishment of DRC, in order to meet the urgent needs of the academia, Zhonghua Book Company of Beijing shrank it to four sections. Over the years, the book has been vastly praised by culture and history workers, which would be often used as master copies for the organization of ancient books.

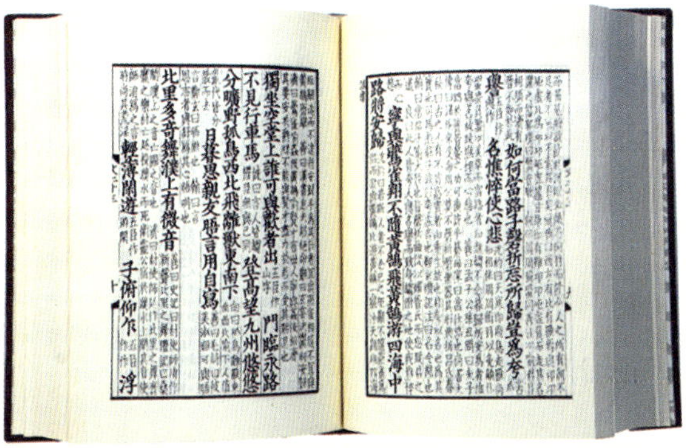

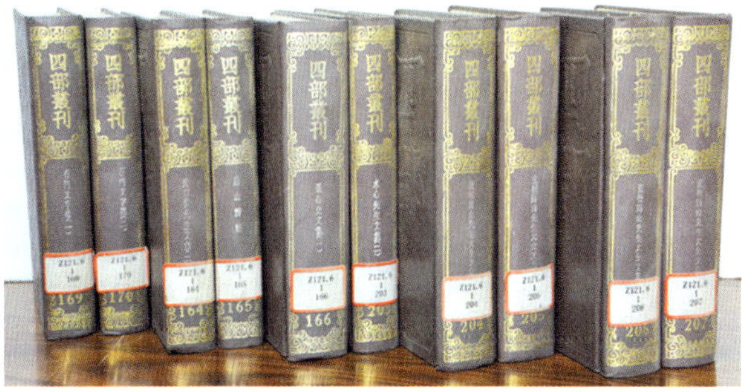


### 2. *Initial Edition of Congshu Jicheng*

Beijing, Zhonghua Book Company, 1985, 200 sets and 4, 000 copies.

In 1985, this series of books were photocopied by Zhonghua Book Company using the version of Shanghai Commercial Press. There are in total 4, 107 kinds and 4, 000 copies. The series has a very wide range of collection, and can be divided into 10 categories and 541 classes. Ancient books that are regularly used for reference were roughly included. The books are divided into ten categories: generalization, philosophy, religion, social science, philology, natural science, applied science, arts, literature, history and geography. The editors firstly chose one hundred fairly important kinds of books from the Song Dynasty to the Qing Dynasty, got six thousand kinds of subheadings, and remained four thousand in fact after removing repeated ones. The books were printed with one style (mostly typography and few photocopies). Each copy was numbered for the convenience of shelving management and searching. *Congshu Jicheng* mainly collected some seldom seen books, providing valuable information for people doing research. The publication of the book plays an important role in the dissemination of traditional Chinese cultures and the research in ancient book organization.

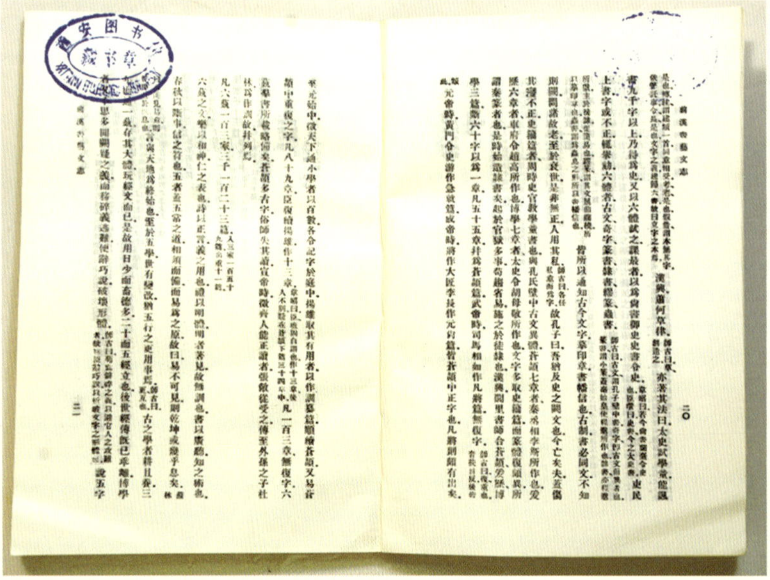

### 3. *Northwestern Chinese Literature Series*

Lanzhou, Lanzhou Antiquarian Bookstore, 1990, 203 copies.

The series is a huge project of ancient book organization under the unified planning of Steering Committee of National Literature and Book Series, organized and completed jointly by the editorial committee of *Northwestern Chinese Literature Series* and Gansu Ancient Literature Organization and Collation Center. By means of exploration and rescue, for the purpose of protection and research, on the basis of system consolidation, the series includes six national languages such as Han, Mongolian, and Tibetan, fully reflecting and reproducing the whole picture of various versions of existent ancient literature in the five Northwestern Chinese provinces and Inner Mongolia Autonomous Region from pre-Qin to the Republic of China.

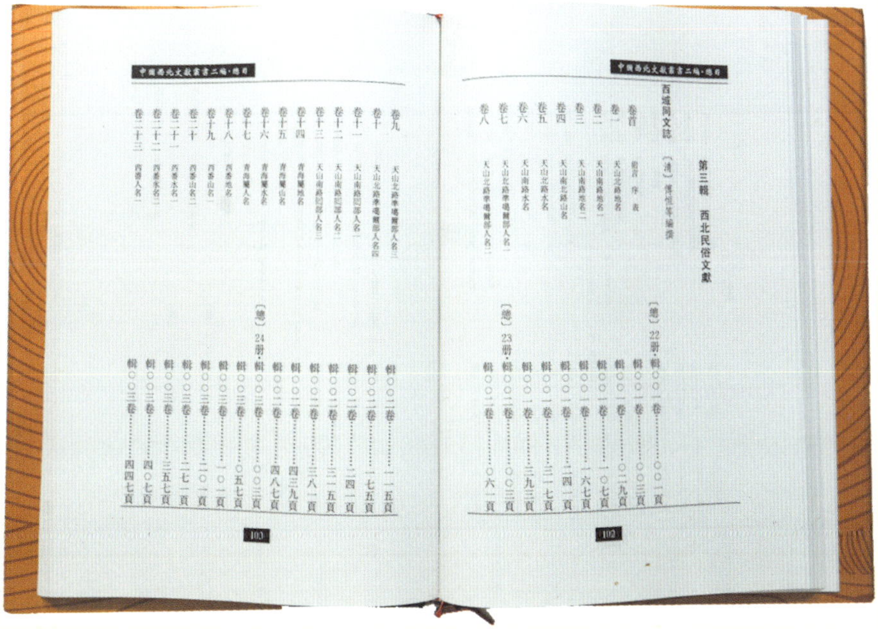

The series is arranged according to subjects, sequenced with headings, subheadings and post-subheadings. Because of its large capacity, academic sections were taken as units, ordered by the birth year of editors or writers, or the sequence of original versions. *Northwestern Chinese Literature Series* preserved by the library consists of 8 academic sections in its main part. It includes 560 kinds of historical literature in 6 languages such as Han, Mongolian, and Tibetan, totaling 200 volumes (among which 63 are scarce local records) and 203 copies. The secondary part of the series mostly contains Xinjiang historical literature, with a total of 103 kinds and 51 copies, about 25 million words. As a supplement to the main part and the secondary part, the sequential part of the series is divided into 4 sections, including Northwestern History and Geography Literature (16 copies, edited by Yang Jianxin), Northwestern Archaeology (18 copies, edited by Xue Yingqun), Scarce Local Records (4 copies, edited by Wang Xilong) and Dunhuang Studies (22 copies, edited by Feng Zhiwen).

### 4. *Sequential Siku Quanshu*

Shanghai, Shanghai Classics Publishing House, 1996, 1, 800 copies for the whole set.

*Sequential Siku Quanshu* is a national key publication project approved by State Press and Publication Administration as well as National Ancient Books Organization and Publication Planning Group. It was the second massive cleanup and collection of Chinese classical literature nationwide, after the Qing Dynasty edited *Siku Quanshu* in the 18th century. *Sequential Siku Quanshu* followed the style of *Siku Quanshu*, classified by classics, history, philosophy and literature. The covers were decorated with four colors of green, red, blue and ocher. There are 1,800 copies of hardcovers, divided by 260 copies of classics, 670 copies of history, 370 copies of philosophy and 500 copies of literature. *Sequential Siku Quanshu* and *Siku Quanshu* together build a large library of Chinese basic classics. Important classics of ancient China (before 1911) could be found here.

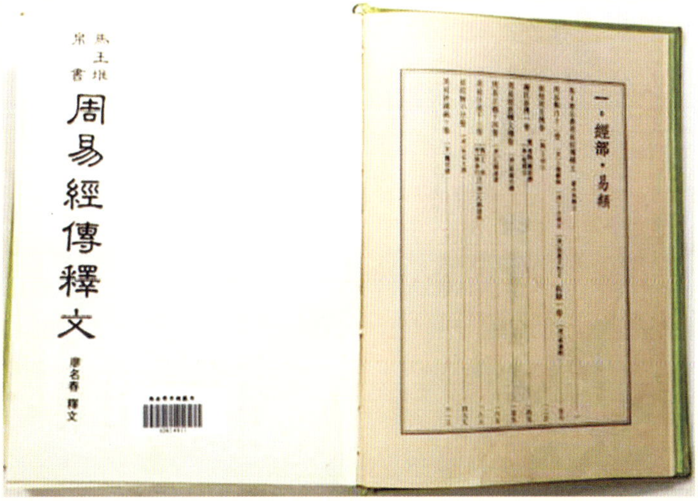


### 5. *Banned and Destroyed Book Series of Siku*

Beijing, Beijing Publishing House, 2000, 310 copies for the whole set.

*Banned and Destroyed Book Series of Siku* lovers books destroyed partly and completely during the editing period of *Siku Quanshu*. There are in total 311 copies (one index). There are 10 copies in Classics, with 16 kinds of collected books; 75 copies in History, 157 kinds of collected books; 38 copies in Literature, 410 kinds of collected books. In total, there are 642 kinds of collected books.

Among the series, Literature account for the majority, part of which indeed is fine works of Chinese culture. The number of books in History is followed. Banned and destroyed books were mainly about Liao's affair (the relationship between Man and Han before entering Guanzhong) and the history of Southern Ming. The aim of the destruction was to obliterate, destroy and tamper with historical facts. Some books in Classics, Literature series also could not spare themselves during the banning frenzy. *Banned and Destroyed Book Series of Siku* was chiefly based on Yao Guanyuan's *Banned and Destroyed Books in the Qing Dynasty*, Sun Dianqi's *Record of Banned Books in the Qing Dynasty*, Lei Mengchen's *Collection of Books in Various Provinces in the Qing Dynasty* and Chen Naiqian's *Indexed Overall Record of Banned Books*. It's not the gathering of all the banned books in the Qing Dynasty. It doesn't include the banned and destroyed novels and drama after Qianlongs reign of the Qing Dynasty. The collected books are mainly in the form of printed copies and transcripts. Stone copies, lead copies and photocopied originals were collected accordingly, and the collated books were not collected.

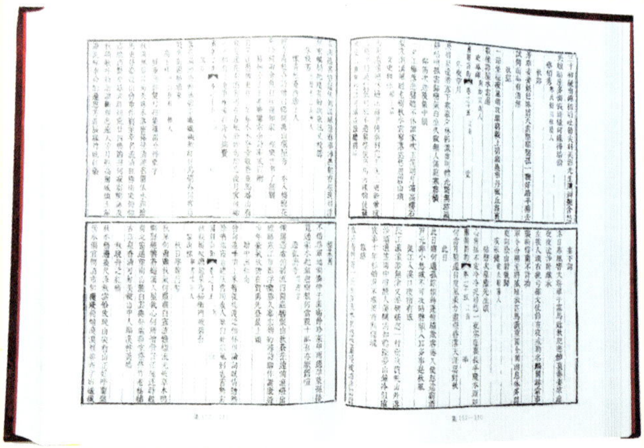

13

# Chapter 13

# Local Literature in Xi'an Public Library

Local literature is the carrier of knowledge of a particular area, including local publications and local figures' writings, which is a comprehensive reflection of the area's politics, economy, culture, education, history, geography, customs, biographies, natural resources, historical sites and so on. Collecting and preserving local literature is an important task for the collection construction of public libraries. Xi'an Public Library set up its local literature reading room when it was opened in October 2000. In recent years, the library has attached great importance to the collection work of local literature. It has assigned special staff responsible for collecting local literature. Up to now, it has collected a total of 5, 128 kinds and 7, 256 copies of books, 119 kinds of local periodicals and 19 kinds of newspapers. The local literature collection system gradually takes shape, covering 22 categories of books. The materials collected all have their bibliographic data, and provide resources for the library's featured digital resource construction. Focusing on data collection, staff of local literature reading room also carry out the consultation, retrieval and providing services, making full use of the library's collections as well as the professional knowledge and skills they have mastered. Such positive, professional and efficient services have received wide acclaim and recognition by the community.

In order to align with the construction of Xi'an'Daobei and Daming Palace National Heritage Park, Shaanxi TV shot a featured film entitled *Seventy Years of Daobei*. The library's local literature reading room provided related pictures, atlases and photographs, as well as texts. Accordingly, Shaanxi TV gave special appreciations to Xi'an Public Library at the end of the film, and sent a set of the film's DVD to Xi'an Public Library, in order to show appreciations to the provision of materials. Meanwhile, the producer of the program has repeatedly expressed the wish to have the opportunity to cooperate again.

When China Film Group Corporation Beijing Film Studio was planning to shoot the Olympic promo *Blend of Shaanxi Snacks*, they specially sent people to Xi'an to collect materials and information. Thus, staff of the local literature reading room provided 110 copies and over 1, 000 pages of Shaanxi local records.

The library has offered 60 pages of photocopied textual materials to the research project of Shaanxi Provincial Department of Education entitled *The Study of History of Diseases in Northwest* chaired by teacher Hu Yong in Culture and Museum School of Northwest University, as well as the project of Planning Office of Xi'an Academy of Social Sciences named *The Study of Social and Cultural Changes of Xi'an in Historical Transition Period*.

When Xi'an Bureau of Culture, Radio and Press edited the city's cultural records, it referred to 18 copies of *Xi'an Yearbook* in the local literature reading room, and photocopied 95 pieces of materials.

Mr. Yang Jiefu from Shaanxi Provincial Xi'an High School, with the purpose of searching for historical materials of Xi'an High School, came to the reading room and referred to books like *Education Records of Shaanxi Province*, *Education Records of Xi'an*, *Education Records of Lianhu District*, *Xi'an* and *Xi'an News*, and took a lot of pictures.

The library provided proof of the original data source for the trademark dispute case of Xi'an's old brand "Tong's Cured Mutton".

### 1. *Literature and Historical Data of Xi'an* (1978 to Now)

Xi'an, edited and published by Literature and Historical Data Committee of Xi'an CPPCC, 1978.

After Xi'an CPPCC restored its work in 1978, Literature and Historical Data Committee of CPPCC collected and organized materials based on the principle of seeing for oneself, experiencing for oneself and hearing for oneself. They contacted relevant persons and experts to edit a series of books of great historical value, publishing annually. Up to 2013 the series has been published for 35 times, and Xi'an Public Library keeps the whole of them.

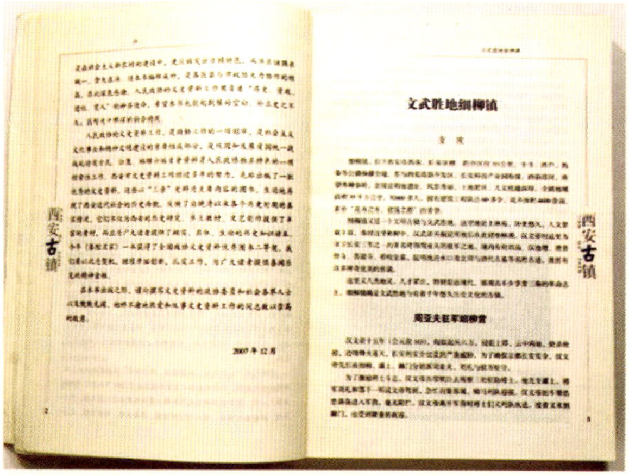

### 2. *Records of Names of Places of Cities, Districts and Counties in Shaanxi Province*

Internal data, Shaanxi, edited and published by Edition Committee of Records of Names of Places of the local people's governments in Shaanxi Province, 1980-1990.

Names of places are logos and symbols of various types of surface features and terrains set by a joint effort of humans. This series set was edited on the basis of standardized data of names of places according to a nationwide large-scale census in 1981 by the State Council and the Ministry of Civil Affairs. It is the most authoritative and practical set of reference books in searching for names of places in Shaanxi. It was edited and published by Edition Committee of Records of Names of Places of the local people's governments. Xi'an Public Library has collected 50 kinds of records of names of places of the cities, districts and counties in Shaanxi. For instance, according to records, the well-known "Sweet-water Well Street" was named due to the sweet water in the well here in Kangxi's reign. "City of Mules and Horses" got its name because the place was used as a livestock market in the Ming Dynasty.

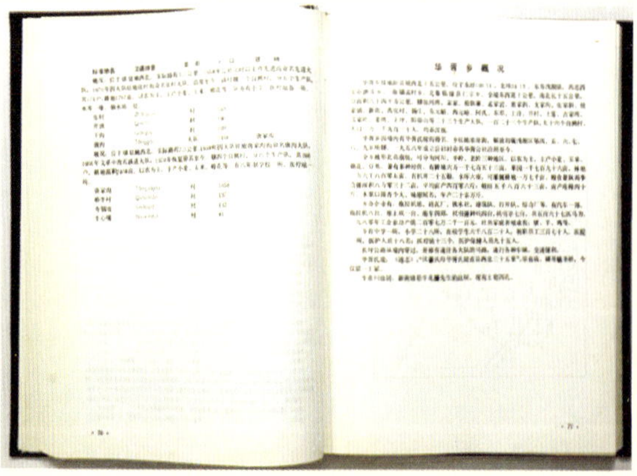

### 3. *Records of the Cities, Districts and Counties in Shaanxi* (1987 to Now)

Local records series of Shaanxi, Xi'an, Shaanxi People's Publishing House, 1987, hardcovers.

This series is a complete set of local records about the cities, districts and counties of Shaanxi published according to years, batches and areas. It was completed by a joint effort of the local governments and County Records Edition Committee. The data came from historical literature, archives and newspapers, which were loaded after verification. The series fully and truly notes down the history and current status of the region's nature and society, providing basic materials for the study of the situation of cities, districts and counties. Xi'an Public Library has collected all the books of the series.

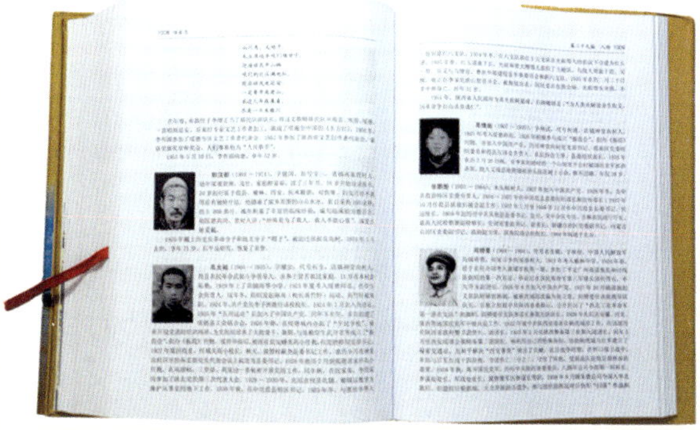

**4.** ***Xi'an Statistical Yearbooks* (1989 to Now)**

Beijing, China Statistics Press, 1989.

The yearbooks systematically collected economic and social statistical data about the city, districts and counties, as well as main statistical data in important historical years. It is a large-scale continuous statistical product and important reference books that comprehensively record the national economy and social development of Xi'an. From 1989 onward, Xi'an Public Library was beginning to keep a complete set of the collection.

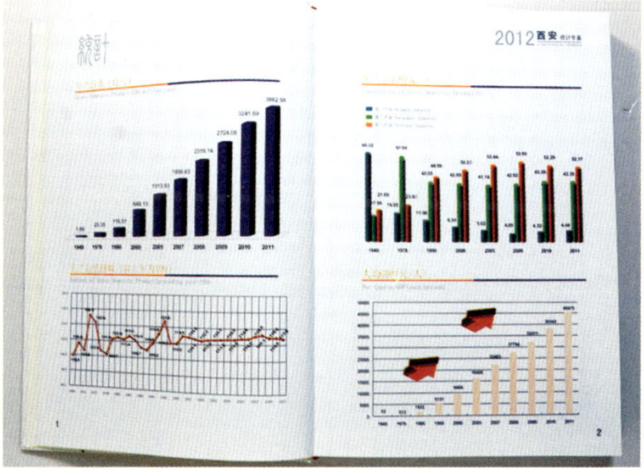

### 5. *Xi'an Yearbooks* (1993 to Now)

Xi'an, Shaanxi People's Publishing House, 1993.

The series Xi'an Yearbooks is a comprehensive local yearbook hosted by Xi'an People's Government published annually, generally and systematically summarizing the basic situation of the economic and social development of Xi'an in the previous year. It is a basic book for the society and overseas people to know about and research into Xi'an. It is published year by year openly. Xi'an Public Library keeps all the yearbooks from 1993 to now.

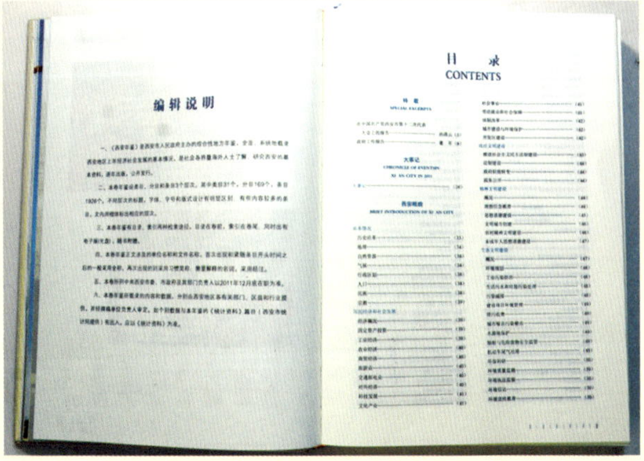

### 6. *Dictionary of Han's Chang'an*

Edited by Zhang Yonglu, Xi'an, Shaanxi People's Publishing House, 1993, hardcover.

*Dictionary of Han's Chang'an* is a large-scale dictionary with great historical span and rich content, introducing the history and culture of ancient Chang'an. It is divided into 20 categories including geographical environment, socio-economy, capital city, palaces, government offices, gardens, departing houses, historical events, personalities, arts and culture, temples and historical literature. Nearly 4, 000 words were contained, with a total of 800 thousand characters.

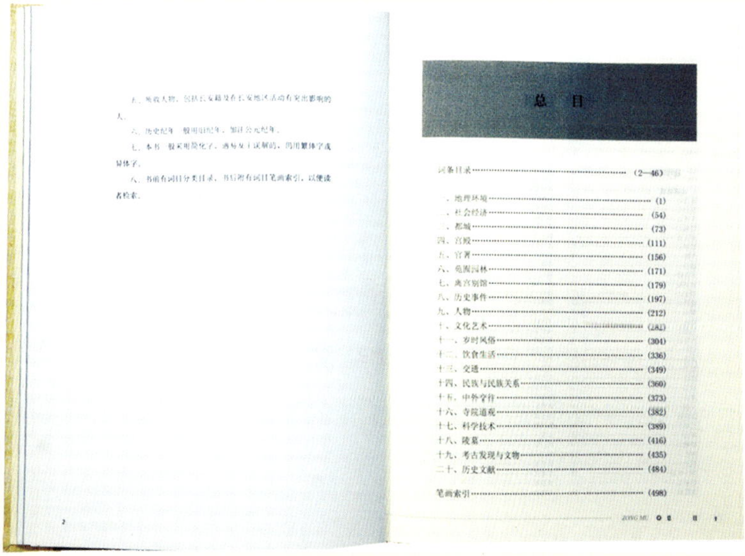


### 7. *Xi'an Historical Atlas*

Edited by Shi Nianhai, Xi'an, Xi'an Map Publishing House, 1996, hardcover.

This book is the first historical atlas of the ancient capital Xi'an. Through the compilation of 89 maps and related pictures, with concise texts, the atlas vividly shows the natural and cultural geographic views and their development in Xi'an and Guanzhong area during various historical periods. The atlas is also attached to a place name index, available for the retrieval of names and locations of places in various dynasties, having a great academic significance and reference value to the research into Xi'an's glorious history.

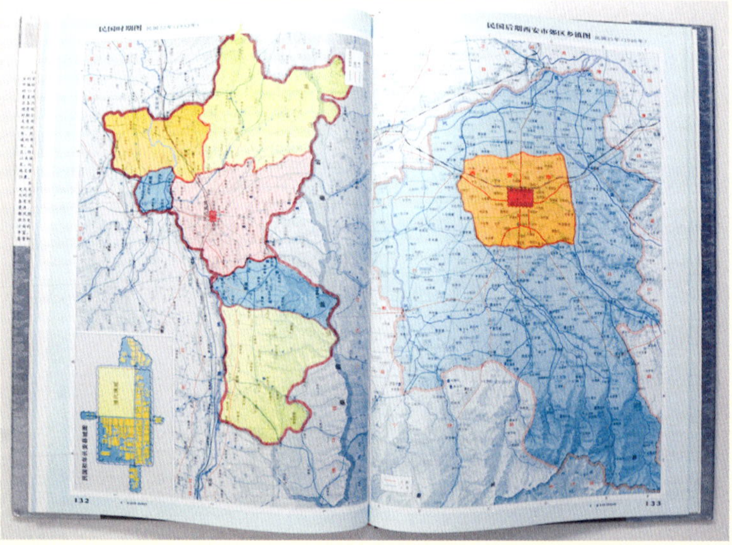

**8. *Famous Monuments of Xi'an's Forest of Steles* (*One to Six*)**

Edited by Li Yuzheng, Xi'an, Shaanxi People's Fine Arts Publishing, 1996.

The Forest of Steles in Xi'an was established in the second year of Yuanyou's reign in Northern Song. Since Tang's "*Shitai Xiaojing*" and *Kaicheng Xiaojing* were preserved, the forest has had a history of more than 900 years. So far, the number of steles, epitaphs and art steles collected has amounted to over 2,800. Seven stele rooms, six verandas and eight spectacular stele pavilions are on display. Steles and epitaphs collected in the Forest of Steles enjoy a large quantity, rich content and a long history. Moreover, various styles of calligraphy like Cursive Script, Seal Script, Clerical Script, and Semi-curve Script were all available, written by many famous calligraphers at different times, with distinct writing traces and different writing styles. From them we can learn the outline of the development of Chinese characters. *Famous Monuments of Xi'an's Forest of Steles* was selected carefully from the many monuments in the Forest of Steles in Xi'an. It is published based on old rubbings, with separate sections, bound and printed delicately.

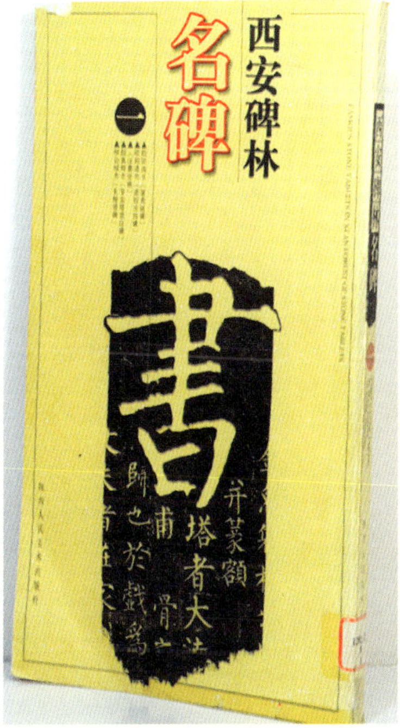


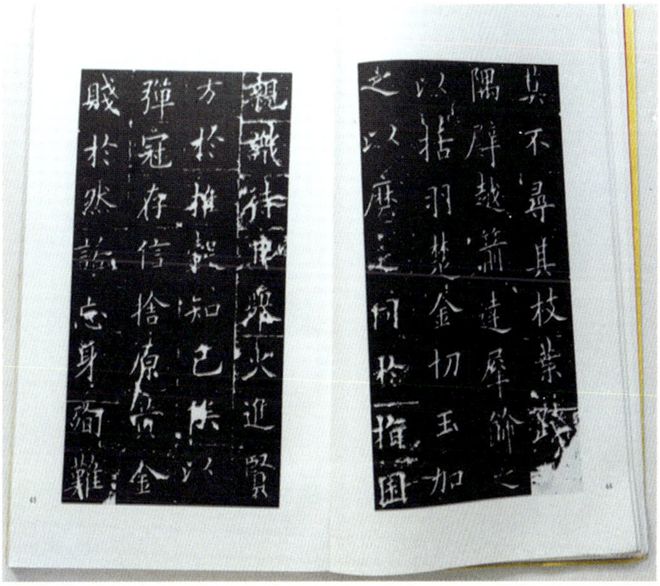

**9. *Archaeological Discoveries and Research into Qin Shi Huang' Mausoleum***

written by Yuan Zhongyi, Xi'an, Shaanxi People's Publishing House, 2002, hardcover.

It has been 40 years since the archaeological exploration and investigation into Qin Shi Huang's mausoleum was initiated. Up to now, more than 500 funerary pits and tombs have been discovered. A large quantity of precious cultural relics have been excavated in the construction sites of several million square meters. This book is different from archaeological reports and researching monographs. In fact, it adopts the style of the both. It pays attention to informative and scientific data, and absorbs certain points of view from previous studies to express its own insights.

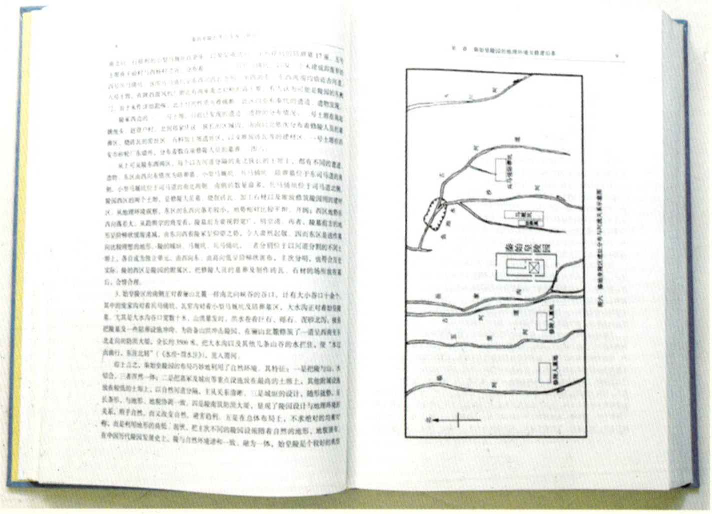

**10. *Old Town***

Written by Ye Guangqin, Xi'an, Xi'an Press, 2010.

A culturally rich village which is situated in the remote depths of the Qin Mountains, is bound to recall some memories through the author's fine narratives, familiar but distant, friendly but sad. This old town is known as the "Shangri-La of Xi'an", located in the hinterland of the Qin Mountains. Set in the mountains, it enjoys the reputation of "Jade of the Qin Mountains". Let's get to know them, the Tangluo Road, the old town, the bandits, the people, the animals and the trees.

### 11. *Xi'an and Me — Changes of Xi'an City in the Eyes of a Planner*

Edited and written by He Hongxing, Tianjin, Tianjin University Press, 2010, hardcover.

This series consists of nine volumes and a schematic diagram of the skyline of Xi'an City. With simple words and lots of pictures, it reports the culture, planning process, architectural creation, environmental art, urban landscapes, sculptures and so on. From different perspectives of the history, the present and the future, it studies and explores Xi'an's urban planning, architectural creation and environmental construction, with a view to giving academic interpretations to "Xi'an Mode" and "Xi'an Characteristics", making readers experience and feel the uniquc harmonious beauty of today's Xi'an.

### 12. *Fine Scripts of Xi'an's Shaanxi Opera*

Edited by Xi'an Cultural and Historical Data Committee of the CPPCC and Management Committee of Qujiang New District of Xi'an, Xi'an, Xi'an Press, 2011, hardcover.

This is a large set of script edition project composed of 68 volumes, collecting the preserved scripts of Xi'an's four famous Shaanxi Opera communities from the end of Qing Dynasty to the beginning of the 21st century, with a total of 679 scripts and more than 26 million characters. There are another 22 internal records, with about 650 thousand characters. Its publication is an important recall and summary of Xi'an's Shaanxi Opera culture, laying a sold foundation for the revitalization and development of Shaanxi Opera.

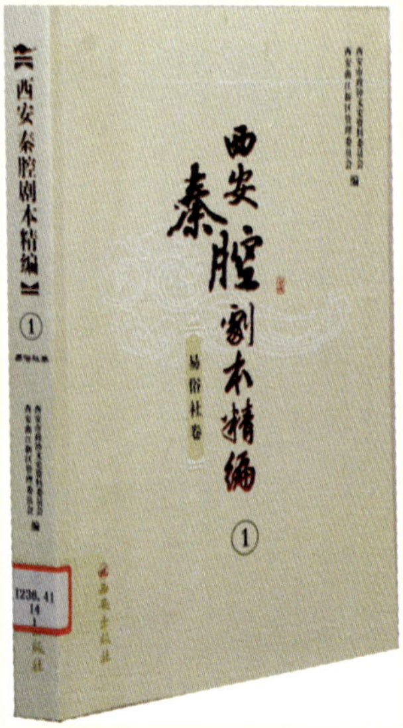


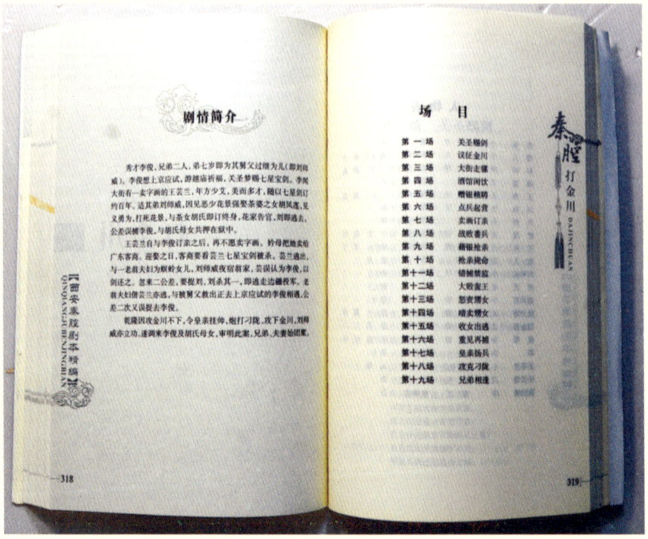


### 13. *A Study of Xi'an — An Ancient Capital of the Orient*

Written by Zheng Yulin and Wang Pengjun, Xi'an, Shaanxi People's Publishing House, 2013.

This book observes Xi'an's ancient civilization from the perspective of culture. It cites a large number of archaeological materials related to Xi'an's historical sites and unearthed cultural relics as evidence of historical documents, and illustrates with lots of pictures, trying to narrow the distance between the history and reality. In the present days when Xi'an is constructing a modern international metropolis, studying the history of Xi'an can provide historical reference for the future development of Xi'an, having an important role in highlighting the excellent traditional cultures, exploring historical and cultural resources and setting up urban soft power.

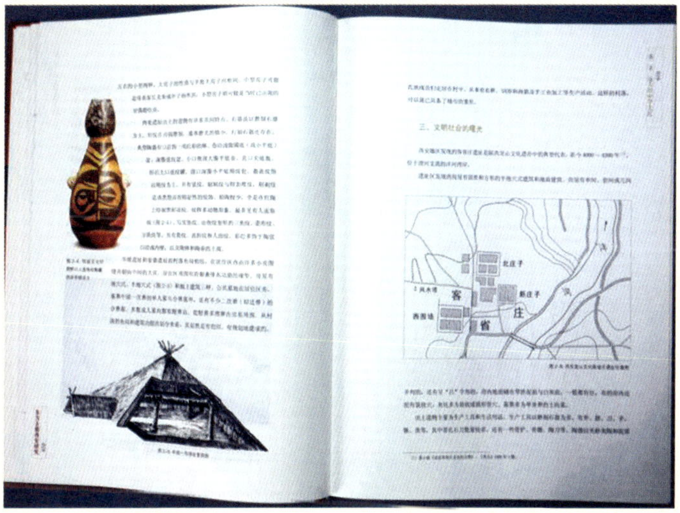

14

# Chapter 14

# Themed Literature in Xi'an Public Library

Section 1

# Important Contemporary Publications

Important contemporary publications of Xi'an Public Library are mainly composed of Hong Kong's, Macao's and Taiwan's version of literature and discipline reference books. So far, the library has collected 390 kinds and 1, 418 copies of books published in Taiwan which cover social sciences and are preserved in the special collection room. It also provides reading services. Books of Taiwan's version use vertical version of typography, printed finely and illustrated with pictures. The data contained in the book are informative, having the great reference value and historical value in academic research.

Xi'an Public Library has set a reference book reading room. Reference books are also an important part in the collection system construction of Xi'an Public Library. So far, the library has collected 5, 294 kinds and 8, 025 copies of reference books including dictionaries, yearbooks, handbooks, statistics and encyclopedias, largely meeting readers' need to search for and view data and information.

### 1. *Great Series of Paintings of "Palace Museum of Taipei"*

Edited by Edition Committee of "Palace Museum of Taipei", "Palace Museum of Taipei", 1993.

The paintings contained in this series were selected carefully from treasures in "Palace Museum of Taipei". Each piece is delicate, photocopied with color. Some parts are enlarged so that great subtleties are shown. With significant structure and fantastic view, they are only after the authentic ones. Concise commentaries of Mr. Jiang Zhaoshen, former Vice President of "Palace Museum of Taipei", were included and bilingual. The paintings are mounted with brocade, adding to the collection value of elegance. Each volume contains about 230 pages, collecting 30 to 50 paintings in chronological order. So far 16 volumes have been published.

### 2. *Great Series of Chinese Music Heritages*

Edited by Music Institute of Chinese Academy of Arts, Elephant Press, 1996.

Chinese music history, especially Chinese music archaeology, was once affiliated Chinese literature and history, as well as archaeology. Although the ancient China was known as "State of Ceremony and Music", there was no systematic book on music history. Only "Records of Music" and "Records of Law" as weel as some other related studies are available. *Great Series of Chinese Music Heritages* can also be called "Integration of Chinese Music Heritages" in essence. It is the most ambitious project in the discipline construction of Chinese music archaeology. With the development of music archaeology, music morphology and music-related ancient cultural anthropology, it plays an important reference role in studying Chinese music history.

### 3. *Works of Ancient Calligraphy of "Palace Museum of Taipei"*

Edited by Edition Committee of "Palace Museum of Taipei", "Palace Museum of Taipei", 1997.

"Palace Museum of Taipei" has a collection of ancient calligraphy. From the Jin Dynasty, Tang until Qing Dynasty, it collected works of important calligraphers, great scholars and renowned officials, totaling over 3,000 pieces, which is fairly splendid. *Works of Ancient Calligraphy of Palace Museum* is a book that finely prints out the fine works in

Taipei Palace Museum, involving Wang Xizhi's, Huai Su's and Yan Zhenqing's. Each volume lists out the works in full size, with original tracks, prefaces and postscripts. Then the full size of the original tracks is enlarged, edited and printed page by page. Brief biographies of the calligraphers, commentaries and interpretations are attached in detail. The book is indeed a masterpiece of calligraphy, largely benefiting calligraphy studies, calligraphy creation and works appreciation.

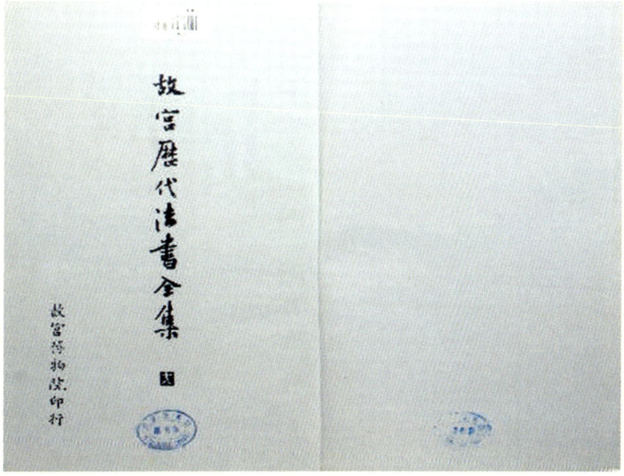


### 4. *Ming and Qing Archives*

Sinica in Taiwan, photocopied by Lianjing Publishing Company, 1998.

The book is photocopied and published by Lianjing Publishing Company. The cabinet of Ming and Qing Dynasties was previously in control of national politics. The archives it preserved were indeed a summary of important national political records, offering first-hand historical data to know about the politics of Ming and Qing Dynasties. Currently Taiwan has a collection of around 310 thousand archives. These old archives are all from the former cabinet, not shown to ordinary people. Now these national treasures are compiled and published for the use of people, providing the best reference in the study of historical materials of Ming and Qing Dynasties. The book has been published for ten volumes, in a characteristic loose-leaf binding manner. The library has collected 324 copies.

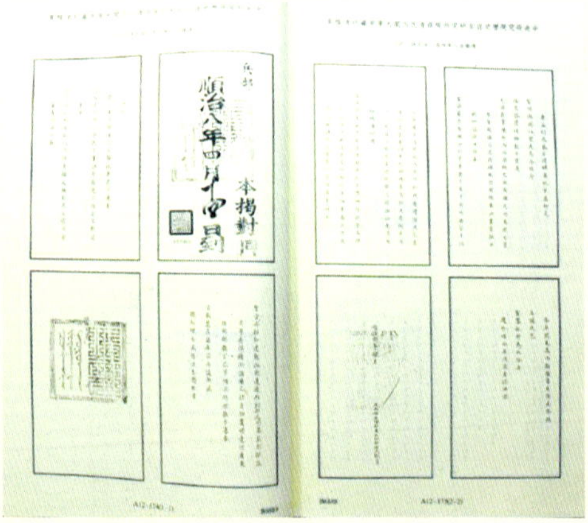

### 5. *Integration of Oracle Literature*

Chiefly edited by Song Zhenhao, Sichuan University Press, 2001.

*Integration of Oracle Literature* is one of the series of books of Chinese ancient characters. It is an encyclopedia specialized in Oracle bones studies, and is a large bibliographic database. It is divided into 5 categories including Oracle archaeology, Oracle research, special points, Oracle in the Western Zhou Dynasty and others. The scale of it largely surpasses other encyclopedias since Tang and Song. The authors come from Japan, the US, Britain, France, Canada, Russia, South Korea, and China, with diverse languages. Since Oracle bones studies is still a young international "Explicit Learning", at the turn of the new century, the edition of this book not only displays comprehensively the development process of Oracle, facilitating the review of the fruitful results of this study, but also makes various writings pass down, playing an essential role in the history of cultural construction and scholarship.

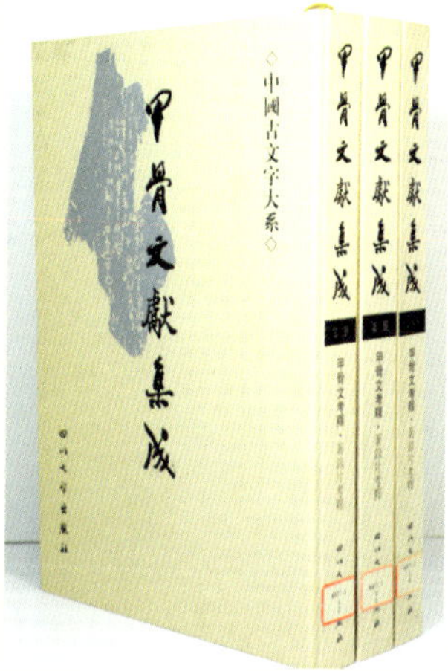


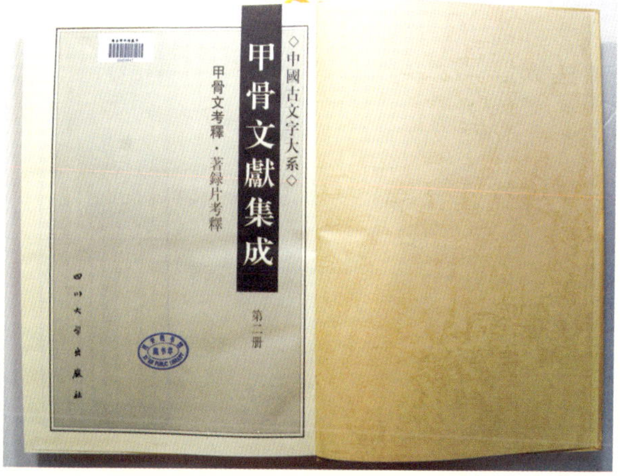


### 6. *The Complete Collection of Jades Unearthed in China*

Chiefly edited by Gu Fang, Science Press, 2005.

China is a long-lasting and shining "State of Jade" in the world's cultural history. The 4, 000-plus pictures of jades unearthed with high fidelity cover nearly 80 years in the history of China, especially for the 50-plus years since PRC was established. 90% of the jade pictures are available to the public for the first time in a large scale with colors. The book is edited jointly by the Institute of Archaeology of Chinese Academy of Social Sciences, archaeology institutes of various provinces, municipalities and autonomous regions, heritage institutions and College of Culture and Museology of various universities, and is published by Science Press. The book is informative and nicely bound, playing an important role in the research into the development history of Chinese ancient jade and the popularization of jade culture. Meanwhile, it provides the most comprehensive standards in identification for ancient jade lovers and collectors.

Section 2

# "Silk Road" Literature

Silk Road refers to the commercial trade route in ancient China, connecting Asia, Africa and Europe by land. It is divided into Land Silk Road and Maritime Silk Road from the perspective of transport.

Land Silk Road started from Western Han's capital city Chang'an (now Xi'an), crossed the Long Mountains, went through Hexi Corridor, passed Yumen Pass and Yang Pass, reached Xinjiang, crossed Central Asia, West Asia and North Africa along oases and the Pamirs Plateau, and ultimately reached Africa and Europe. Maritime Silk Road started from China's southeast coast, went through Southeast Asia, South Asia and Africa, and finally reached Europe.

Silk Road was a main road between East and West in economic, political and cultural exchanges. It was originally used to transport the silk produced in ancient China. Therefore, when the German geographer Ferdinand Freiherr von Richthofen named it "Silk Road" as early as the 1870s, it was widely accepted.

In order to meet the needs of the development strategy of "New Silk Road Economic Belt", in recent years, Xi'an Public Library has constantly strengthened the searching and collection of literature and ancient literature on Silk Road, covering history, politics, economy, culture, military affairs and tourism, with a view to playing a reference role in serving the "New Silk Road Economic Belt" strategy, better providing literature resources for Xi'an's economic construction.

### 1. *Foreign Devils on the Silk Road*

Written by Peter Hopkirk (UK), translated by Yang Hanzhang, Gansu People's Publishing House, 1983.

This book reports in detail how Hancock from Germany, Stein from Britain, Sven from Sweden, Percy from France, Otani, Ju Ruichao and Koichiro Yoshikawa from Japan, Warner from America and other people, in the late 19th and early 20th century, looted underground cultural relics and murals in grottoes especially cultural relics in Dunhuang's sutra cave in the Western Regions of the Silk Road by the name of adventures, expeditions and travels.

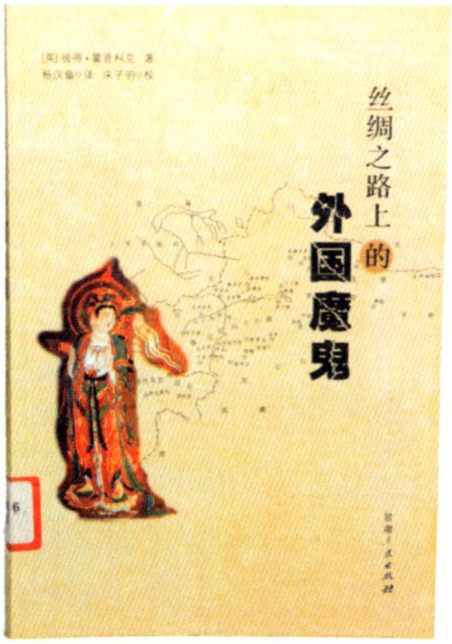

### 2. *Chang'an—The Starting Point of the Silk Road*

Written by Wu Fuxing, Shaanxi People's Publishing House, 1992.

The book introduces vividly and fluidly the historical development, scenic spots and customs of Chang'an—the renowned starting point of the ancient Silk Road. It emphasizes on the grand scale, characteristic layout and architectural style of ancient Chang'an in the Han Dynasty and Tang Dynasty, the political, economic and cultural life at that time, tourist attractions related to the ancient Silk Road, historical figures and events, the profound influence of cultural exchanges with the West on the culture Chang'an, etc.

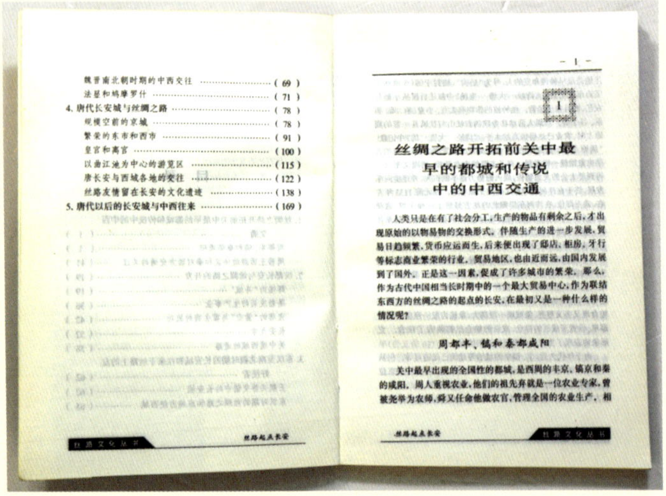


### 3. *Picture Records of Archaeology into the Western Regions*

Written by Aurel Stein (UK), translated by Institute of Archaeology of the Chinese Academy of Social Sciences, Guangxi Normal University Press, 1998.

*Picture Records of Archaeology into the Western Regions* is a monograph with extremely high academic value. It notes down truly and in detail how the cultural relics in China's Hiya, Minlan Buddhist temples, Loulan and Han's Great Wall were looted by Western powers at the beginning of this century. The book is divided into five volumes. Volume I to Volume III are of texts. Volume IV is illustrated, having received a total of 175 figures, including colored as well as black and white photos of Dunhuang's manuscripts, silk paintings, statues and inscriptions. Volume V contains 94 colored maps, all drawn by Aurel Stein on field surveys. This academic book is the most basic materials in the research of the Dunhuang Studies and archaeology into cultural relics of the Western Regions. The pictures and maps contained in the book are precious documents, having saved the original history.

### 4. *Landscapes of the Silk Road*

Edited and written by Communications Group of Northwestern City Party History Collaborative Work Association, Shaanxi Tourism Press, 2000.

The Northwest of China has a glorious history. What makes Northwestern people especially proud is the Silk Road which starts from Chang'an and crosses the Northwest, symbolizing China's historical opening and external economic and cultural exchanges. The Northwest is supposed to do something in the Western Development. With the Silk Road and the New Eurasian Continental Bridge across the whole area, the Northwest enjoys rich touristic resources which are rare in the world. Fully understanding and utilizing touristic resources in the Northwest, and developing the tourism industry, are essential to Western Development and the great development of the Northwest, promoting the Northwest to the world, and conducting education of patriotism and revolutionary traditions, strengthening the construction of socialist spiritual civilization. This book is informative, academic, readable, historical and guiding to a certain extent. It's got new data, rich content and vivid illustrations.

**5. *The Transportation History of China's Silk Road***

Edited by Edition Group of the Transportation History of China's Silk Road, China Communications Press, 2000.

The book chronicles the formation, development, changes and advances of the Silk Road transportation, and describes by category the directions, bridges, ferries, pass settings and management patterns and institutions of post roads and stations on the Silk Road. Meanwhile, it records the economic and cultural exchange history of the regions along the Silk Road, as well as political and military activities carried out along the Silk Road.

### 6. *Color Modeling Protection of Murals in Grottoes of the Silk Road*

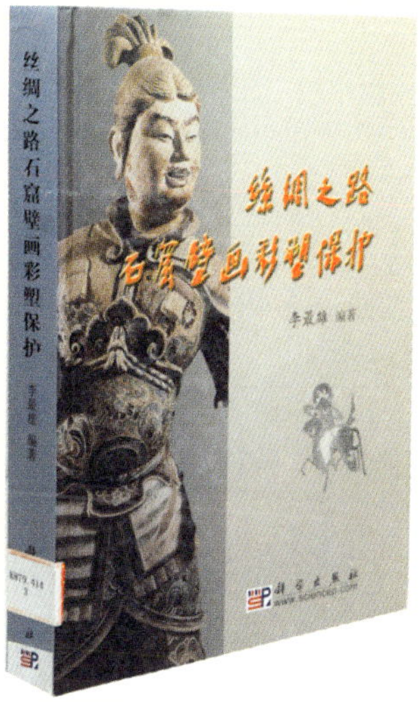


Edited and written by Li Zuixiong, China Science Press, 2005.

This book introduces the color modeling of murals in grottoes of the Silk Road. It systematically discusses the materials and structures of plasters and color models of murals in grottoes of the Silk Road, colorful pigments of murals and the stability of pigments.

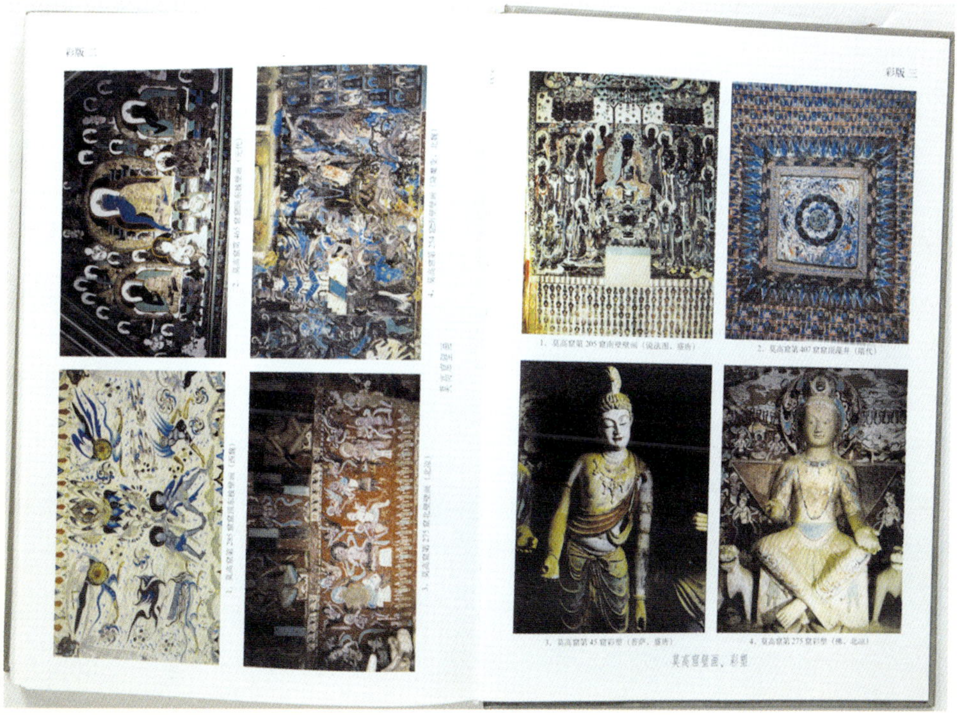

### 7. *Art Research into the Silk Road*

Written by Zhong Gao, Xinjiang People's Publishing House, 2007.

The Western Regions in the middle of the Silk Road are the most important intersection of eastern and western culture, so the art of the Western Regions is always in an open system. It has a two-way choice and two-way feedback relationship with the Eastern and Western arts, with vertical spread and horizontal exchanges. Trade, religious propagation, ethnic migration, craftsmanship improvement and aesthetic emotions, all decide the change of cultures and direction of arts. Under the macro perspective of cross-cultural and interdisciplinary research, through microscopic analyses, the book explores the cultural context, formation mechanism, artistic type, ontological characteristics of the art of the Silk Road and relationships between different cultures and arts.

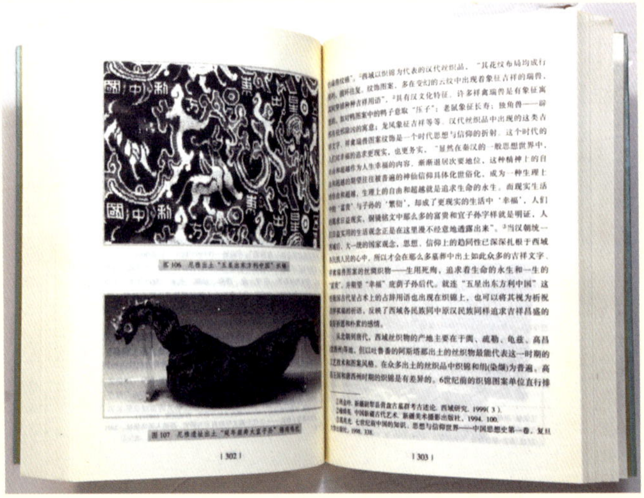

### 8. *Hearings about the Western Regions*

Written by Chin Shunshin (Japan), translated by Wu Fei, Guangxi Normal University Press, 2009.

This book is a collection of historical essays on the Silk Road. The first half mainly focuses on cultural relics related to the Silk Road, and the other half introduces the experiences along the way. From the ancient capital Xi'an to the Pamirs, from Ferghana horses to luminous cups, for over two thousand years, the cultural relics and anecdotes lost on the Silk Road through the East-West cultural exchanges are shown in the book. The delicate and robust writing style as well as the fine narrative, guides readers to a free history tour across time and space.

### 9. *A Brief History of the Maritime Silk Road*

Written by Du Yu, Social Sciences Academic Press, 2011.

The book has a comprehensive and detailed description of the reasons for the development of the Maritime Silk Road of each period, the activities on the Maritime Silk Road, and as its domestic and foreign political, economic and cultural impact. Chinese porcelains were sold to the world through this channel, becoming treasures that the world aspire, and foreign valuables such as spices and ivories became necessities for China's rulers. In the period of Song to Yuan Dynasties, the Maritime Silk Road displayed unprecedented prosperity that lasted for hundreds of years. People named the Maritime Silk Road "Ceramics Road" or "Fragrant Silk Road". It is a link between China and Asian and African countries. It is a road of civilization and friendship, making an indelible contribution to the exchanges and development of world civilization.

**10. *Research into the Activities of Hu Traders on the Ancient Silk Road and Their Impact***

Written by Li Ruizhe, Shaanxi People's Publishing House, 2011.

This book sorts out the tributary records of countries in Central Asia and West Asia, with a view to illustrating the frequent economic exchanges between the Central Plains and Western nations during this period. It also analyzes Western traders' private business and trade activities, and discusses the characteristics of these businessmen entering China.

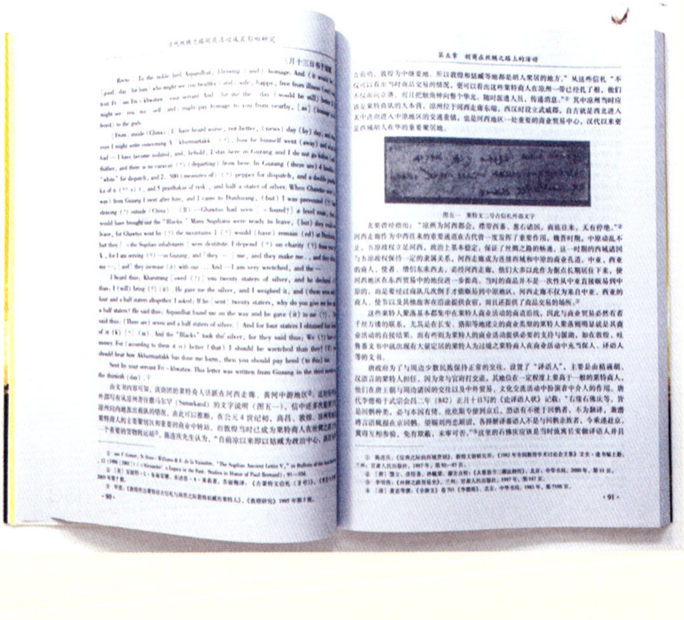

Section 3

# Xi'an Intangible Cultural Heritage Database

Xi'an is a world famous historical and cultural city, and is one of the cradles of human civilization and the Chinese nation, with rich cultural heritages. It not only possesses a lot of tangible cultural heritages, but also enjoys large quantities of rich and precious intangible cultural heritages.

Establishing the intangible cultural heritage database of Xi'an means the protection, research and inheritance of Xi'an's intangible cultural heritages. It also provides information resources for the construction of Xi'an's spiritual civilization and the construction of Xi'an's local cultural resources.

Xi'an's Intangible Cultural Heritage Database is established by a joint effort of the Intangible Cultural Heritage Protection Center of Xi'an and Xi'an Public Library. According to the list of national intangible cultural heritages, Xi'an's intangible cultural heritages can be divided into 10 categories, including folk literature, folk music, folk dance, traditional theater, opera, acrobatics and athletics, folk arts, traditional handicrafts, traditional medicine and folk customs. Among them 5 are at national level, such as Shaanxi Opera, Xi'an ancient music, Lantian Puhua Shuihui music and Tongshengxiang's cooking technique of steamed bread with beef and mutton.

Xi'an's Intangible Cultural Heritage Database is a multimedia database, consisting of home page, overview, city-level projects, representative inheritors, promotion and presentation. The contents of the intangible cultural heritage resources ( including the specific introduction to each project, electronic texts, photographs, videos, audios, multimedia materials, etc. ) are the basis of the database, and are the fundamental parts of the database construction. Texts with illustrations offer a sense of beauty and enjoyment of vision and hearing. The design of each module of the database is based on readers' own operating habits. Readers are able to select their own favorite items from different sections and categories to read, study and research. Just by a click of the mouse, you can appreciate inheritors' craft skills at home; you can watch online videos and pictures related to intangible cultural heritages, as well as folk songs with strong local characteristics; you can know the ancient legend "Legend of Love" which touches you, the visual and auditory surprise of "Ten-sided Drums" which is also known as "King's Drum", and the delicious rice paper of Qin Town, Hu County; you can also have a hands-on experience of making bellows yourself!

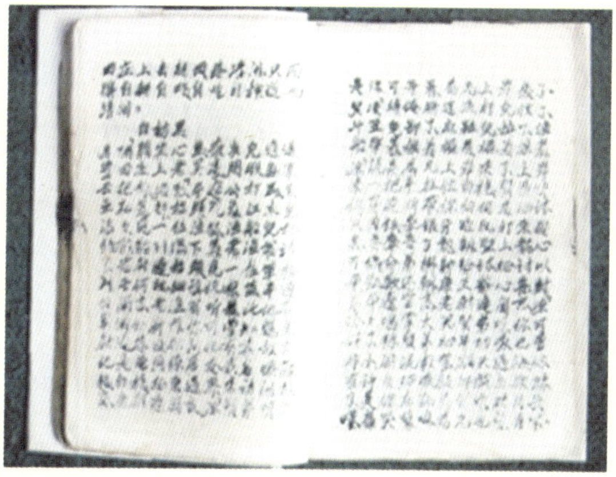

# Postscript

"Series of China's City Libraries in the 21st Century" —*Xi'an Public Library* is going to be printed. As writers of this book, we feel both relieved and slightly uneasy. What is relieving is, after a year's effort, the book is a relatively complete reflection of Xi'an's city history and traditional book collection, as well as the development process and social services of Xi'an Public Library. We are also uneasy that, because of the limitation of our abilities and defects in the understanding of Xi'an's history, the seeking of historical data and the writing of the manuscript are not without problems. As an old saying goes, "great craftsmen don't showcase imperfect jades". Nevertheless, we are here to present this imperfect book to readers in a hasty way.

It has been almost a year since the book was outlined, the first draft of it was completed, and was finalized after several revisions and improvements. During this period, we received help and support from numerous experts such as Yang Yulin, Xu Daping, Kang Wanwu, Wang Fengjun and Lai Bonian. Professor Yang Yulin's essay *Xi'an Public Library in the Republic of China — The Establishment Process of National Library of Xi'an* provided a wealth of detailed information for this book. Here, we solemnly express our most sincere appreciations to the 5 experts above. At the same time, we also express our appreciations to all the staff of Xi'an Public Library who participate in the seeking and organization work of relevant information, as well as the writing of the first draft. But for everyone's efforts, support and hard work, our work wouldn't have got such results.

Xi'an Public Library

Dec. , 2015